升级版

━ 终极视觉图解指南 ━ 探索·发现

战争与武器

西班牙Sol90公司◇**编著**　迟文成　龚振林◇**译**

北方联合出版传媒（集团）股份有限公司

辽宁少年儿童出版社

沈阳

图书在版编目（CIP）数据

探索·发现 . 战争与武器 / 西班牙 Sol90 公司编著；
迟文成，龚振林译 . -- 沈阳：辽宁少年儿童出版社，
2025. 7. -- ISBN 978-7-5759-0233-5

Ⅰ . Z228.1；E92-091

中国国家版本馆 CIP 数据核字第 20253GV080 号

著作权合同登记号：06-2022-195

探索·发现 战争与武器
Tansuo Faxian Zhanzheng yu Wuqi

出版发行：北方联合出版传媒（集团）股份有限公司
　　　　　辽宁少年儿童出版社
出 版 人：胡运江
地　　址：沈阳市和平区十一纬路25号
邮　　编：110003
发行部电话：024-23284265　23284261
总编室电话：024-23284269
E-mail：lnsecbs@163.com
http：//www.lnse.com
承 印 厂：北京博海升彩色印刷有限公司

责任编辑：董全正　袁丹阳
责任校对：李　婉
封面设计：白　冰
版式设计：鼎籍文化创意
责任印制：孙大鹏

幅面尺寸：213mm×276mm
印　　张：14.25　　字数：370千字
出版时间：2025年7月第1版
印刷时间：2025年7月第1次印刷
标准书号：ISBN 978-7-5759-0233-5
定　　价：128.00元

人类的历史
也是一部战争史

战争

战争对文明的发展起到了重要推动作用。军队对国家管理、政治制度乃至整个社会的存亡都起到了决定性作用，也决定着一个国家和地区的地位和命运。本书依据历史和时代提供的事后认知，对可以客观评价的历史事件进行了梳理与总结。

战争的起因可能是为了生存，为了获得更多的食物、土地和资源。在距今 12.5 万年前的旧石器时代，人类为了控制食物资源（即狩猎场所）而发生争斗，开始出现一些最初的战争形态。人类在最初的争斗中仅使用木质、石质和骨质武器。随着时间的推移，这些武器变得更加精良和复杂。树枝经过巧妙处理被制成标枪和长矛，石头被打制成斧子和箭镞，刮刀、刻刀以及后来的钉铳、短剑、标枪和长矛都得到进一步改进，骨头、兽角和象牙也都派上了用场。

军队的产生

军队的产生则要归因于原始社会的等级制度和组织结构。在大约 1 万年前，人类进入农耕时代，使用的武器也变得更加精良。在青铜时代和铁器时代，加柄的石斧和锋利的燧石箭镞逐渐被金属武器取代。公元前 8000 年到公元前 5000 年，人类文明在幼发拉底河和底格里斯河流域出现并发展至鼎盛时期。人类社会第一次出现了不同的阶级，随之出现了奴隶制度和有组织的军队。

最早的军队出现在古苏美尔。彼时的军队在招募士兵后都进行军事训练，军队阵列中还配有攻城机械。早期战争中的制胜因素之一——马拉战车在那时也已经出现了。

从公元前5世纪开始，希腊的重装步兵队形给后来强大的罗马军团提供了灵感，对军队的组织结构及以后2000年来的军事行动都产生了很大影响，为西方的军队建设打下了坚实的基础。

战术和战略

公元前4世纪，中国出现了《孙子兵法》。时至今日，这部中国古代军事著作仍被视为战略学研究的必修经典。孙武在书中提出了"不战而屈人之兵，善之善者也"和"因敌变化而取胜者，谓之神"的论述。顶尖的天才、无穷的创造力和勇猛的力量都是制约战略战术的因素。战场上排兵布阵艺术和如何实施巧计在书中也有论述。人类社会逐渐强化了武器装备、指挥人员、组织结构、后勤保障和通信渠道，也就形成了今天为人所熟知的军队。

在18世纪，年轻的乔治·华盛顿身边常备一部由弗拉维乌斯·韦格蒂乌斯·雷纳图斯于公元390年所著的《兵法简述》的注释本。20世纪发生的很多大规模战役，如第一次世界大战中德国攻占法国的"施里芬计划"，依据的就是古老的"钳形"战术。这套战术是公元前216年的坎尼战役中迦太基大将汉尼拔首创的。

不投降就歼灭

人类历史上，军队获胜主要通过两种完全不同的策略——要么迫敌投降，要么歼灭敌人。后一种策略在过去100年间居于主导地位。拿破仑的军队横扫整个欧洲、两颗在广岛和长崎爆炸的原子弹使第二次世界大战迅速结束，都证明了这一理论的可操作性。

克劳塞维茨说"战争是政治的延续"。时至今日，他的著作仍被全世界各大军事院校研究学习。20世纪后半叶，军队在全球大部分国家已不再是政治上的主角，而是变成了一种手段和工具。

现代文明和古代文明有了巨大的不同，大部分群体不再以牺牲生命来实现特定的目标。现代武器具有巨大的破坏力，能够造成大规模杀伤，全世界都呼吁严控拥有和使用大规模杀伤性武器。

按照经典的说法，战争正在逐渐减少，这是事实。但新冲突可能会再次引爆整个世界，这也是事实。

人类的未来完全取决于人类自身的理性。

目录

导言

最早的军队

人类社会的最早记录来自 4500 年前的中国、美索不达米亚、地中海东部地区和印度河谷。这些土地上聚集了大量从事农业的定居人口。当这些在经济上实现自给自足的农业人口数量变得更多、体格变得更壮的时候，对土地的保护和占领就导致了最早军队的诞生。

公元前 2500 年左右的古埃及、苏美尔的乌尔城邦、古巴比伦和亚述王国就是这种情况。这时的军队由步兵组成，配备的武器有长矛、斧头、木头和青铜制成的刀剑。步兵组成不同的阵形作战，用头盔和兽皮保护自己。这些都见于秃鹫石碑上的描述。这块石碑记述了公元前 2450 年，苏美尔拉格什城邦君主安纳图姆率兵战胜温马城邦这一历史事件。这块石碑得名于安纳图姆踏过的敌人尸体引来的秃鹫。秃鹫石碑和公元前 2500 年的乌尔战旗上都出现了野驴牵引的战车，这是有关古代军队的最早描述。

早期的军队规模并不大，实际上只是君主的私人保镖。直到埃及的中王国时期（前 2055—前

1640）军队才吸收了"专业"战士，如麦德察人、努比亚雇佣军。他们宣誓向孟斐斯国王效忠，使用的都是比较简陋的武器，如蒙着河马皮和奶牛皮的木质盾牌、嵌有铜尖的长矛、镶有石质或骨质的简陋箭镞的弓箭等。除此之外，还有钉头槌、短刀、斧头和青铜剑等武器。

来自亚述的喜克索人将马拉战车作为武器传到了埃及，他们还使用青铜板制成的铠甲和复合弓。埃及人给斧头装上木柄并用细绳绑好，而喜克索人则在金属上钻孔后装上把手。他们统治埃及长达数百年，后来被雅赫摩斯一世赶跑。雅赫摩斯一世奠定了埃及新王国的基础（前 1570—前 1070），此后埃及各个王朝都开始将轻便战车作为武器，埃及人和赫梯人在公元前 1275 年爆发的卡迭石战役完美地展示了这一点。

公元前 9 世纪至公元前 5 世纪，美索不达米亚、亚述、古巴比伦和波斯文明统治着中东地区。重型战车、骑兵还有攻城装备都已普遍应用，这些均可在尼尼微城中亚述王西拿基立宫殿的浮雕

上看到。亚述人还会在城墙下挖地道，并能建造攻城梯攻进防护森严的城市，其军队均由职业军人统领，并有组织严密的后勤作保障。

迈锡尼时期（前1600—前1200）的战争与地中海地区和亚洲的战争没有什么不同。公元前800年，古希腊重装步兵出现了，这是一支由刚能解决温饱的有产农民组成的军队，每个步兵标配一根2米的长矛和一副外面罩铜的木质圆盾。穿戴头盔和青铜护甲，列方阵队形作战。8~16名士兵为一组，形成紧凑方队。这些士兵地位一致，背景相当，他们不相信任何战略战术和训练方式，始终以紧凑阵形在战场上冲锋陷阵。

这种作战形式在希波战争（前492、前490—前480）中发生了根本改变。从那儿以后，战争中出现了骑兵和轻装部队，在重要的隘口还会驻扎卫戍部队，突袭、围城、反坑道战术得到了广泛应用，在海上则利用大钉船发起进攻。史上最早被记录的著名战役出现在抵抗大流士大帝及其继任者薛西斯的战争中，还爆发了大规模的海战。

马其顿人在方阵中增加了重甲骑兵、轻装步兵、弓箭手、标枪手和投石手，他们还将长矛加长到4.5米。战略战术成为左右战争局势的重要因素。这时候的战争已成为一种政治工具。在公元前331年的高加米拉战役中，亚历山大大帝对阵波斯大流士三世，马其顿人的战略是其获胜的关键。

公元前323年，亚历山大大帝病故。在他死后的第三年，印度第一个统一的帝国诞生了。孔雀王朝统治下的帝国疆域除了阿富汗和巴基斯坦之外，还包括现在印度的中北部。全盛时期帝国的军队人数高达75万人，包括战车、战象、步兵和弓手，神秘的那加人在战斗中还用了眼镜蛇。此外，还有9000头身披铠甲的大象，士兵骑在大象身上，使用

标枪、长矛和 3 米长的狼牙棒、三齿鱼叉和棍棒等武器。

罗马人继承了希腊人的"马其顿方阵",这是公元前 4 至公元前 3 世纪的主流作战模式,只不过罗马人的作战方阵更小,具有更加灵活的机动性和极佳的适应性。罗马人用双刃剑和方形曲面盾牌取代了希腊人的长矛和圆盾,完美融合了希腊和马其顿战法的优势。罗马军队则全部由专业战士组成,其出色的组织能力和雄厚的经济实力奠定了其不可战胜的物质基础。

西欧的凯尔特人擅长近战和集体冲锋,熟知伏击战、麻雀战和游击战等作战技巧。他们熟练掌握了炼铜和冶铁技术,并已经能够使用战车。在公元前 2 世纪至公元前 1 世纪,他们的军队开始使用骑兵,研制兽皮铠甲,利用质地较轻的青铜制作武器。士兵穿戴的金属铠甲、锁子甲和鱼鳞甲护卫全身。最初的头盔都是光秃秃的,就像罗马人佩戴的库卢斯头盔。后来又加上了金属翼饰、角饰和动物兽角等。他们在英格兰使用的剑较长,而在伊比利亚半岛使用的则是双刃剑,制造工艺十分精良。

公元前 3 世纪至公元前 1 世纪,中国出现了职业军队。秦朝(前 221—前 206)和西汉(前 202—公元 8)的武士军服会因头衔和等级的不同而不同。除了使用马鞍和马镫之外,他们还使用当时最尖端的武器,如铁甲战车和钢剑。在秦始皇陵发现的 8 000 多个兵马俑证明了这一点。这些真人大小的陶俑再现了秦始皇统一中国以后长矛手、弓手、弩手、驭手和各类高级军官的样貌。

古代时期最后出现的一支伟大军队来自印度的笈多王朝(320—550),他们使用战象和冲锋骑兵。军队开发了强大的金属火弩,弓手得到步兵的保护。步兵除了使用长矛以外,还用上了优质金属打制的弯曲长剑。"卡扎"弯刀实际上是一把细长的双刃剑,剑头有一个钝尖,极具杀伤力。

历史年表与主要战役

从公元前2686年埃及的古王国建立，直到476年赫鲁利国王奥多亚塞灭亡了西罗马帝国，在这近3200年间，军队从为神圣的君主服务的小编队演变成了人数众多、拥有不同等级和明确头衔的专业部队，从混乱不堪逐渐转变为有专业的训练、战略和战术等。

前991年
阿达德－尼拉利征服巴比伦，标志新亚述帝国的开始

前612年
尼尼微陷落，亚述帝国灭亡

前1570年
雅赫摩斯一世登基并将喜克索斯人从埃及驱逐

前1284年
加底斯战役拉美西斯二世战胜赫梯人

前844年
米底人在伊朗北部定居，波斯人在伊朗南部定居

前2686年
埃及古王国（到公元前2160年）

前2055年
埃及中王国（到公元前1640年）和埃及的重新统一

前1793年
古巴比伦国王汉穆拉比继位

前1551年
埃及新王国（到公元前1070年）

前841年
周厉王被击败，中国有记录的历史开始

前510年
罗马承认迦太基的海上霸权

前508年
民主时代在雅典确定

前2686年

前1000年

前2300年
阿卡德王国的萨尔贡占领美索不达米亚的所有城邦

前1875年
亚述的萨尔贡一世将领土拓展到卡帕多西亚

前1680年
拉巴尔纳一世将势力范围推进到安纳托利亚并开创了古赫梯王国

前1500年
雅利安人入侵印度河谷

前1200年
中东开始学会冶铁术

前1126年
尼布甲尼撒继承巴比伦王位

前721年
亚述国王萨尔贡二世摧毁以色列王国

前800年
凯尔特人在伊比利亚半岛出现

前525年
波斯国王冈比西斯占领埃及

前550年
居鲁士建立波斯帝国

亚述王
萨尔贡二世

孙子和《孙子兵法》

孙子，中国公元前5世纪的将军，创作了最古老的军事著作《孙子兵法》，对东方的战略家产生了深远的影响。

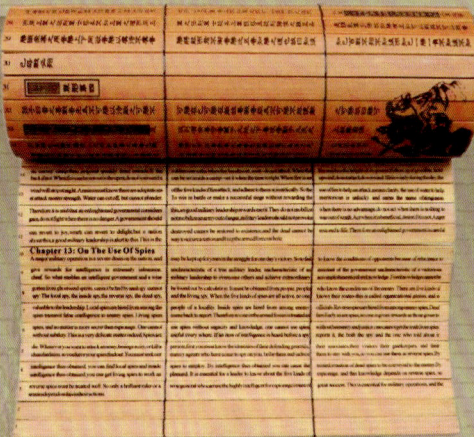

国之大事

《孙子兵法》开篇："兵者，国之大事，死生之地，存亡之道，不可不察也。"

前333年
亚历山大大帝在伊苏斯战役中击败波斯人

前480年
第二次希波战争德摩比利（温泉关）战役和萨拉米斯海战

前479年
普拉塔亚战役，波斯人被希腊人击败

前332年
亚历山大大帝占领叙利亚和巴勒斯坦，并控制了埃及

前331年
波斯人在高加米拉战役中被马其顿人击败

前221年
秦朝统一中国

前149年
第三次布匿战争

前146年
迦太基城被毁

前58年
恺撒开始高卢战争

前52年
罗马人和高卢人之间开始阿莱西亚攻防战

43年
罗马入侵不列颠尼亚

117年
罗马帝国进入鼎盛时期

330年
君士坦丁堡成为罗马帝国的首都

395年
罗马帝国分裂成东罗马帝国和西罗马帝国

452年
匈奴王阿提拉入侵意大利

前500年

476年

前431年
雅典人和斯巴达人之间爆发伯罗奔尼撒战争

前490年
第一次希波战争中波斯人在马拉松被希腊人打败

公元前256年，即第一次布匿战争期间，罗马舰队在西西里岛南部的埃克诺穆斯角海域击败了迦太基舰队。

前264年
罗马和迦太基之间爆发第一次布匿战争

约前321年
旃陀罗笈多开创孔雀王朝

前218年
第二次布匿战争

前216年
坎尼战役

前215年
中国开始修筑万里长城

前44年
儒略·恺撒遇刺

220年
中国汉朝灭亡

320年
笈多王朝开始，印度统一

476年
赫鲁利国王奥多亚塞废黜罗慕路斯·奥古斯都鲁，西罗马帝国结束

古代的军事统帅

他们都是历史上重大战役的主角，也是战争艺术的真正先驱，将前所未见的战略战术付诸实践。他们带领的军队，要么大规模兵团作战，要么小股部队奇袭，极大地拓展了其王国、帝国的疆域和本阶层的影响力。他们生活在几千年前，被视作历史上最著名的勇士。

约前 2371—前 2316	约前 1304—前 1237	前 540—前 480	前 519—前 465
阿卡德帝国的萨尔贡	**拉美西斯二世**	**列奥尼达斯**	**薛西斯一世**
萨尔贡自称被一个女祭司放入篮子里后遗弃在幼发拉底河。他后来进入基什国王的宫廷，并发动了叛乱。他将阿卡德建成帝国的首都，乌鲁克战役之后控制了美索不达米亚。	古埃及法老，公元前1304 年继位。为了纪念诸神以及他和他的妻子尼斐尔泰丽，他建造了卢克索神庙和阿布辛贝神庙。他在加底斯战役中战胜了赫梯人，这是他最重要的军功。	公元前488 年成为斯巴达国王。他在温泉关战役战死后被神化。在这次战役中，他带领 7 000 名希腊士兵对抗薛西斯一世的 20 万大军，他的牺牲换来了希腊人在萨拉米斯海战中战胜波斯人。	公元前485 年起继任波斯国王，是第二次希波战争的主角。他通过温泉关入侵希腊，但在萨拉米斯海战中被希腊舰队击败，后被大臣阿尔达班刺杀。

> "人们通常更容易相信自己认为正确的东西。"

盖乌斯·尤利乌斯·恺撒《高卢战记》
第三卷，第 18 页，公元前 58 年

九年战争

《高卢战记》是恺撒在公元前 58 年至公元前 50 年间以第三人称撰写的，全书共 8 卷，叙述了他对劲敌高卢人发动的战役和采取的战略战术。

| 前 356—前 323 | 前 247—前 182 | 约前 100—前 44 | 约前 80—前 46 |

亚历山大大帝

即马其顿的亚历山大三世，33 岁逝世。他在其父腓力二世遇刺后继位，在位 13 年间征服了整个波斯帝国，并抵达印度边界。他在巴比伦离奇地去世。

汉尼拔

25 岁时被任命为伊比利亚半岛迦太基军队的首领。其后不久，在第二次布匿战争中对抗罗马，他率军抵达罗马，但却不主张进攻该城。迦太基失陷后，他被流放到亚洲，最后在那里自杀。

尤利乌斯·恺撒

他极力扩张领土，将高卢、不列颠和日耳曼属地并入罗马帝国版图，他发动了罗马内战，随后结束了共和体制，自命永久独裁官。后被元老院贵族刺杀。

维钦托利

阿维尔尼部落首领，公元前 52 年领导高卢部落发起反抗罗马人的叛乱。他在阿莱西亚被恺撒打败后被囚禁于罗马。几年后，在恺撒的胜利游行中，他被游街示众，随后被绞死。

古代的武器

公元前 3000 年，金属被发现。原始的石质武器被更加高效和致命的金属武器所取代，首先是铜和青铜武器，公元前 900 年以后为铁质武器。弓箭和标枪被当作远距离攻击武器，近战则使用狼牙棒、短斧、长矛和剑。

弓箭

弓箭可以阻止远距离敌人的进攻，几千年来成为战争中的主要武器。亚述人、赫梯人和埃及人都使用弓箭，特别是在战车和骑兵出现以后，被大规模使用。弓箭设计简单，其核心部件由骨头和筋膜制成，复合弓则具有更大的弹性和射程。

亚述弓

长矛

长矛有不同种类，轻矛用作投掷武器，重矛用于近身作战武器。

罗马重标枪
出现于公元前 1 世纪。

伊特鲁里亚箭头
由青铜制造，出现于公元前 6 世纪。

希腊矛头
大约出现于公元前 6 世纪，由青铜制造。

埃及箭
出现于公元前 2000 年。

短斧和狼牙棒

狼牙棒是用于格斗的武器，最早的斧子是石质的，后来是金属的。美索不达米亚和埃及的军队在公元前 2000 年最早使用这类武器。

埃及礼斧
出现于公元前 1535 年，由黄金、木头和青金石制成。

埃及长柄战斧
由青铜制造。

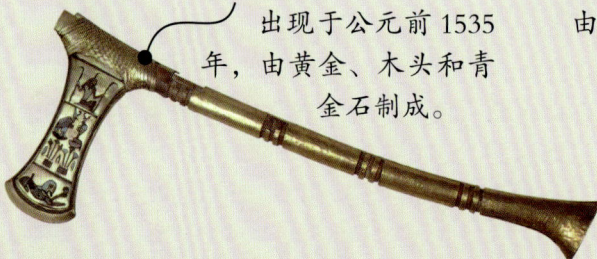

匕首和短剑

古代武士使用的匕首只是辅助性武器，随着人类掌握了金属加工工艺，其地位逐渐被日益重要的短剑所取代。公元前 1200 年左右，出现热捶打和铁回火工艺，工匠能够打造更加锋利、足以穿透铠甲的刀刃。他们成为罗马人和凯尔特人（他们都是出色的铸造大师）的首选武器。

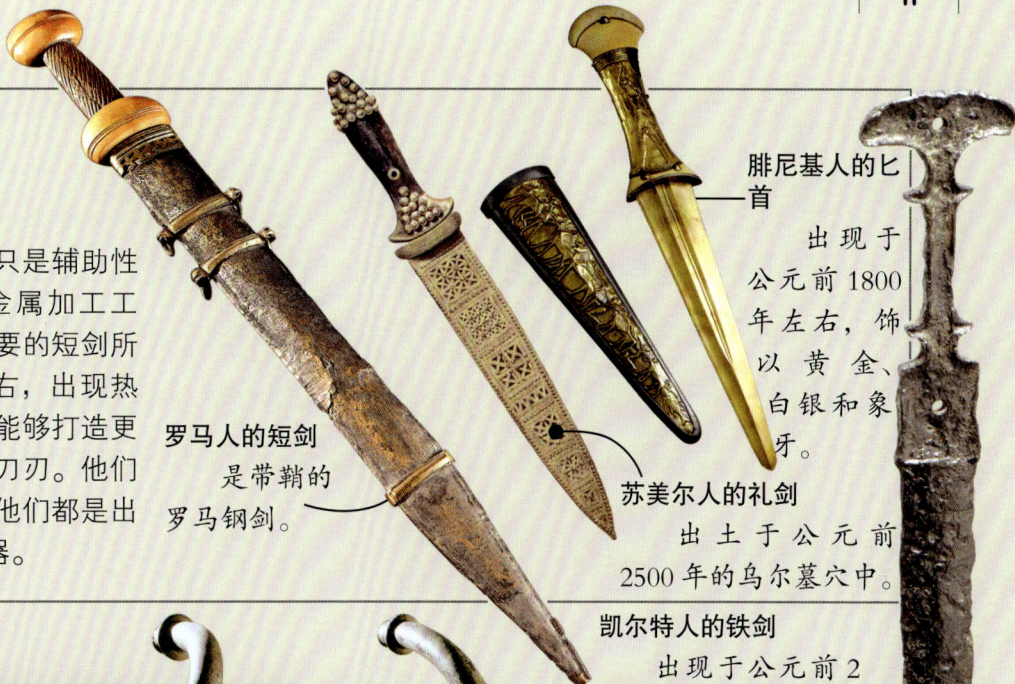

腓尼基人的匕首
出现于公元前 1800 年左右，饰以黄金、白银和象牙。

罗马人的短剑
是带鞘的罗马钢剑。

苏美尔人的礼剑
出土于公元前 2500 年的乌尔墓穴中。

凯尔特人的铁剑
出现于公元前 2 至公元前 1 世纪。

头盔和铠甲

古代军队发现头盔和铠甲可以最大限度保护战士，但他们的机动能力却因此大打折扣。他们穿着保护躯干和其他薄弱部位的金属护甲，戴着青铜或铁质的头盔。

伊特鲁里亚人的青铜剑
大约出现于公元前 6 世纪。

凯尔特人的青铜头盔
出现于公元前 800 至公元前 400 年。

腓尼基人的青铜护甲
出现于公元前 3 世纪。

罗马百夫长的头盔
带有护面甲。

古希腊重装步兵的护腿甲
出现于公元前 5 至公元前 4 世纪。

古希腊科林斯式头盔
出现于公元前 7 世纪。

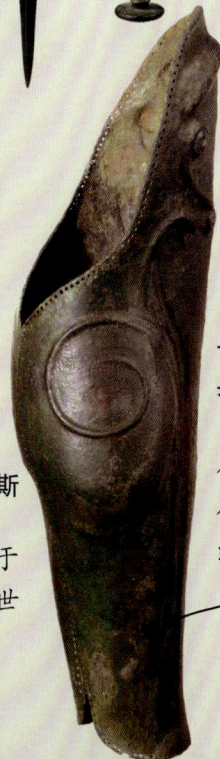

亚述军队

公元前 10 世纪末至公元前 7 世纪初，亚述王国成为西亚最强大的国家之一。领土从美索不达米亚一直延伸到古埃及，它在整个中东地区的扩张归功于它的军事实力。亚述拥有一支组织严密的军队和专业的军事将领，军队进攻高效并且有先进的攻城技巧。军队人数大约 10 万，其中强大的骑兵和弓箭手起到了特别重要的作用。

军事优势

亚述人以作战英勇和残忍闻名，他们的军事优势归因于以下几个方面：他们设立了世界上最早的军校，组建了完善的军队；使用更先进的铁质而不是青铜武器；另外，马上弓弩手在移动中的远射能力也不容忽视。

战车

亚述人改进了已经在小亚细亚普及的战车，更大的车轮和更长的车轴能够使战车乘载一个驭手、一个弩手和保护他们的两个护卫。

亚述骑兵

是史上首支配备马弓手的军队。

重装步兵

由本土亚述人组成，配备长矛、盾牌、头盔和铠甲，重装步兵是亚述军队的核心力量。

攻城机械

亚述人的百战百胜使得敌人不敢明目张胆地在开阔地带与其作战，而只能躲在城堡中。然而，亚述人发明了技术水平较高的攻城机械，这是一些令敌人胆寒的武器。他们建造云梯，在云梯上面使用攻城槌和石篮来破坏城墙。

攻城塔

下面装有轮子，由士兵推到城堡前。

攻城塔外面

覆有不易点燃的兽皮。

弓箭手

在攻城塔上得到很好的保护。他们在箭垛后射箭，以保护下方推动攻城槌和石篮的士兵。

攻城槌

用粗绳子控制，可以在攻城塔内外来回伸缩，前端由金属或石头制成，用来推倒城墙。

军服

由士兵身穿的护体金属鳞甲和头戴的锥形头盔组成。

战马

最初是两匹，后来增加到三四匹。这提高了亚述人的攻击力。战马全身都有厚实的布片保护。

轻装步兵

辅助重装步兵，可以使用长矛、弓箭和弹弓。

弓箭手

步行或者骑马，箭头有金属尖。

马其顿军队

公元前 334 至公元前 323 年，马其顿国王亚历山大大帝书写了历史上最辉煌的战绩，他征服了看起来不可战胜的波斯帝国，创立了一个更伟大的帝国，疆域横跨欧、亚、非三大洲。他的成就不仅归因于天才的战略战术、无比的个人魅力和领导才能，还有他那个时代伟大的军队。他进一步完善了他的父亲腓力二世创立的马其顿军队，使其成为强大的战争机器。

腓力二世的遗产

为了加强国王的权威和巩固脆弱的边疆，腓力二世决定改革军队，将他的卫队改造成为一支高效的、随时准备作战的队伍。他招募了所有能够作战的男子，接受严格的身体和战术训练。后来亚历山大大帝改良的马其顿方阵成为那个时期最为强大的军事力量。

"刺猬"方阵

撒丽莎长矛有六七米长，是马其顿方阵最常见的武器。第一排放低长矛，抵住敌军使之不能前进，后面几排依次向上倾斜长矛，拨打对方射来的箭，并阻止敌人骑兵冲锋。

身先士卒

亚历山大大帝作战时总是居于骑兵队伍的最前面，身处最危险的位置。

战斗队形

亚历山大的军队主要包括三部分：右翼是机动灵活的精锐骑兵，即伙友骑兵，他们在战斗中起决定性作用；中间的马其顿方阵是由16排配备长矛的重装步兵组成的遏制兵种，轻装步兵（即伙友步兵、标枪轻步兵和轻盾兵）负责保护其两侧；左翼是轻装步兵，仅负责保护己方本侧防线。

伙友骑兵
精锐骑兵由250个骑兵中队组成，排成楔形进攻队形。

标枪轻步兵
由保护方阵侧翼的皇家卫队组成。

轻盾兵
小规模战斗中使用的轻装雇佣步兵。

重装步兵
方阵中心。

其他武器
除了长矛，马其顿的军队在近战中还使用科庇斯弯刀和小型铜盾（希腊盾）。

移动"城墙"
劲敌波斯人和印度人在战斗中使用战象，马其顿人用长矛和其他投掷武器战胜这些巨无霸敌人。

波斯军队

公元前 560 至公元前 330 年的 200 多年间，即居鲁士大帝到大流士三世统治时期，波斯阿契美尼德军队从广袤帝国的不同地区招募勇士和大量的希腊雇佣军。波斯军队本身规模庞大，但是内部组织混乱，良莠不齐。

军队的十进制组织

波斯军队由 1 万名士兵组成一个万人队，每个万人队下辖 10 个千人队，每个千人队下辖 10 个百人队，每个百人队下辖 10 个十人队。最重要的作战兵种是位于侧翼的轻骑兵，其作战任务是包围和袭击敌军。弓箭手是最重要的步兵兵种，其任务是不断地密集发射箭矢来削弱敌人的防御。作战经验丰富的重装步兵位于战阵中央。

波斯步兵方阵

由盾牌兵组成，他们使用柳条编制的长方形覆有兽皮的轻便盾牌。他们从肩膀到脚踝都可以得到这种盾牌的保护。盾牌兵居于方阵前排，手执两米长的长矛。

重装步兵

长矛和盾牌是其首选武器，最受尊敬的作战部队是希腊雇佣军。

重装骑兵

他们使用标枪和短剑，还配备不同类型的战斧作为作战武器。

弓箭手

辅助骑兵攻击，不适合近战。

轻骑兵

战马的速度和骑手的技巧使其更适合突袭敌人。

无甲保护

历经变迁，波斯勇士基本都是优秀的骑兵和弓箭手，他们不穿铠甲，更愿意使用武器进行长距离攻击，而不是近战格斗。

布毡面罩

用于防风沙，黄色的面罩总是让人联想到国王和贵族。

双刃战斧

并非王室护卫专用，而主要是波斯北部人使用。

性格多疑的大流士三世

在帝国的后期，波斯国王在所控制的地区由豪强组织地方军队。这些军队及其头领的忠诚受到大流士三世的怀疑。在作战过程中，大流士三世不愿授权他人掌管军队，军队缺乏战斗力。

吸引眼球的军服

所采用的织品的质量和颜色突出了侍卫高贵的出身。士兵根据出身和社会等级穿着不同的军服。

双刃波斯短剑

源自斯基台人，长约40厘米，用于近战。

宫廷侍卫"不死军"

居鲁士二世（约前600—前529）建立著名的"万人护卫队"，是国王的私人卫队和波斯阿契美尼德军队中最强的攻击部队。据说只要成员出现伤亡，立刻就会有人取代他的位置，因此部队人数总是1万人。所有的护卫都来自波斯贵族，他们享有奢侈的衣物和优厚的待遇。

中分裤

取代了波斯长袍，使士兵在作战过程中拥有更大的灵活度和自由度。

高加米拉战役

　　高加米拉战役是决定波斯帝国命运的关键一战。公元前331年，在伊苏斯被亚历山大大帝击败后，大流士在底格里斯河附近的广袤平原上集结了人数众多的军队。理论上，战役的发生地应该对拥有战象和新月形战车的波斯军队更为有利，然而，高加米拉战役却成了人类历史上第一个以少胜多的经典战例。

为帝国的荣耀而战

　　亚历山大知道，只要他击败大流士，波斯军队就会溃不成军。他面对的挑战就是两军人数的巨大差异：大流士拥有20万步兵、4万骑兵、配备长柄镰枪的200辆兵车和15头战象；而马其顿军队只有7 000骑兵和4万步兵。战役于公元前331年10月1日凌晨打响，亚历山大巧妙地指挥军队直捣组织混乱的波斯军队，并将其一举击溃，大获全胜。

亚历山大
　　尽管与大流士近在咫尺，但却没能将他擒获。

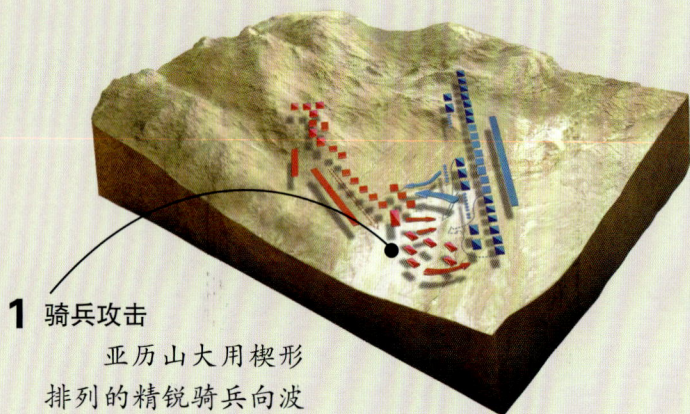

1 骑兵攻击
　　亚历山大用楔形排列的精锐骑兵向波斯军队用于防守的左翼发起进攻。在敌军防线上撕开一个巨大的缺口。

■ 波斯军队

■ 马其顿军队

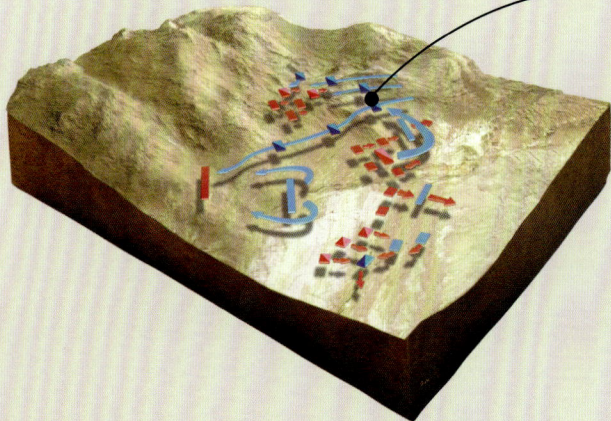

2 决定性时刻
　　马其顿大将帕曼纽为等候亚历山大的增援，不得不暂缓进攻。虽然大部分波斯骑兵已经抵近马其顿大营，但最终被击退。

战局结果

　　击溃了波斯军队的左翼后，亚历山大追击从战场逃跑的大流士，这导致波斯军队斗志全无，中军主力被击溃。最后，亚历山大增援帕曼纽，使波斯人最终被击败。

对波斯帝国的侵略

公元前 334 年 5 月，亚历山大在格拉尼卡斯战役中第一次打败波斯人，并于公元前 333 年在伊苏斯战役中再次打败大流士三世，夺取了古巴比伦。公元前 332 年，他进抵腓尼基城市泰尔并攻克该城，同一年年底攻占埃及。加拉米加战役的胜利使亚历山大完全控制了整个波斯帝国，他的帝国疆域直达印度。

威海

里海

黑海

马其顿

希腊

地中海

公元前334年 格拉尼库斯

亚美尼亚

美索不达米亚

公元前331年 高加米拉

米提亚

波斯

公元前332年 泰尔

公元前333年 伊苏斯

亚历山大城

公元前331年 古巴比伦

波斯波利斯

印度

公元前323年 亚历山大去世

埃及

红海

波斯湾

幸运的大流士

得以从高加米拉战役中逃脱，但几个月后却遭到了背叛，在巴克特里亚（大夏）被刺杀。

波斯战车

是大流士军队的重要组成部分，但却遭到惨败。即使战象也没能改变波斯战败的结果。

波斯步兵

数量庞大，但是准备不足。数千临时招募的士兵和农民根本没有受过多少军事训练。

伙友骑兵

是亚历山大强大的精锐骑兵，对战役的结果起着至关重要的作用。

用计

亚历山大发现其军队中有波斯间谍，于是在开战前一天放出假消息，说将在夜间发动进攻，这使得波斯人彻夜无眠，而自己的军队在养精蓄锐后以最佳状态出战。

迦太基军队

公元前814年，迦太基王国在北非的突尼斯附近建立。在公元前5世纪至公元前3世纪扩张到整个北非，占领伊比利亚半岛，并控制了西西里岛西部，随后又扩张到科西嘉岛和撒丁岛，在地中海上开创了一个以海洋贸易为基础的帝国。不久，迦太基帝国与同样扩张的罗马帝国产生冲突，最终败在了罗马人的手下，但是迦太基军队留下的遗产不能被忘记。

雇佣军团

迦太基军队大部分是由希腊人、意大利人以及盟友和支持者组成的雇佣军。需要特别提及的是，迦太基名将汉尼拔以能够充分调动这支杂牌军著称，他虽然不能开创一个统一的阵线，但却能够在战场上根据预先制定的战略和每个雇佣军群体的特点赋予其特定的作战任务。

迦太基舰队

控制地中海需要强大的舰队，五桨座战船（五组划桨手的大船）是迦太基舰队的主力，船员多达420人，其中270人是划桨手。

迦太基军队首领

其凝聚力在于下属对他的真诚和对于分配战利品的执着。

多国部队

汉尼拔的军队包括利比亚腓尼基人、努米底亚人、伊比利亚人、凯尔特伊比利亚人和巴利阿里人等。在向意大利进军的途中，高卢人和意大利人作为盟友加入汉尼拔的军队。利比亚腓尼基人擅长使用长矛；努米底亚人擅长骑马，能够在高速移动中投掷标枪，是骑兵的主体；伊比利亚人用短剑格斗；巴利阿里人使用投石器。此外，军队中还有战象和战车。

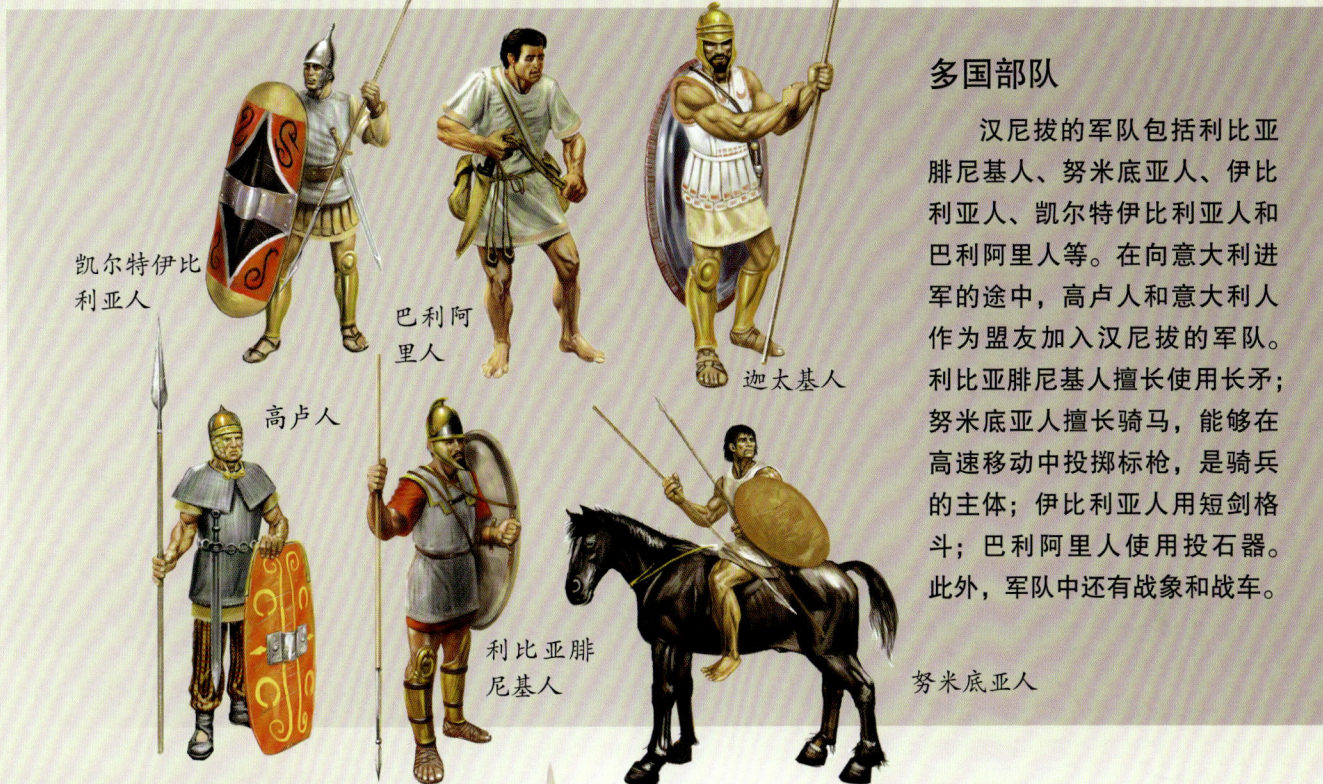

凯尔特伊比利亚人

巴利阿里人

迦太基人

高卢人

利比亚腓尼基人

努米底亚人

军官

一般情况下，最高等级的军官都是迦太基本族人，尽管也有希腊人出任训练军队的将军。

伊比利亚人

是战斗力最强的勇士，无论马上还是步下都是如此。在汉尼拔时期，他们是军队的主力。

战车

公元前 2000 年左右，美索不达米亚军队将动物牵引的车用于军事。他们最初只是用战车冲锋，以突破敌军步兵防线，并追击溃退的敌军。随着战车设计得越来越轻便，速度更快和更加机动灵活，它们最终成了战斗中关键的战术武器。

苏美尔人

他们发明的战车除了用于交通运输，还在各城邦之间的战争中被广泛使用。

轮子类型 ▶ 实心木轮

车轮数量 ▶ 4个

牵引动力 ▶ 4头野驴

乘载人员

赫梯人

小亚细亚是公元前 18 世纪至公元前 12 世纪赫梯文明的中心，赫梯人改良了轻型战车，使之成为他们主要的作战武器。

轮子类型 ▶ 木铁组合

车轮数量 ▶ 2个

牵引动力 ▶ 2匹马

乘载人员

木制轿厢
用皮条和铜栓加固，自身较重。

实心木轮
直径 50~80 厘米，特别沉重，装有皮革轮辋，用铜铆加固。

轻便车轮
归功于赫梯人使用了轮辐。

亚述人

大约公元前 8 世纪，亚述人使用了更为结实的战车，作战时很可能放在第一阵线，所以车轮和护板都很大。

轮子类型 ▶ 木铁组合

车轮数量 ▶ 2个

牵引动力 ▶ 2匹、3匹或者4匹马

乘载人员

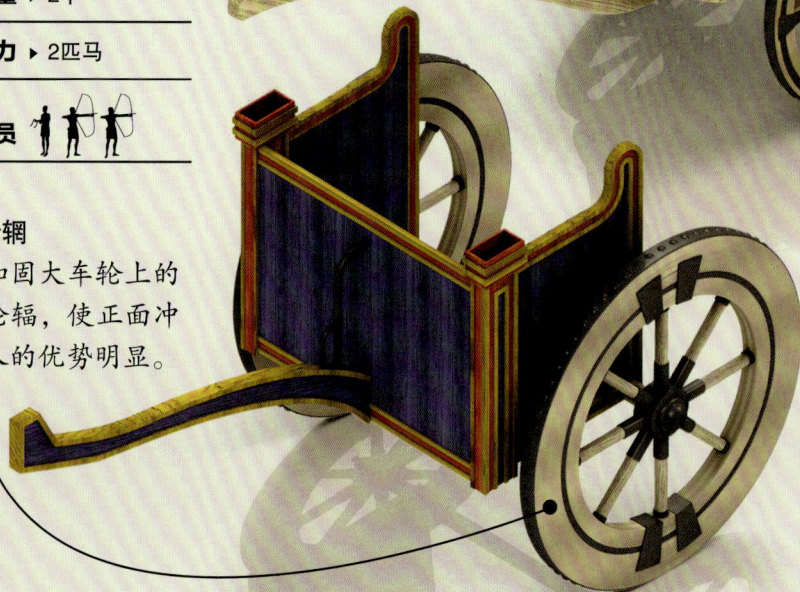

金属轮辋
加固大车轮上的八个轮辐，使正面冲击敌人的优势明显。

埃及人

改良了入侵的喜克索斯人的战车，将其打造成适合射箭和使用长矛的多功能移动平台。

轮子类型 ▸ 木铁组合

车轮数量 ▸ 2个

牵引动力 ▸ 2匹马

乘载人员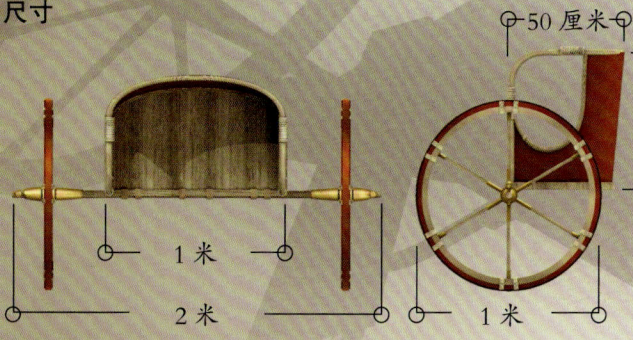

箭筒

是木制或皮制的，牢固地绑在战车的轿厢上。

战车的运动

战车向前移动时，车轴上的轿厢能够确保一定的机动灵活性，驭手在不影响稳定性的前提下，可以实现急转弯。

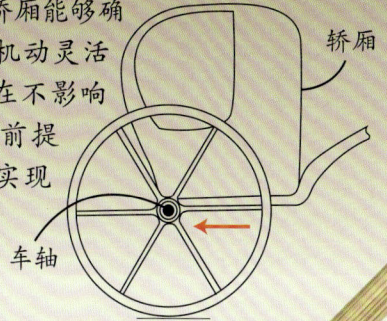

轿厢

车轴

方向舵

由一根木头制成。

轿厢

包括一个曲面的木铠甲，用皮革和铜栓加固，并用皮条固定在方向舵和车轴上。

车轮

装有4～6根轮辐。

车轴

是木制的，固定在轿厢后部。

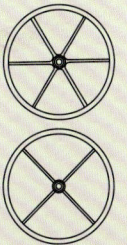

锁栓穿过车轴固定车轮。

尺寸

50厘米

75厘米

1米

2米

1米

埃及军队

为法老而战

在埃及的古王国时代（约前27—前22世纪）还没有正规的军队。被奉为神灵的埃及法老只有一支护卫队保护其安全。法老的护卫中有许多努比亚人和利比亚人，他们使用的弓箭非常简陋，长矛和狼牙棒的尖端还都是石质或骨质的。如有战事发生，需要征召各地的平民入伍。

到了中王国时代（约前21—前18世纪），埃及统治了整个努比亚地区以及大部分东地中海地区，这时埃及才有了常备军，士兵由正规军人组成。士兵不和普通平民混为一体，法老底比斯通过授予不同的武器和荣誉称号来区别士兵和军官，如赐给军官的"皇家金奖"可当作项链佩戴在身上。那时的法老被描绘成战士的形象，他们手持长矛和青铜战斧，身上带着弓箭和匕首，身边是佩带着青铜武器的高级护卫。那时的军队已经开始有存放标枪和盾牌的武器库，还出现了负责武器供应的军需官。

公元前1700年，喜克索斯人大举入侵埃及，马匹和战车也被带到了埃及。在新王国时代（前16—前11世纪），这些新式武器在军队中得到了广泛使用。

后来，世袭的军事贵族出现了。军队按照四方守护神的名称分成了四个分队，即阿蒙、拉、布塔和赛特，每个分队有1万人。战时，分队周围配备两匹马牵引的轻便战车。这样的配置使他们攻无不克，战无不胜。所有战士都佩戴头盔，手持盾牌和短剑（镰剑），身披金属甲。他们使用最早期的军事战术：精心选择战场并排兵布阵，战车上搭载1~2名弓箭手，由100人组成的方队在战车的保护下对敌方发起攻击。贵族和职业士兵使用的木制弓箭由细绳绑牢，并用兽角装饰。

这一时期最重要的战役是公元前1312年的卡迭石战役。为了控制叙利亚和黎巴嫩，拉美西斯二世率领军队攻打赫梯。拉美西斯在很多庙宇的墙壁上都描绘了这场战役，为自己歌功颂德。在交战双方缔结了人类历史上第一个和平条约之后，卡迭石便又回到了赫梯人的控制之下。

埃及士兵

千百年来，埃及的地理位置就是天然的防御屏障。埃及的士兵都是征召来的农民，但是喜克索斯人的入侵使上、下埃及轻易被攻陷。上埃及吸取了教训，建立了更加专业化的军队，驱逐了喜克索斯人并建立了新王国，还建立了和强大的对手赫梯人和米坦尼人一样训练有素、装备精良的军队。

弓箭和长矛

埃及新王国的军队由巨大的长矛方队组成，由数量相仿的弓箭手协助，并配备当时最可怕的武器——战车。埃及步兵的战斗模式非常简单：弓箭手向敌人射箭；然后长矛手开始冲锋，他们先抛出长矛，再使用短斧、短剑和狼牙棒等武器与敌人进行肉搏。

战争的标志

旗手手持本代表连队的军旗领军开拔，最常见的旗帜是扇形的。

它的功能是保持军队队形的整齐划一。

军旗上通常有一个神兽的形象。

雇佣军

法老的军队中也有雇佣军，大部分都是努比亚人（下图）和利比亚人。努比亚人是技艺高超的射手，使用燧石尖的箭头。法老的贴身侍卫是施尔登人。

其他武器

埃及士兵被训练使用各种各样的武器，但为了组成连队，他们专攻一类武器。

复弓

承自喜克索人，在埃及新王国极受推崇。

匕首

是石刃或铜刃的，是弓箭手的手持武器。

离家、投军和作战

被招募的士兵告别亲人，抱着赴死的决心离开家乡，他们会经历一段艰苦的军事训练；在沙漠中行军以及近身肉搏。

长矛
军队通常使用的是一人高的木质标枪。

铠甲
由多层亚麻布制成，强化处理以抵御箭射。

短剑
是由青铜打制的镰刀剑（寇派斯弯刀），有部分凸刃。

箭头
由燧石和青铜制成。

防护罩衣
由硬化的亚麻制成，如皮革一样坚硬耐戳。

盾牌
是木质的，前面用皮革或者青铜板加固。

战斧
最常见的是青铜战斧，斧刃状如希腊字母表第五个字母 ε。

行军
是军事训练的重要组成部分，军队一天在沙漠中平均行军 19 千米。

矛头
在新王国时期由燧石和青铜制成。

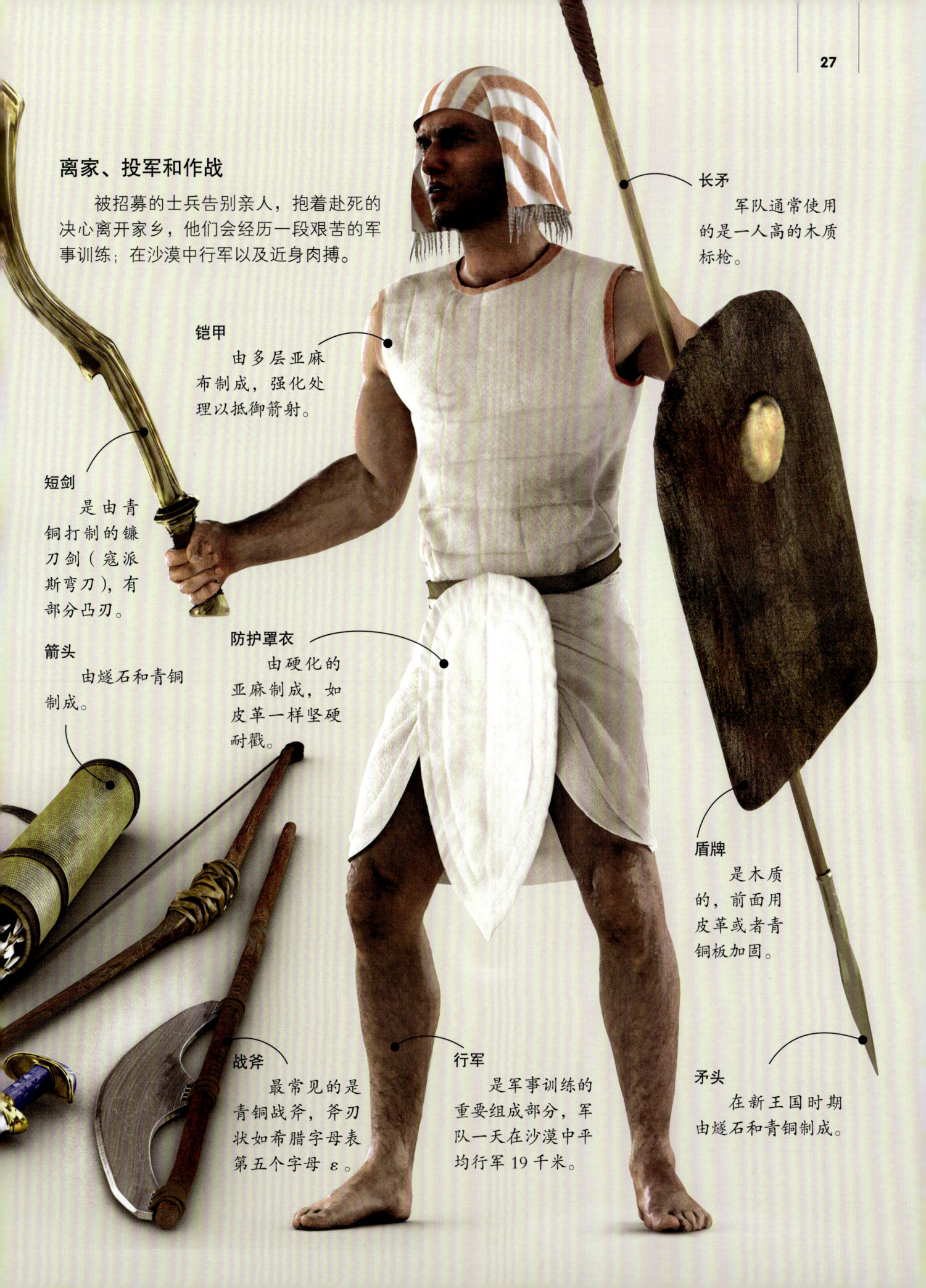

卡迭石战役

公元前 1312 年，强大的埃及帝国与以赫梯王国为首的军事联盟爆发了卡迭石战役。战争的目的是控制这一地区（今属叙利亚）的贸易路线。数千步兵和战车在卡迭石城附近激战。双方都没有取得明显的胜利，但这一战役因第一次使用战车而被载入史册。

冒险策略

法老拉美西斯二世认为更北的地方还有赫梯人，所以带领阿蒙军团前进。赫梯人在国王穆瓦塔里的带领下，向拉美西斯的营地和毫无戒备的阿蒙军团发起了突袭。然而，埃及人反应迅速，并且拥有机动灵活的轻便战车，打退了赫梯人的进攻。

地中海
卡迭石
放大的区域

〜〜 赫梯帝国
〜〜 埃及帝国

1 拉军团向法老的营地行进，和阿蒙军团会合。但是其侧翼遭到赫梯人战车的冲击，拉军团惊慌逃窜。

→ 赫梯人进军路线
→ 埃及人进军路线
⇢ 赫梯人撤退路线
⇢ 埃及人撤退路线

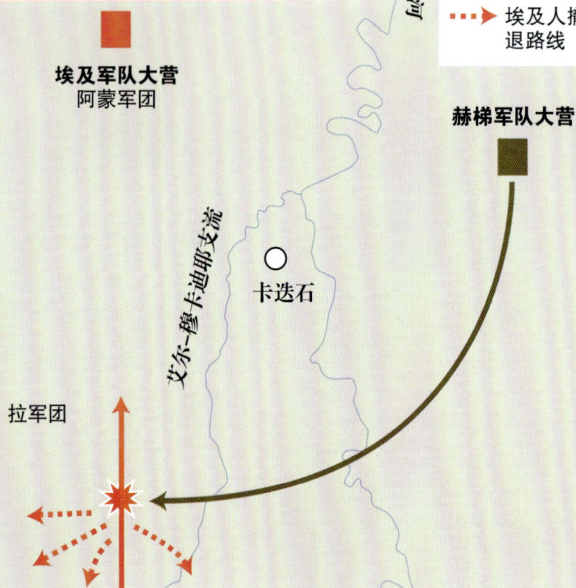

奥龙特斯河

埃及军队大营
阿蒙军团

赫梯军队大营

艾尔-穆卡迪耶支流

卡迭石

拉军团

力量对比

埃及		赫梯	
人数 ▶ 2万人		**人数** ▶ 4万人	
战车 ▶ 2 000辆		**战车** ▶ 3 500辆	

2 赫梯人抵达法老的营地，开始横冲直撞，但是他们的战车笨重缓慢，挤在了一起。

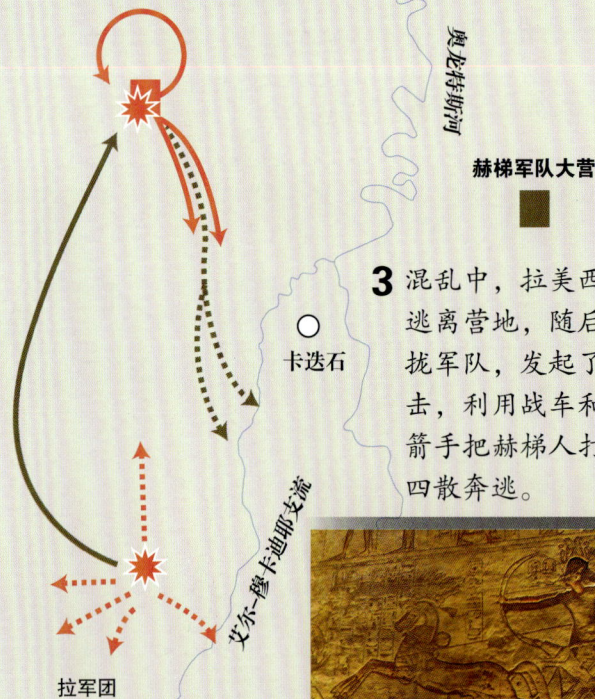

奥龙特斯河

赫梯军队大营

卡迭石

3 混乱中，拉美西斯逃离营地，随后收拢军队，发起了反击，利用战车和弓箭手把赫梯人打得四散奔逃。

艾尔-穆卡迪耶支流

拉军团

法老冲锋
埃及的浮雕描绘了拉美西斯二世参加了整个战役。

战役结果

尽管埃及人把赫梯人打得四下逃窜，但他们未能控制卡迭石。公元前1283年，双方再次在该城会面，签订了历史上第一份载入史册的和平条约。

双方统帅 拉美西斯二世和穆瓦塔里二世

尽管历史赋予拉美西斯二世特殊的地位，其木乃伊至今仍躺在开罗的博物馆里，但二人都是当时最有权势的统治者。

战车对战车的攻击战术

战车之间的战斗通常是己方战车在敌方战车发起攻击时撤退，这样弓箭手可以射箭，然后己方再发动反击。

4 穆瓦塔里增派更多的军队，但效忠法老的亚莫利人从北方赶来增援。双方力量达到平衡。

尼亚林援军（亚莫利人）

奥伦特斯河

赫梯军队大营

阿蒙军团

赛特军团和布塔军团

卡迭石

5 赛特军团和布塔军团赶来增援，会同拉美西斯的军队给赫梯军队以最后致命一击。

艾尔-穆卡迪耶支流

然后绕过步兵，掉头从其后发动攻击。

战车对步兵的攻击战术

战车冲向步兵，将其冲散。

希腊军队

恐怖的希腊重装步兵

公元前 8 世纪，随着城邦文明的兴起，希腊出现了西方军事实践的早期萌芽。在组成城邦的希腊人中，农民和拥有选举权的地主形成了独特的伙伴关系。出于军事目的，他们地位平等，共同成为重装步兵的兵源。包括头盔、护腿、凹面圆盾、护甲、双尖标枪（即萨里沙长矛，如果折断，两段仍然可以使用）和短剑在内的装备都需自备。

重装步兵的进攻战法就是全体出击，与敌人近身格斗。这种战法一直到希波战争（前 490、前 480—前 478）以后才有所改变。希波战争中的著名战役有公元前 490 年的马拉松战役，大流士一世在阿提卡的沿海平原被击败；公元前 480 年的德摩比利战役（也称温泉关战役），斯巴达人被薛西斯击败；公元前 480 年的萨拉米斯海战，这是当时最著名的海战之一，希腊军队利用装有装甲撞角的三列桨战舰摧毁了波斯军队；公元前 479 年的普拉蒂亚战役，希腊动员了将近 7 万名将士参战。

希腊军队方阵的规模大小不一。起初，雅典人、底比斯人和马其顿人的方队为 256 人组成的 16 排方队，4 096 人组成 16 个这样的方队，排成密集队形；斯巴达人的方队有 4 排方队、6 排方队和后来的 8 排方队。从 4 世纪开始，希腊军队又在方队两翼和殿后部队加入了轻装步兵（轻盾兵）、弓箭手、弹弓手和探路兵，并开启小规模的作战模式。

希腊骑兵出现较晚。古希腊历史学家色诺芬评价说，只有"体格较弱，没有荣誉感的人"才骑马。骑兵通常都是贵族出身，战场上辅助步兵作战，这一传统在西方盛行了 1 000 多年。公元前 476 年，雅典只有 300 名重装骑兵，在战斗中他们位于步兵方队两翼。

在腓力二世统治时期，马其顿步兵中已经出现了特种部队，他们建造名为"渡鸦"的开合桥、大型滚轮攻城塔以及可以发射燃烧布包等来破坏敌方攻城槌的投石器。后来，亚历山大大帝又在希腊军队中引入了由 64 人组成的重甲骑兵中队。

重装步兵

重装步兵由古希腊的武士构成，重装步兵的典型阵形是方阵，这是千百年来古代战场上的主要阵形。重装步兵得名于士兵携带的盾牌（圆盾）。希腊重装步兵除了从小就接受严格的专业军事训练的斯巴达人之外，其他的都是志愿者，他们在城邦面临危险或外敌武装入侵时，应征入伍。

城邦武士

能够买得起全套装备的富裕市民成为重装步兵。而那些不富裕的则成为轻装步兵，他们可以用标枪和弹弓袭扰敌人。重装步兵和方阵队形在公元前 5 世纪对波斯的战争作用明显。他们能够战胜数量占优的敌军，严明的纪律和同袍情谊起到了关键作用。

密集的方阵

方阵排成 8~12 列横队，每个重装步兵除保护自己外，还要保护战友侧面的安全。

圆盾

由一层皮革、一层木头和一层青铜构成，最重可达 7 千克。

盾牌的重要性

方阵的力量在于盾牌紧靠盾牌的密集阵形，保持这种阵形全靠士兵的自律和勇气，战场上突破盾阵就如同摧垮了重装士兵的勇气一样，是十分可耻的事。哪个士兵被突破，就意味着其战友失去了防护。

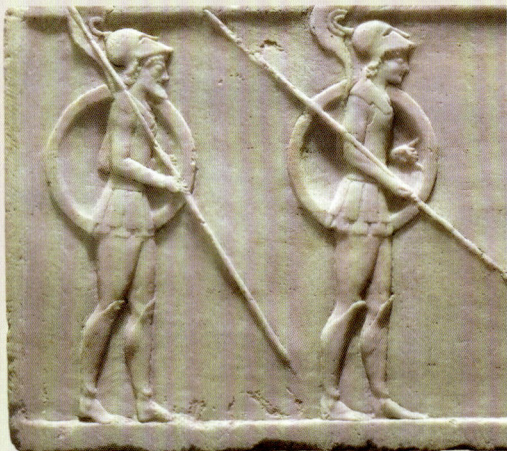

斯巴达特色

斯巴达城邦的男子从孩童时期开始就接受系统的军事训练。他们终生都是战士，斯巴达重装步兵最典型的特征是身披红色战袍和圆盾上的希腊语第十一个字母 λ。

短剑
最常见的是"希腊剑"，剑身笔直，双面开刃。

毛发
是斯巴达人的特色，他们是唯一留着长发和胡子的希腊人。

斯巴达战袍
由红色的棉布或羊毛制成，在行军途中可以保护身体。

手柄
中央有青铜挂钩，手柄边缘由细绳或皮革制成。

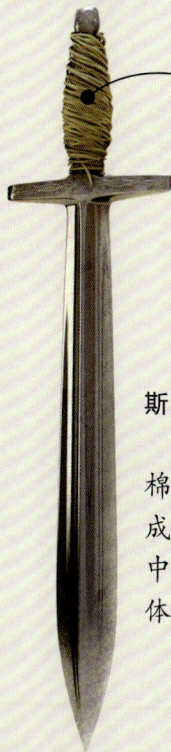

盾牌上的字母 λ 代表拉科尼亚，其首都为斯巴达。

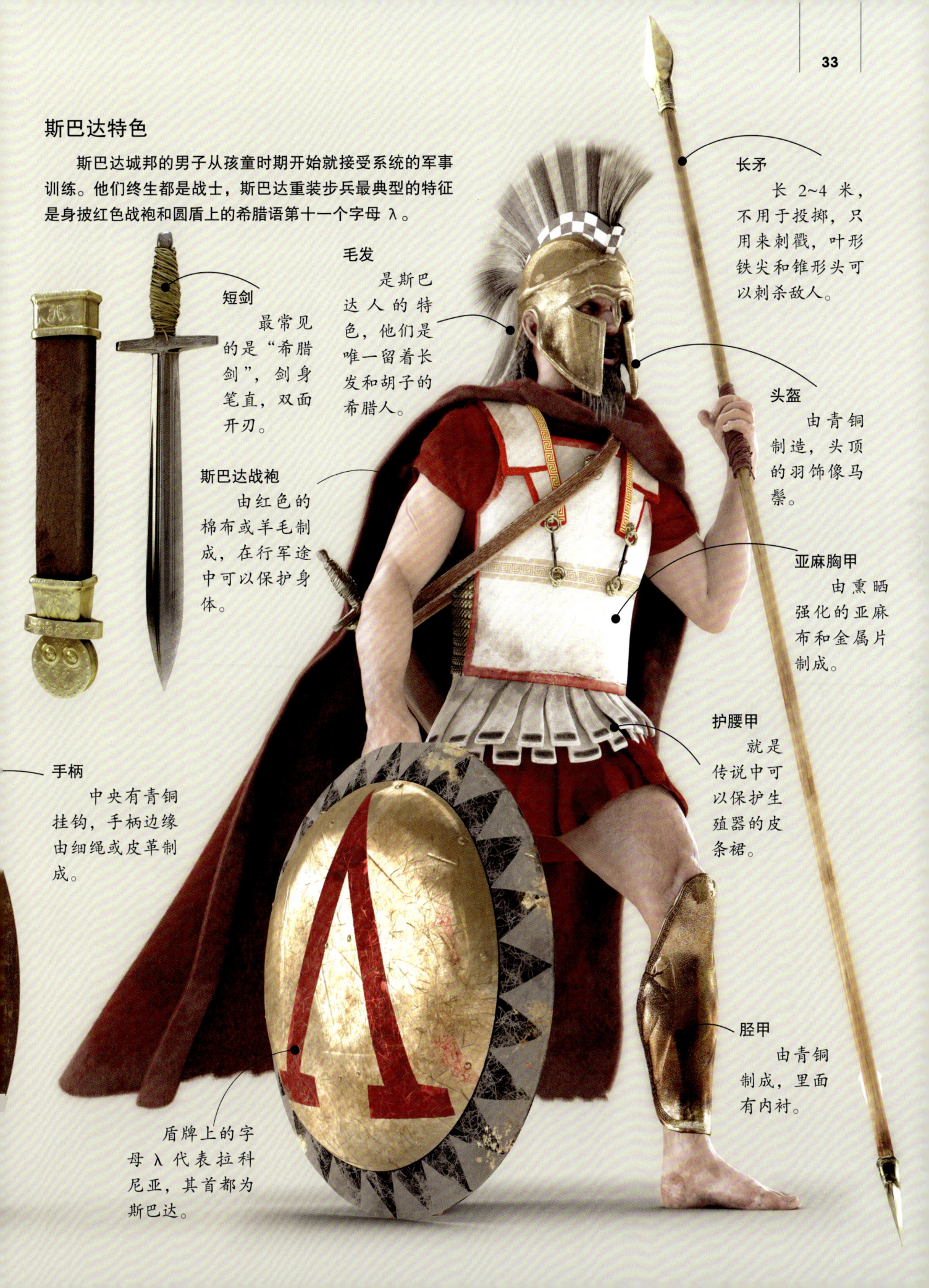

长矛
长 2~4 米，不用于投掷，只用来刺戳，叶形铁尖和锥形头可以刺杀敌人。

头盔
由青铜制造，头顶的羽饰像马鬃。

亚麻胸甲
由熏晒强化的亚麻布和金属片制成。

护腰甲
就是传说中可以保护生殖器的皮条裙。

胫甲
由青铜制成，里面有内衬。

温泉关战役

公元前 480 年，在现希腊境内的德摩比利峡谷（温泉关）爆发了历史上著名的温泉关战役。以雅典和斯巴达为首的 7 000 人的古希腊城邦联军，在这个天然的关口阻击波斯王薛西斯率领的 20 万大军。古希腊人最终被击败了，但是这次战役却迟滞了波斯人的进军长达 3 天，并给波斯人带来了重大的人员伤亡。

荣耀的代价

希腊人知道他们人数不占优势，就迫使波斯人在狭窄的关口开战，在斯巴达国王列奥尼达斯的率领下，他们坚守阵地两天，直到背部遭到敌人攻击。虽然薛西斯赢了这次战役，但是同年的萨拉米斯海战和第二年的普拉蒂亚战役的失败使他入侵希腊的计划永久搁浅了。

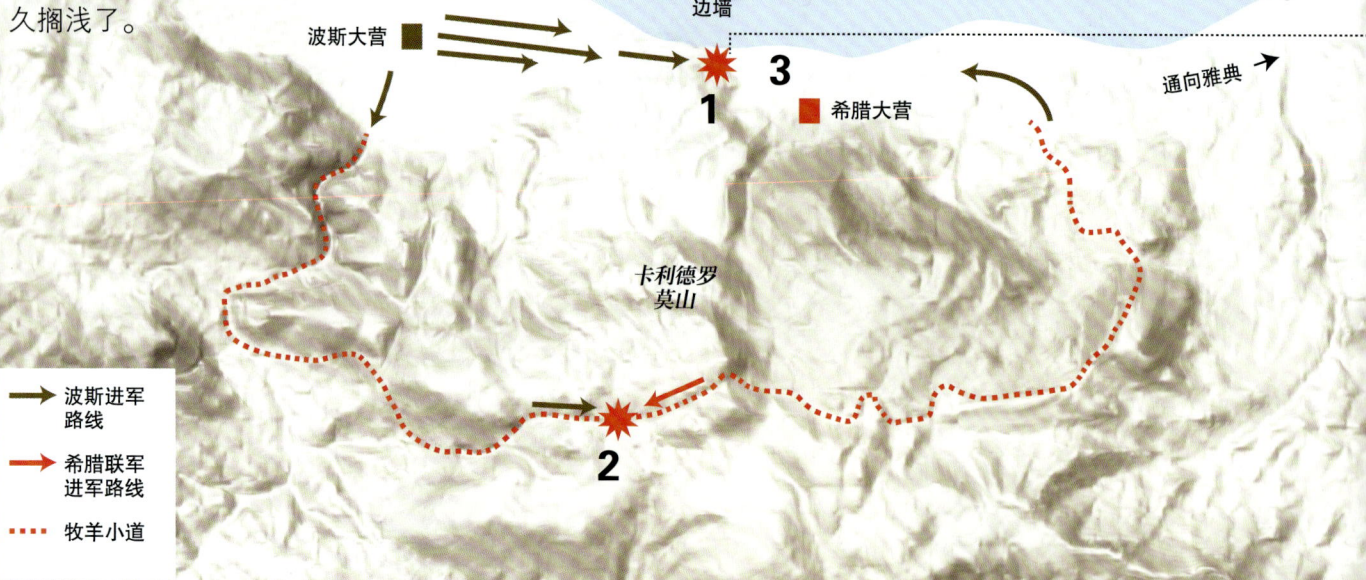

波斯进军路线

希腊联军进军路线

牧羊小道

战斗经过

1 希腊联军以斯巴达人为前锋，在弗西斯边墙后面阻截住了波斯军队前进的道路。他们坚持了两天，波斯军队付出了惨重的代价也没能通过。

2 夜间，列奥尼达斯派遣 1 000 人去保护牧羊小道，薛西斯也知道这条小路能使他绕到敌军后方，他派出最强的一支小分队，企图从这条小路偷绕过去。

3 希腊联军大部队撤退，但是约 300 名斯巴达勇士和几百名希腊重装步兵留在原地。凌晨，他们受到了几百名波斯弓箭手的进攻，最后全军覆没。

列奥尼达斯

勇敢的斯巴达国王，统治时间不到10年，战死于温泉关，享年60岁。

薛西斯

大流士一世之子。大流士一世在马拉松被希腊人击败之后，放弃了入侵希腊的计划。薛西斯即位后，继承先王遗志，继续入侵希腊。

力量对比

希腊联军
参战人数 ▸ 7 000人

斯巴达人 ▸ 约300人

波斯军队
参战人数 ▸ 20万人

王室侍卫不死军 ▸ 1万人

弓箭手 ▸ 5 000人

放大区域
（逆向）

战略关口

希腊联军选择温泉关作为战场，这抵消了波斯军队在数量上的优势。狭窄的地形使薛西斯不能大规模地集结士兵和动用强大的骑兵。

弓箭手

人数众多，根据古希腊历史学家希罗多德的描述，弓箭手人数众多，射出的箭"遮天蔽日"。

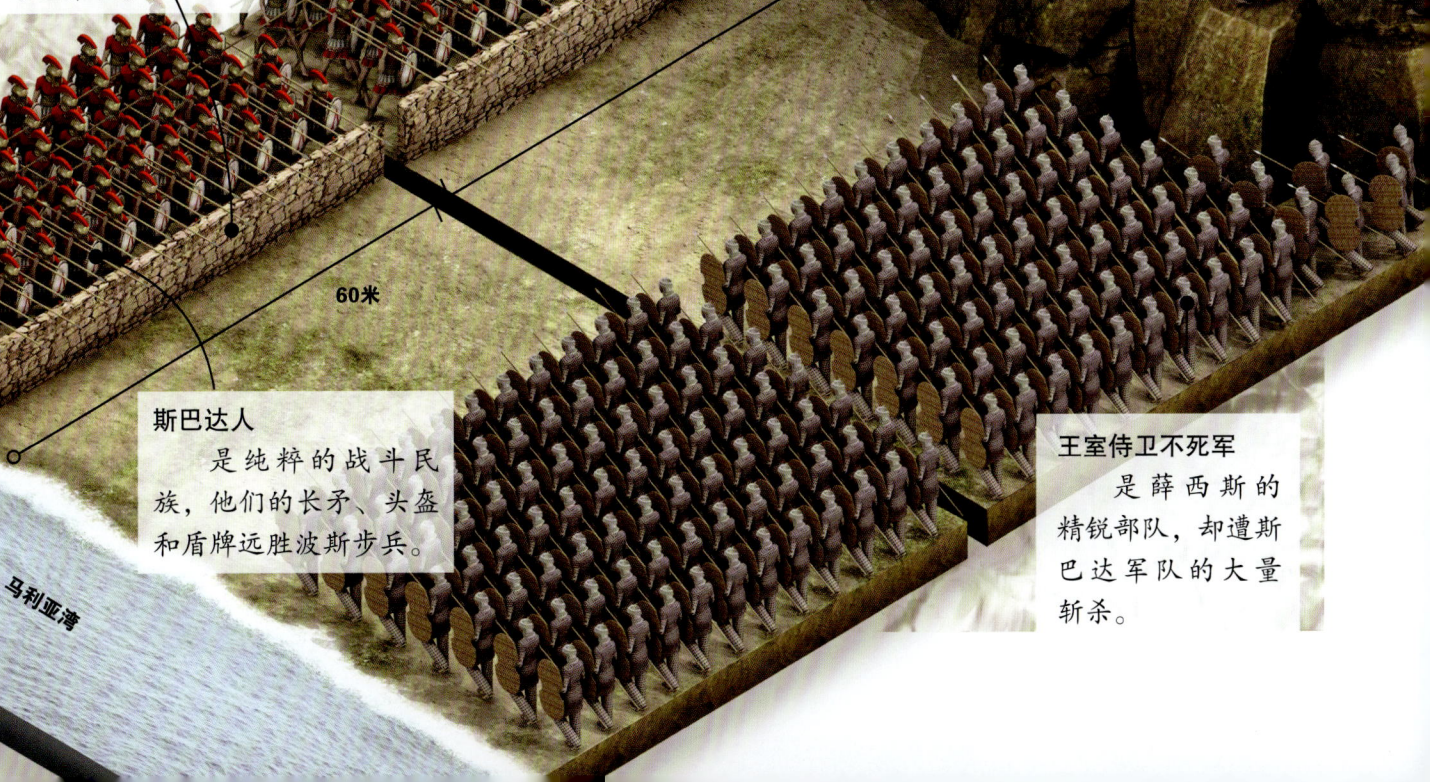

弗西斯边墙

是温泉关的一道古老的石墙。列奥尼达斯下令重修此墙，以保护墙后的军队，但是在战役的最后一天，该墙被完全摧毁。

60米

斯巴达人

是纯粹的战斗民族，他们的长矛、头盔和盾牌远胜波斯步兵。

王室侍卫不死军

是薛西斯的精锐部队，却遭斯巴达军队的大量斩杀。

马利亚湾

希腊的三列桨战舰

这种战舰配备三排桨，故得名。从公元前 6 世纪至公元前 3 世纪，希腊舰队控制了地中海地区，这些战舰在打败波斯军队的战斗中起到了决定性作用。这种战舰重量轻，速度快，能够迅速进入战位，还可以撞击并登上敌舰作战。在具有决定意义的萨拉米斯海战（公元前 480）中，希腊的 360 艘三列桨战舰打败了由 700 多艘战舰组成的腓尼基－波斯舰队。

船员

战舰由舰长指挥，舰长是富裕的平民，负责雇佣并支付船员费用。船员有 200 人，其中 170 人是划手。在舰上除了军官和水手外，通常还有 14 名士兵，即 10 名重装步兵和 4 名弓箭手。舰上几乎没有存放给养的空间，因此他们只能带三天的粮食和水。

战舰技术参数

长 ▶ 36～37米	
宽 ▶ 3.6米	
重 ▶ 46吨	
桨长 ▶ 4.5米	
平均速度 ▶ 9千米/小时	
最大速度 ▶ 15千米/小时	

撞角

在海战中，可以用撞角撞击敌舰。船头是 3 个包裹着青铜件的木齿，有利于冲开水路或切断敌方的船桨。

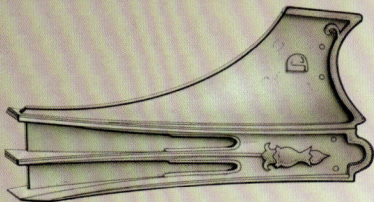

船帆

包括一面大的方帆和一面小的后桅方帆。船帆可以降到塔桥上，以便冲撞敌舰。

高层甲板

是在中央甲板上方再加的一层甲板。额外增加的甲板提供更大的空间，可以容纳更多的士兵。

船侧开口

不用提高战舰重心就能划船，开口处多用皮革封住，后来为增强通风效果而采用格栅。

通道

位于桨手头上的中央甲板上，连接船头和船尾，大副和水手长负责划桨的节奏。

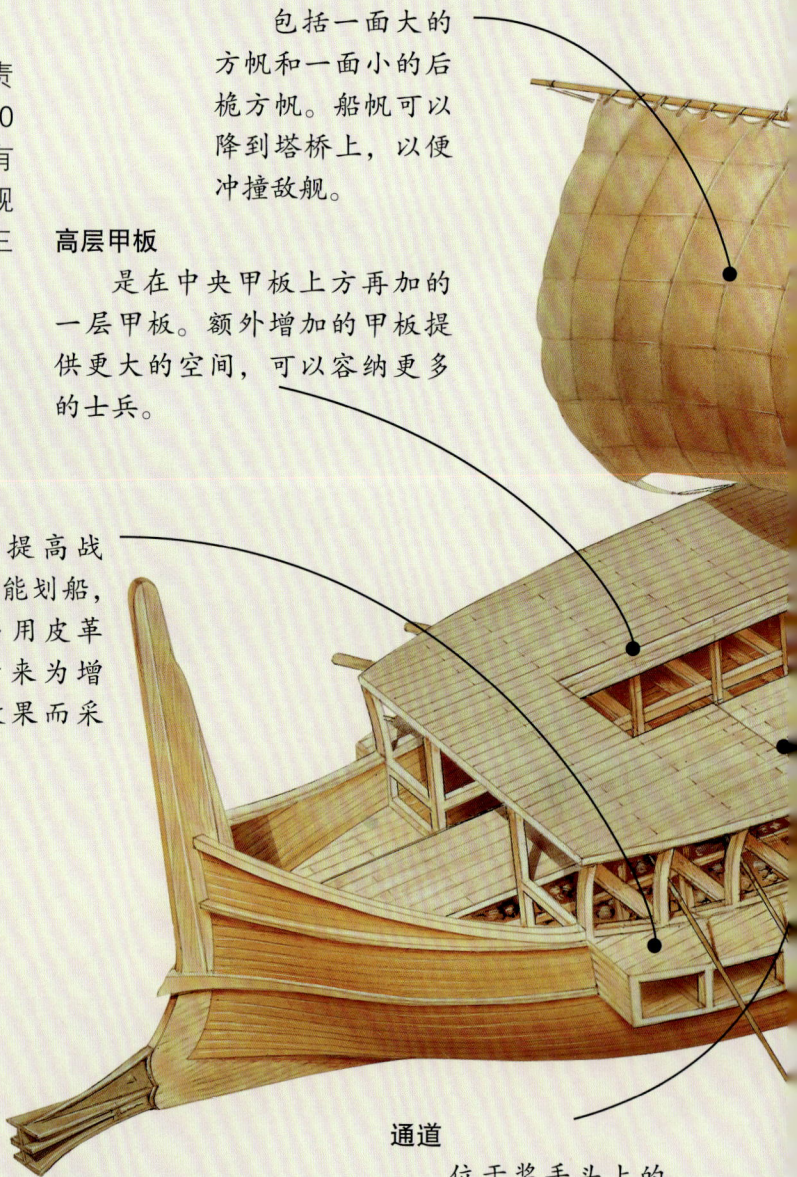

船尾座椅

船长坐在这里和大副一起监督舵手的行动，二副在船头担任警戒。

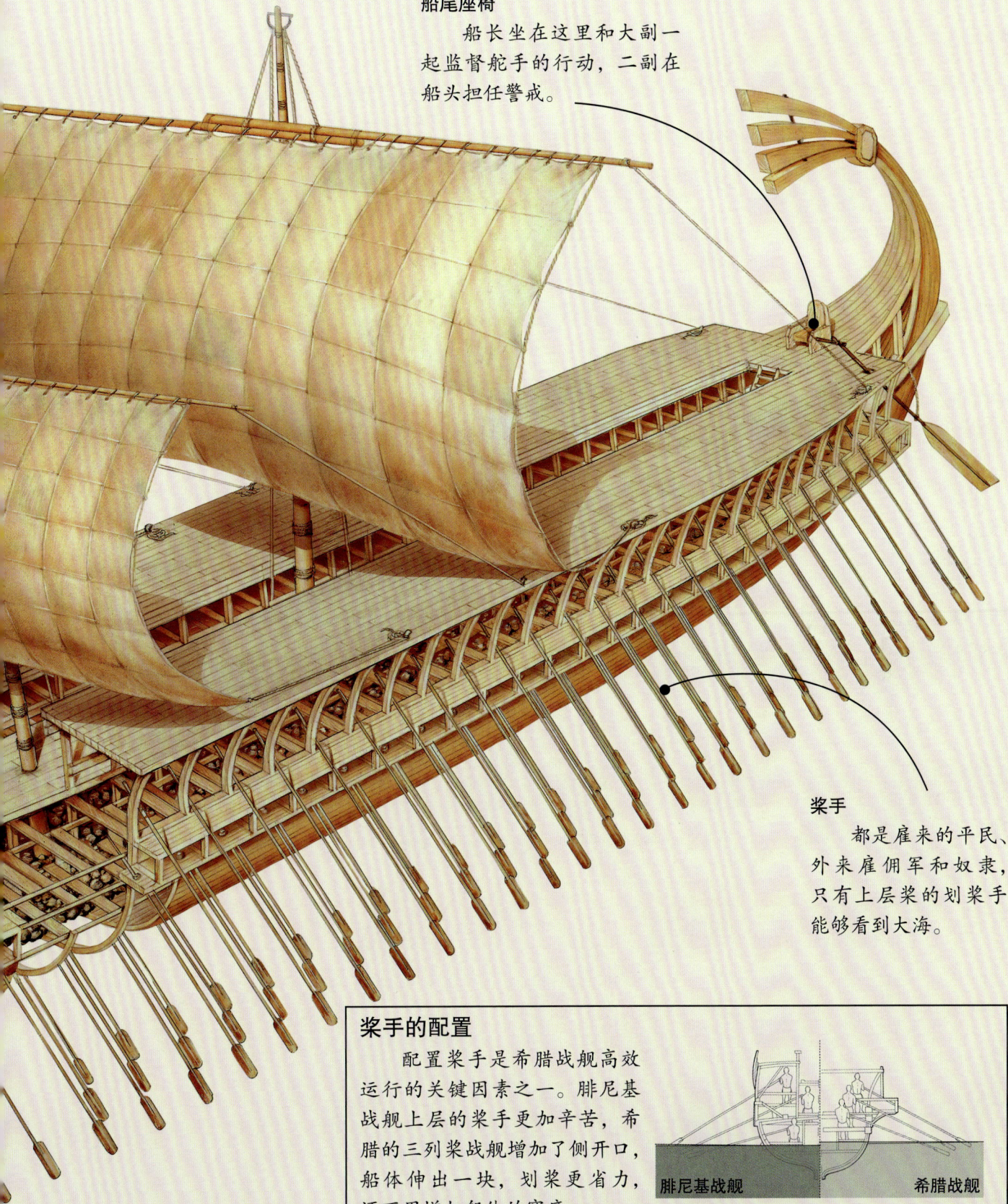

桨手

都是雇来的平民、外来雇佣军和奴隶，只有上层桨的划桨手能够看到大海。

桨手的配置

配置桨手是希腊战舰高效运行的关键因素之一。腓尼基战舰上层的桨手更加辛苦，希腊的三列桨战舰增加了侧开口，船体伸出一块，划桨更省力，还不用增加船体的宽度。

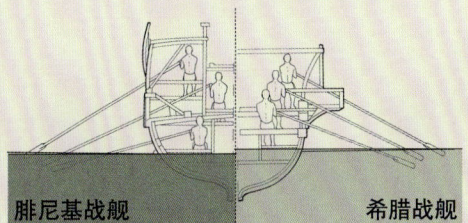

腓尼基战舰　　　　希腊战舰

罗马军队

帝国的中流砥柱

公元前 8 世纪至公元前 1 世纪，罗马由一个弱小的城邦发展成一个庞大的军事帝国。这几百年间战事不断，意大利的各个部落、迦太基以及边疆北部、南部和西部的各民族还有东地中海的希腊各王国都是罗马的对手。最初的罗马军队也都是平民武装，后来出现了由城邦配备武器和发饷的专职士兵，他们要接受严格的军事训练，作战采用伊特鲁里亚方队阵形，在公元前 4 世纪和公元前 3 世纪时成为罗马军团的核心。

经过 1000 多年的演变，罗马军队的结构变得越来越复杂，但步兵一直是罗马军队最可怕的存在。一个军团由 4 200 人至 6 000 人组成，分成 10 个中队，每队 3 排。前面是青年兵，中间是壮年兵，王公贵族也在其间，成年老兵在最后一排。他们身披重铠甲，头戴羽饰盔，手持铁饰盾牌。青年兵和王公贵族都配有标枪，这些标枪由带铁头的木杆制成，长约 3 米。士兵们还都配有短剑。军团骑兵则主要由贵族组成，但骑兵一直都没有

成为作战主力，其主要功能是在行军途中担任前锋和后卫。

罗马军队明确了士兵和军官的地位和分工，官兵之间都要遵守严格的等级制度。将军、护民官、执政官、地方官、百夫长和什长都有明确的职责。严格的军训、严明的军纪、英明的战略指挥和完善的后勤保障，使罗马军队的军事优势在几百年间不可撼动。他们不仅有大量的盔甲、武器，还有大路、港口、固定和机动营地、战地医院和军医等作为战略支援。此外，他们还建造了数量众多的攻城器械，如塔架、攻城槌和防备投掷物的廊道；使用非常先进的发射装置，如弩炮、弹弓和可以从 400~500 米远的距离投掷长矛或其他重达 50~100 千克物体的投石器。此外，还有停靠在那不勒斯湾的米塞努姆港和波河河口的拉文纳港等主要港口的庞大舰队。他们还在战船甲板上修建了塔楼，士兵可以在塔楼上向敌船抛投重物。

罗马军团

罗马军团是罗马帝国占领军的核心。罗马军团在野战和围城中的优势完全来自出色的组织和严明的军纪。最早的罗马军队是由平民组成的，这些平民在特定的时期为城邦服役。公元前 2 世纪，罗马军队开始接受军事战略的有效指导，成为训练有素的职业常备军。

军队组织

步兵是军团的主体，由罗马平民组成。巅峰时期的军团有 6 000 人，组成步兵战队，进而再分成百人队。在帝国扩张时期，又从非罗马公民的蛮族和掩护侧翼的骑兵中招募后备步兵队（如弓箭手和投石手），以扩充队伍。

军团的组成

军团 ▸ 107个大队

大队 ▸ 6个百人队

百人队 ▸ 10个小队，由百夫长统领

小队 ▸ 有8名士兵，吃住在一起，共用一个帐篷或营房。

进攻阵形

在公元前 4 世纪，三排步兵的格斗训练已经定型，每一排分成若干中队，按照棋盘阵形排列。后来这种阵形被排成四排的 10 个大队取代，军团士兵在盾牌的保护下推进到距离敌人 15 米处，先投掷标枪，然后手持剑继续向前推进，在百夫长的命令下，第二排取代第一排进行轮换进攻，以此类推，周而复始。

主要差异

在装备和武器方面与敌军旗鼓相当，优势并不明显。但是军团严格的军纪和采用的作战战术是敌军所不具备的。

军团的等级

通过军功提拔的百夫长指挥百人队，百夫长都是统治阶级的成员，其职责和数量随着军队的扩编和日益专业化而变化。

副将
负责指挥军团。

护民官
每个军团有6个护民官，负责挑选士兵。

百夫长
负责指挥百人步兵队。

什长
指挥骑兵小队。

军队的专业化

约公元前107年，罗马执政官盖乌斯·马略改革了军队，罗马军团开始招募底层阶级，军团的所有士兵都享有同样的装备和薪水，罗马军队由此开始向专业化军队转变。

军旗
是军团的标志（每个军团都有自己的标志），由旗手负责，在战场上指示统帅的方位。

队旗
是每个百人队的军旗，由一个下级军官执掌，为战场上的士兵提供参照点。

百夫长
站在百人队的最前沿，负责打仗和军营的日常生活。

军号
由号手吹奏，用来传达简单的命令。

军团士兵

军团士兵都是罗马平民，通常都是志愿者。为了获得不菲的收入和光明的前程，他们在 20 岁左右参军，服役 25 年，最后 5 年作为预备役。他们接受严格的训练和命令约束，是罗马军队的中坚力量。他们退役后可以获得一块土地。

战时和平时工作

军团士兵要完成很多战时和平时工作。在军事行动中，他们修筑壕沟和栅栏环绕的城墙、要塞和堡垒。他们还要修建大量的公用设施，如遍布整个帝国的桥梁、道路和水渠。

标枪

由金属杆和锥形尖头构成，能够穿透敌人的铠甲和盾牌。

凉鞋

又叫"行军靴"，是士兵穿的皮革凉鞋，结实耐磨；在寒冷天气，他们会穿上一种兽皮制成的短袜——乌东袜。

军营生活

在帝国时代，军士大部分时间都在军营里，每天都要训练并完成例行的任务，他们还在危险地区巡逻并担任守卫。

头盔

是帝国时期的样式，可以保护脸颊（颌骨）和脖颈，前面的肩垫可以防护宝剑竖直的攻击。

腰带

由青铜和皮革制成，可以保护骨盆，这是士兵的标识。

罗马短剑

长 60 厘米，专为肉搏战中快速刺戳而设计。

短袍

由羊毛制成，与平民穿的类似，但稍短。

胸甲

由金属片制成，下衬皮革，可以保护胸背和肩膀，重达 9 千克。

装备

军团步兵的战斗装备、铠甲、武器和盾牌的总重量超过 20 千克，士兵还要携带一个行军背包，里面装个人物品、炊具、给养和各种工具，如镐头、斧子、铁锹和丁字镐，用来建造堡垒和营地。他们可以负重 35 千克行军 8~32 千米。

铜钩

由皮条固定在一起。

罗马匕首

是军团士兵挂在左侧腰间的短剑。

长盾

由木板制成，有长方形的曲面，是组建"龟甲"阵的首选。

金属铁件

在盾牌中央，穹顶的形状有助于冲破敌阵，打开前进通路。

坎尼会战

　　这是布匿战争期间发生的最著名的战役之一，是罗马和迦太基为了争夺西部地中海的控制权而进行的战役。公元前216年，在坎尼附近的阿普利亚小镇，发生了罗马历史上最大的军事灾难。人数占优的罗马大军几乎被汉尼拔·巴卡将军率领的迦太基联军全歼。这位迦太基统帅所采用的战略至今仍被各个军校研究。

意大利军事行动

　　汉尼拔料到罗马大军会入侵西班牙，因而他先发制人，进攻罗马本土。他带领7万人离开西班牙，穿过高卢，越过阿尔卑斯山。尽管罗马军队企图阻止汉尼拔，但是迦太基军队还是取得了一个又一个胜利。为了一劳永逸地解决迦太基军队，罗马组建了8个强大的军团，在坎尼与迦太基军队会战。

汉尼拔的战术

　　在坎尼，汉尼拔采用双包围战术，摧毁了罗马军队。他的战术也被称为"挤压"战术，即以4倍的兵力从前后左右协同进行攻击。

1 罗马军队进军

　　面对罗马人的推进，高卢军和伊比利亚军让出一部分空间，形成一个半月形的阵形。

■ 罗马军队　　■ 迦太基军队

3 后卫部队

　　迦太基骑兵击败罗马骑兵，从敌军的后面包抄。

2 骑兵进攻

　　汉尼拔的骑兵袭击罗马骑兵的两翼。

4 包围

　　利比亚步兵进攻两翼，罗马军队被完全包围。

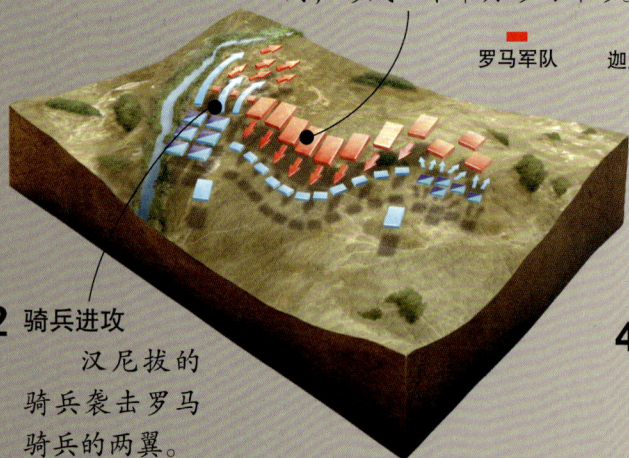

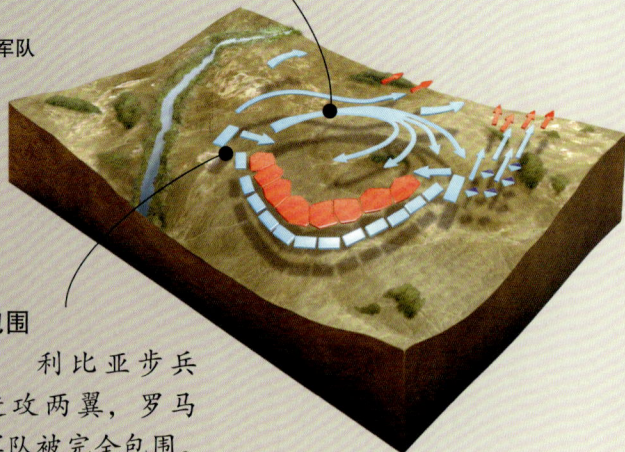

致命的方阵

由迦太基军队中的利比亚步兵组成，从两翼击溃罗马军队。

无路可走

罗马军队没有足够的空间发挥他们武器的威力。

参战方

在执政官马里奥·沃伦和卢西奥·保罗的带领下，罗马拥有86 400人的军队，其中罗马人和意大利人组成的步兵有8万人，骑兵6 400名，汉尼拔的军队包括由利比亚人、高卢人、盖图里亚人和巴利阿里人组成的步兵5万人，以及由努米底亚人、高卢人、伊比利亚人组成的骑兵1万人。汉尼拔仅仅损失了8 000人，罗马军队伤亡约5万人。

骑兵攻击

迦太基骑兵从罗马军队的后面进攻，截断其退路。

罗马大军的反击

坎尼会战失败后，罗马军队尽量避免在开阔的战场上同汉尼拔的军队面对面死磕。他们重新武装起来，把战场推向迦太基占领的西班牙和北非。这迫使汉尼拔回师非洲，罗马军队在扎马战役的胜利标志着迦太基作为国家的终结，直到公元前146年的第三次布匿战争结束，迦太基人才被彻底击败。

公元前217年 特拉西梅诺湖战役

罗马

公元前216年 坎尼会战

公元前206年 伊利帕战役

新迦太基

迦太基

公元前202年 扎马战役

地中海

迦太基占领区
罗马占领区
汉尼拔远征路线
罗马反击路线
伊利帕 战役名称

阿莱西亚战役

公元前 58 年，尤利乌斯·恺撒被任命为高卢总督，取得一系列的军事胜利。在赫尔维蒂人、日耳曼人和比利时人相继臣服后，恺撒开始入侵英国东南地区。公元前 54 年，他去镇压维钦托利领导的高卢部落的起义。公元前 52 年，维钦托利在阿莱西亚战役中被彻底打败，18 万高卢人被 6 万人的罗马军团碾压。罗马完全占领了高卢。

围城区域

公元前 52 年 9 月，被恺撒追击的维钦托利带着 6 万名士兵退守有着高墙保护的阿莱西亚，等待援军。恺撒建了内外两层围墙将该城围了起来，这是世界攻城史上的一个奇迹。被困在城中的高卢军 4 次企图逃离，都没有成功。援军也没能从外面打破罗马军队的防线。

栅栏

是罗马人建造的围墙的一种，此外还有塔楼和壕沟。

防护塔

作为防御工事，防护塔主要供弓箭手和投掷兵器的士兵使用。

恺撒的战术

罗马军队在建造内墙的时候，一群高卢骑兵试图突围去搬救兵。恺撒随即又建了一道外围墙。外墙阻止敌方援军，以免罗马军队遭到内外夹击，罗马骑兵打退了外来的援军，维钦托利只能投降。

■ 罗马军队
■ 高卢人的进攻
□ 罗马人的进攻

1 援军
在围城 3 个月后，高卢援军赶来增援。

3 罗马人的进攻
6 000 名罗马骑兵孤注一掷，离开围墙，从后面攻击高卢军队，最终导致高卢军四散奔逃。

内墙

外墙

2 城内进攻
躲在阿莱西亚城内的高卢军队与外部援军里应外合发动进攻。

火攻和死亡
高卢军试图用火攻在栅栏上打开缺口。

高卢骑兵
是高卢军最强有力的依仗。

最后的防线

内墙 4 米高，每隔 120 米设有一处塔楼。V 形的壕沟 6 米深，6 米宽。另外一道壕沟 4.5 米宽，里面注满水。还有一系列壕沟里面都是削尖的木桩。最后是一系列里面布满铁钉的陷马坑。

马萨达围城战

66—73 年，爆发了犹太人第一次（共三次）反抗罗马统治的起义。72 年耶路撒冷陷落后，一些幸存的犹太人躲到紧靠死海的马萨达要塞。罗马军队在大将弗拉维乌斯·席尔瓦的统率下，着手铲除反抗的残余势力，73 年开始围攻这个要塞。被围困的要塞坚持抵抗了两年，罗马军团的围城和攻城战术得到了检验。

罗马军队的战术

为了围城和应对可能遭到的伏击，罗马军用军营、围墙和塔楼围住了山顶，然而马萨达城内的资源足够使犹太人抵抗很多年。罗马军队建造了 600 米长的斜坡通到要塞城墙边，将攻城塔推上去，用攻城槌击穿了城墙。城破之时，960 名马萨达居民中大部分都已自杀，只剩下藏在水管中的两名妇女和两个儿童。

"龟甲"阵

为了攻占要塞，罗马军团士兵采用了"龟甲"阵形。他们将盾牌部分重叠摆在一起，形成一个紧凑的保护罩。这样，他们靠近城墙的时候，就可以抵抗从要塞城墙和城楼上投下来的滚木礌石和射下的羽箭。

攻城机械

弩炮

最小的弩炮可以发射弓箭和标枪，较大的弩炮可以发射石头，射程可达 0.5 千米。

投石机

可以向被围困的城池发射 80 千克重的石头或者燃烧的沥青。

蝎子炮

最远可将铁弹发射到 400 米处。

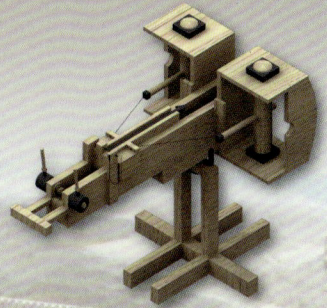

要塞

坐落在 200 米高的小山上，里面有两座宫殿，一个水管，周围有 5 米高的城墙和 37 个塔楼。守城居民可以不断地在塔楼上骚扰围城的罗马人。

攻城塔

在投石机不能撞倒城墙时使用，为了推倒城墙，军团士兵需要靠近城墙，以便使用攻城槌。

第二部分 / 中世纪

罗马人的遗产

整个中世纪可分成两个阶段：5 至 10 世纪的早期和 11 至 15 世纪的晚期。在火药和火器出现之前，中世纪罗马帝国在军队组织、战略战术上保持了惊人的连续性。罗马人在西方建造的城池、堡垒和道路等基础设施一直到 15 世纪以后都保持得十分完好。中世纪是城堡和要塞主导的世纪。包围城堡、攻克要塞等是西方战争的典型特征。

最初，平民常被征募组建军队，罗马－日耳曼城邦的贵族和君主诸侯间连年征战，大大小小的城邦都卷入到军事冲突中，整个欧洲的战火持续了几百年。

同罗马帝国早期一样，拜占庭帝国军队的规模要比恺撒和奥古斯都时期大得多。300 年，戴克里先统率的军队人数超过 43.5 万，430 年，分裂后的东、西罗马军队的总人数多达 64.5 万。503 年，拜占庭皇帝安纳斯塔修斯抵抗波斯入侵时，军队人数只有 5.2 万，而到了查士丁尼时期（527—565），军队人数则多达 17 万。

从 7 世纪到 10 世纪，三大文明同时主导着欧洲的不同地区。在北方，斯堪的纳维亚半岛的维京人多次袭扰西欧地区。维京人既是令人胆寒的武士，又是极为出色的航海家。他们拥有各式快船，经常采用突袭战术，大肆掠夺财物后迅速撤离。他们控制了冰岛、挪威、瑞典和丹麦，并且已经在不列颠和诺曼底登陆。他们身穿锁子甲，头戴铁头盔，使用长矛、刀剑和斧头等武器。他们经常采用"野猪鼻阵形"，由二三十个维京武士组成箭头向敌阵发起正面进攻。

罗马帝国衰落后，生活在今法国境内的法兰克人逐渐控制了西班牙西北部、意大利北部到丹麦的广袤地区。774—843 年，在"矮子"丕平及其儿子查理曼的统治下，加洛林帝国对外征战主要依靠手持长矛的重装骑兵。15 万人的军队中有 3.5 万人是骑兵。采用的主要战略是保护自己的城市，占领邻近的敌方城市，并在战略要塞部署卫戍部队，统兵大将把军事行动的损失降到最低。

620 年，中东地区出现了第一个由穆斯林建立的国家，这个新的军事集团在地中海地区快速扩张，并控制了亚细亚地区。661 年，阿拉伯帝国倭马亚王朝哈里发定都大马士革，控制了整个埃及、波斯、叙利亚和巴勒斯坦，一个世纪后又占领了非洲的整个地中海沿岸和伊比利亚半岛，一直到法国中部的广大地区。全新的"圣战"形式、有组织的管理（用骆驼运输给养和装备），以及较强的学习能力（吸纳并改进拜占庭帝国的军事技巧），使得他们取得多次战争的胜利。9 世纪以来，阿拉伯军队的主体都是奴隶，但他们的骑兵令人生畏，弓箭手技艺娴熟。

从 9 世纪开始，海战变得越发重要。为了打败维京人，来自西塞克斯的盎格鲁－撒克逊国王阿尔弗烈德大王（849—899）建造了有 60 支船桨的特殊战船。拜占庭帝国也决定用舰队来控制整个帝国。1096—1099 年，信奉基督教的海上强国（如拜占庭帝国和热那亚王国）动员了 6 万人的军队进军中东，发起第一次十字军东征。这是中世纪西方军队发起的史上最艰难、最复杂的军事行动。

在中国，唐朝（618—907）在地方实行府兵制。服役时长取决于居住地距离都城的远近：居住在都城方圆 250 千米范围内的农民每 5 个月服役 1 个月，居住在距都城 1 000 千米以上的农民每 18 个月服役两个月。那时已经有了一套完善的组织制度：1 200人设折冲府，300 人为团，10 人为伙。军人也耕地种田，军需完全自给自足。这种制度在 8 世纪被废除，此后开始出现全职的军队编制。宋朝（960—1279）的军队编制包括两个步兵兵种：禁军（守卫京城）和厢军（地方部队），1041 年人数已高达 120 多万。此时出现了许多新式武器，如弩箭和各种类型的投石机，此外还发明了火药和火器。历史文献中火药首次被提及是在 1044 年的中国，同时还首次提到了烟弹、燃烧弹和霹雳火球等。宋朝最早研究了火药潜在的巨大威力以及爆炸性能，最终将铅弹或

成捆的弓箭连同火药一同放入竹筒中点燃发射。宋朝还成立了由上百艘船只组成的强大海军，其中有些还是专业战船。

1206 年，成吉思汗（1162—1227）统一了整个蒙古部落，开创了史上最庞大的帝国。巅峰时期的蒙古帝国东起朝鲜半岛，西至多瑙河沿岸。12—13 世纪，世界上最强大的军队就是蒙古铁骑。蒙古大汗忽必烈（1215—1294）结束了宋朝在中国的统治，他自称是中国元朝的开国之君。

日本平安时代（794—1192）全副武装且崇尚格斗的武士阶层开始盛行。他们使用的武士刀实际上是长剑，剑身微有弧度，由多层钢打制，刀刃十分锋利。日本武士是一流的骑射手。

在欧洲中世纪末期，英法之间爆发了百年战争（1337—1453）。两国之间的军事对抗掀开了战争艺术的新篇章。斯卢伊斯海战、克雷西会战、加来之战、普瓦提埃战役、阿金库尔战役和奥尔良之围等很多重要的战役皆名垂史册。英国人在战场上主要采用的战术是两三千骑兵发起突袭，他们不仅攻击敌方军队，而且袭击平民，大肆破坏对方的经济基础和社会结构。此外，军队中大部分都是雇佣兵，主要是步弓手和长矛兵，但舰队和大炮扮演的角色也越来越重要。

历史年表与主要战役

在整个中世纪，军队经历了从古典战争到征服战争的思想转变，即由军队之间勇武的对抗变成以消灭敌人的有生力量为最终目标。这一时期战舰的设计和制造水平有所提高，武器和铠甲进一步改良，围城机械、弓弩、火药和火器都被发明出来。这一切彻底改变了战争形式和地缘政治。

911年
法兰克人割让诺曼底给维京王罗洛

768年
法兰克国王查理大帝登基

507年
克洛维率领法兰克人在武耶战胜了西哥特人

555年
拜占庭人奥多里克复王国，收西西里岛和意大利

711年
西哥特王国灭亡

614年
波斯人占领耶路撒冷

778年
龙塞沃通道战役。巴斯克人击败加洛林军队

929年
阿卜杜勒·拉赫曼三世自称科尔多瓦哈里发

1055年
塞流西人占领巴格达，控制几乎整个中东

568年
意大利落入伦巴德人手中

618年
唐朝建立

732年
法兰克国王查理·马特在普瓦提埃战役中击败阿拉伯人塔里克和穆萨

790年
维京入侵不列颠群岛

1066年
黑斯廷斯战役，诺曼人战胜盎格鲁－撒克逊人

500年

1000年

527年
拜占庭帝国皇帝查士丁尼继位

570年
穆罕默德出生

630年
穆罕默德的信徒占领麦加

656年
穆罕默德的堂弟和女婿阿里·伊本·艾比·塔利卜继任哈里发

756年
阿卜杜勒·拉赫曼自称安达卢斯哈里发，不再受巴格达控制

845年
维京人进入塞纳河

1000年
维京人到达纽芬兰

537年
东哥特人围攻罗马一年有余

591年
拜占庭攻占亚美尼亚

800年
查理大帝加冕称帝，号称"罗马人的皇帝"

960年
中国宋朝开始

996年
哈里发哈基姆在开罗建城

纽芬兰的发现者雷夫·埃里克森的雕像，立于公元1853年。

重占格拉纳达的军队

1492 年 1 月，伊比利亚半岛上的奈斯尔国王阿卜杜迪勒投降。在夺取格拉纳达的军队中，步兵和骑兵的比例为 3∶1~4∶1。

格拉纳达投降

一年的围城战

1491 年，格拉纳达被围困，该城的陷落主要归功于国王费尔南多在奈斯尔人实施的挑拨离间。

成吉思汗和他的家人

1492年
哥伦布到达美洲，天主教国王攻占格拉纳达，伊斯兰被逐出伊比利亚半岛

1071年
塞流西人和拜占庭人之间爆发曼齐克特战役，拜占庭人战败

1128年
教皇批准了圣殿骑士的品级

1147年
教皇尤金三世组织第二次十字军东征

1192年
源氏开创日本幕府时代

1206年
成吉思汗统一蒙古，蒙古帝国开始

1271年
成吉思汗之孙忽必烈开创元朝，1279 年统一中国

1280年
奥斯曼一世建立奥斯曼帝国

1314年
班诺克本战役，苏格兰人战胜英格兰人

1339年
英法百年战争开始

1368年
中国红巾军起义反抗蒙古人，明朝建立

1400年
欧洲骑兵开始使用全副盔甲

1415年
阿金库尔战役，英国再次击败法国

1429年
圣女贞德在奥尔良击败英军

1500 年

1095年
教皇乌尔班二世对土耳其人发起第一次圣战

1099年
十字军占领耶路撒冷并建立几个基督教王国

1180年
日本氏族之间爆发源平合战

1187年
哈丁之战，萨拉丁击败十字军，重夺耶路撒冷

1241年
蒂萨河之战，蒙古人战胜匈牙利人

1258年
成吉思汗之孙旭烈兀围攻巴格达，阿拔斯哈里发帝国灭亡

1304年
最早的阿拉伯火器出现

1291年
穆斯林占领十字军最后的要塞阿克里

1346年
克雷西战役，英国打败法国

1350年
火器传到欧洲

1380年
蒙古首领帖木儿占领波斯

1396年
尼科堡战役，奥斯曼击败基督教联军

1488年
中国明孝宗朱祐樘加固万里长城

1453年
君士坦丁堡被土耳其人攻陷

耶路撒冷的十字军战士

哥伦布和信奉天主教的国王

著名的军事天才

这些军事天才在战场上奋勇厮杀时，铠甲已经发展到非常先进的程度了，城堡也在武装冲突中起到了非常重要的作用。战争除了解决封建领主和君主之间的宿怨世仇，主要还是为了攫取更多的财富。在中世纪时期，许多王国通过战争开疆拓土，建成了庞大的帝国。

483—565 年	约 742—814 年	950—1003 年

查士丁尼

527 年继任拜占庭帝国皇帝，从蛮族手中夺回狄奥多西帝国，任命贝利萨留统帅军队，占领了那不勒斯和罗马。554 年颁布国是诏书，重新整合了意大利，确定了主教在罗马世俗的统治地位。

查理大帝

作为法兰克国王（768）和西罗马帝国皇帝（800），他拓展了法兰克王国在欧洲的领地：攻占意大利，征服撒克逊人、阿兰人和巴伐利亚的阿吉洛尔芬家族，越过易北河打击斯拉夫人并取得了巨大胜利。

埃里克·瑟瓦尔德森（"红发"埃里克）

维京探险家、贸易商和水手，982 年，抵达了格陵兰海岸。985 年，维京定居者来到格陵兰并与因纽特人和海盗发生冲突，远离故国本土令他们最终撤离。

"我小时候……人们认为英国人都是臣服的野蛮人，但今天他们却成了嗜血好战的民族。"

弗朗切斯科·彼得拉克《书信集》（1361—1374）

到处都是断壁残垣

在同一本书中，彼得拉克还写道："英国人用战火和刀剑彻底把法国打垮了，我都看不出这里是法国了，城墙之外，到处都是断壁残垣。"

1138—1193 年	1154—1184 年	1157—1199 年

萨拉赫·阿达丁·萨拉丁

优雅和豪侠的象征，哈丁战役后从十字军手中重新夺回耶路撒冷。他统一了近东，占领了埃及、叙利亚和美索不达米亚。

源义仲

日本平安时期的将军，源氏武士集团成员，反抗平氏发起源平合战，在俱利伽罗峠之战中打败平氏军队，开始向京都进军，在栗津被他的堂兄刺杀。

英格兰的理查一世

人称"狮心王理查"，为了让其兄亨利当上国王，他联合法国人反抗他的父亲，但最终失败。他后来参加了十字军东征，回来后登基做了英格兰国王（1189），统治期间发生多次叛乱，均被他铁腕镇压。

中世纪的武器

在中世纪的战场上，长矛、铁锤、战斧和弓箭都在使用过程中逐渐得到了完善，12世纪开始出现了一种可怕的武器——弩箭。重甲骑兵首选的宝剑不仅是战时武器，同时也是身份名望的象征。尽管最早的火器在14世纪就已经出现，但是直到15世纪才开始在战争中扮演重要角色。

剑

骑兵最常用的武器，中世纪武士最重要的私人财产。早期的剑又重又钝，但随着武器的不断发展，剑变得越来越长，也越来越锋利，铸剑成为一门真正的艺术。

11世纪的西班牙剑
为席德武士所用。席德是基督教重新占领伊比利亚半岛后对原穆斯林贵族的称呼。

13世纪的伊比利亚弯刀
流行于整个地中海地区。

13世纪的英国剑
96厘米长的双刃钢剑。

日本武士剑
精致的打造令人羡慕，有弯曲的弧度，单面开刃，经久耐用。

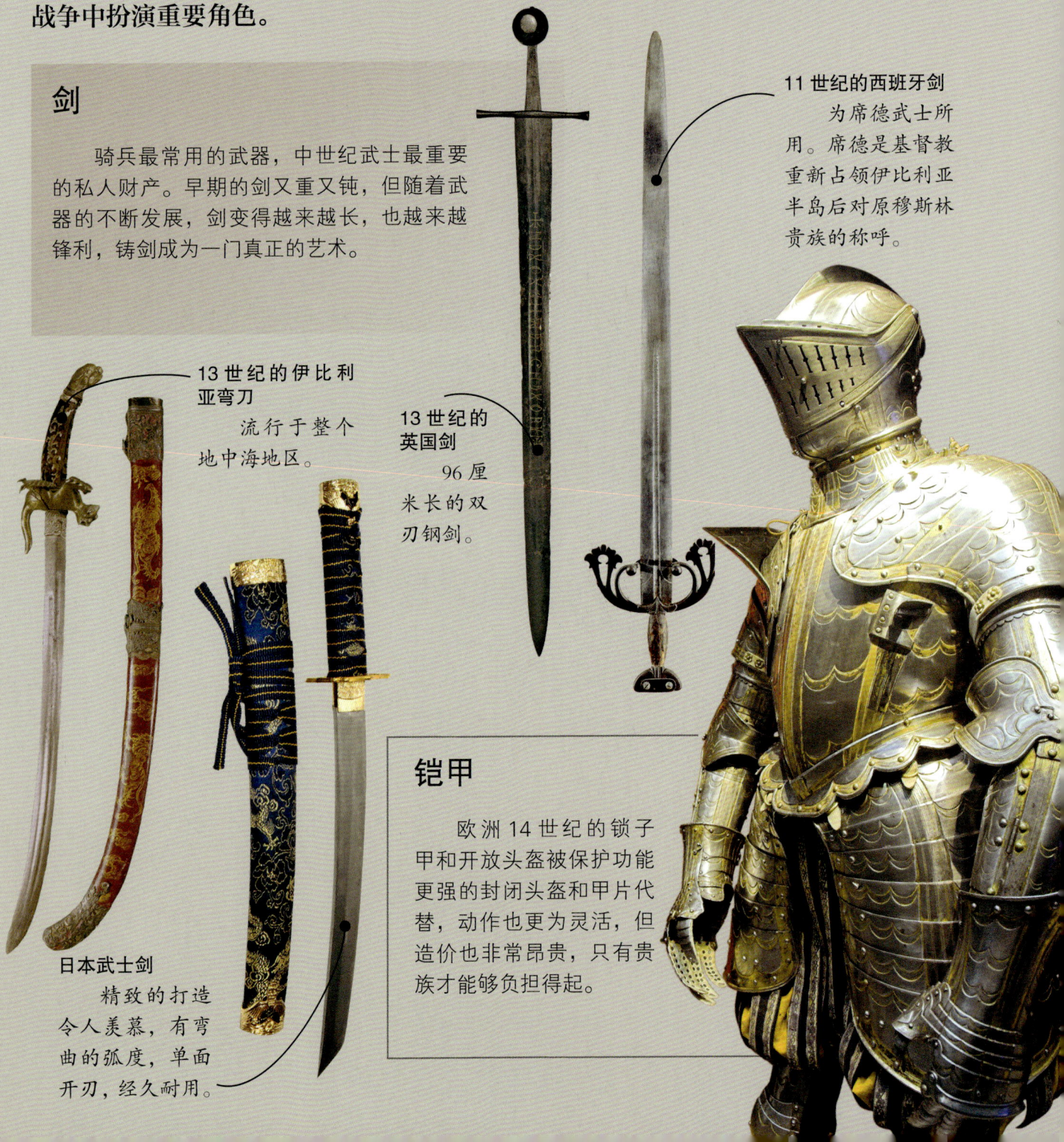

铠甲

欧洲14世纪的锁子甲和开放头盔被保护功能更强的封闭头盔和甲片代替，动作也更为灵活，但造价也非常昂贵，只有贵族才能够负担得起。

弩、弓和箭

弩，原产自中国，从12世纪开始传到西方，是进攻战斗和保护要塞时使用的关键武器。无论马上还是步下，弓箭都是中世纪的重要武器，可以精准地发射箭支，或者以密集的箭矢重创敌军。

脚蹬
在装载弩箭时需要用脚平衡弩箭。

弩机
与发条耦合在一起，但拉弓速度较慢，造价高，主要用于打猎。

锁销
锁住装载弩箭的机关。

弩弦

枢栓
其上挂的弓弦由下方的扳机释放。

弩箭
比弓箭短，较粗。

弓
在战斗中，主要是长弓，较难操作，但是射程远且有杀伤力。

弓箭尖端
形状不同，功能也不同，如刺穿铠甲、肉搏、打猎等选用尖端不同的箭。

12—13世纪的西班牙铁锤
称为连枷，又叫链锤，主要用来砸碎铠甲和头盔。

11世纪的丹麦战斧
有时用来投掷，是维京人作战的首选武器。

长矛、战斧和铁锤

这三种武器是近战肉搏或骑兵冲锋时非常有效的武器，在欧洲和亚洲军队中广泛使用。因能给敌人，甚至是给重甲保护的士兵造成重创而备受青睐。

维京人的矛头
主要用作投掷武器使用。

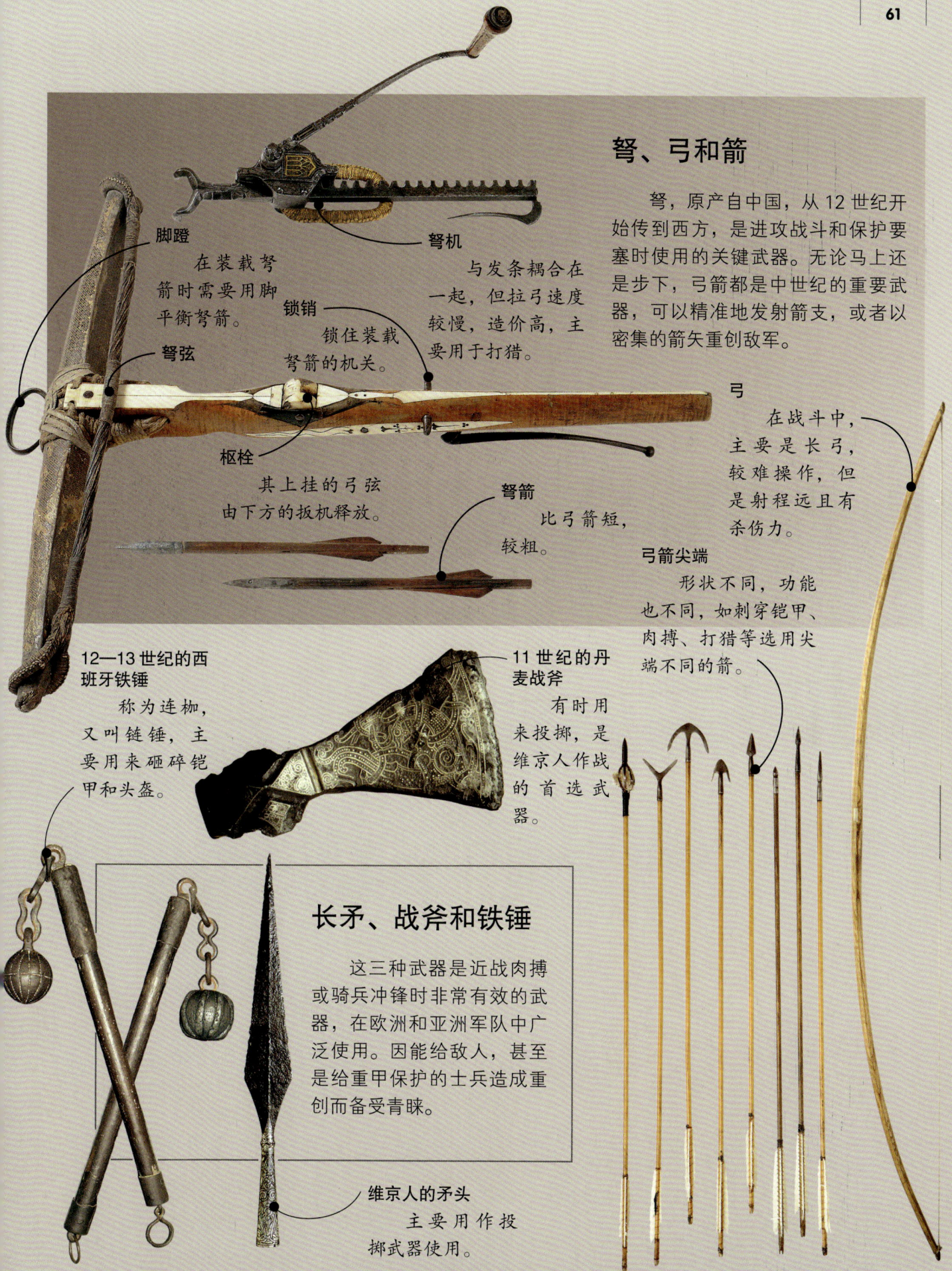

城堡

壁垒森严的城堡是国王、贵族和领主的住处。城堡通常建在高处，作为战略手段控制并遏制外来威胁和袭击。发生武装入侵和长久围城时，城堡还是庄园农民的庇护所。从13世纪开始，围城武器的发展迫使城堡内部结构发生变化，防护功能得到进一步提升。

城堡主楼

是领主和其家庭成员的住处，他们的财富都放在主楼下面。

城墙

又高又厚，围着整个城堡。塔楼和城墙垛有射孔，可以向敌人射击。

吊桥

是为防止敌人进入城堡的设施，城堡通常有护城河围着，只有通过吊桥才能进入。

环形塔楼

各个楼层通过螺旋楼梯进入，楼梯直通地下室。很多塔楼有单独的水井，可以不依赖外部水源。

城齿

城垛之间的豁口会暴露城墙上的士兵。13世纪出现了城齿后，这个问题得到了解决。城齿是木质的或铁质的，可固定也可拆卸。

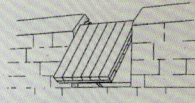

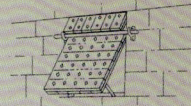

固定的木质城齿　　铁质的可拆卸城齿　　木制的可拆卸城齿

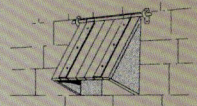

过道

是城墙顶部的狭窄通道。哨兵可以监视外部，如遇袭击可以自行组织抵抗。

校场

位于城堡中央。通过校场可以通往城堡内其他地方，如小教堂、马厩和军械库等。

食物烤炉

位于城堡内部，遇到外敌攻击时能够保证食物供应。

英国弓箭手

中世纪的骑士全都武装到了牙齿，全身上下的铠甲有 30 千克重。尽管看起来不可战胜，但一种低端的武器就可以摧毁贵族骑士的自尊，这种武器就是长弓。12 世纪末，威尔士人首先使用长弓作为战斗武器。13 世纪时，长弓成了英格兰武器库中的重要组成部分。到了 14 世纪，长弓已经成为不列颠群岛的全民武器。

夺命箭雨

开战前一日，弓箭手预先设立参考战位，以便计算战场上的距离。队列指挥拿着一根带有刻痕的长矛指示发射角度，当敌军到达第一个标记位置，队列指挥用长矛指示弓的正确角度，发出射箭的命令。这样射出的箭雨可以造成致命杀伤。他们一般先射战马，落马者由于自身铠甲的重量不便移动，很容易就成了战争的牺牲品。

一般特点

弓箭手在战斗中发挥着极具毁灭性的作用，研究克拉西战役的专家让·傅华萨描述道："弓箭手齐射出的箭就像大雪中的雪片一样。"

英格兰圣乔治红十字旗

克拉西战役中法国王室的纹章

参战部队	▶ 1个师
每师人数	▶ 5 000 ~ 7 000人
射箭速度	▶ 熟练弓手1分钟可射出12支箭。
作战模式	▶ 位于军队的两翼，以获得更大的射击范围；或处于高低不平的地形，以使敌人不便接近。

历史性的胜利

在英法百年战争期间，英国弓箭手在克拉西战役（1346）、普瓦提埃战役（1365）和阿金科尔战役（1415）中打败了由骑士组成的强大法军。然而到了 16 世纪，随着火器的普及，弓箭手逐渐退出了历史舞台。

箭尖

较大的箭尖能穿透骑士的铠甲，双刃的箭头可以应对步兵和近距离作战。

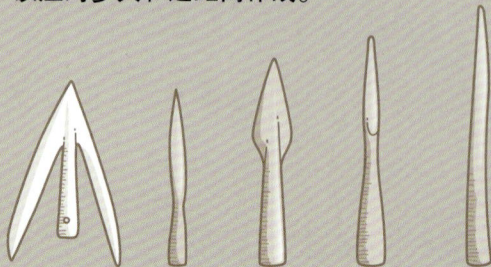

长弓
长 2 米，由一根紫杉木制成。

护腕
防止箭射出后弓弦打到自己手臂。

手指拉环
保护弓箭手的手指免受弓弦磨破。

圆盾
可以很好地保护自己。

软铠甲
是一种由多层布料制成的保护性衬垫。

剑
是近战肉搏的主要武器。

匕首
主要用来斩杀落马的骑士。

钱包
用于携带少量的私人财产。

弓箭
插在身前的地面上，有助于弓箭手在短时间内射出更多的箭。

拒马桩
放置在弓箭手前面，阻止敌方骑兵冲击。

头盔
包括宽边头盔、猪面头盔和轻便小头盔。

箭袋
里面的箭 12 支组成一束。每个弓箭手可以发射 24~36 支箭。

黑斯廷斯战役

1066年10月，诺曼底公爵（征服者威廉）率军入侵英格兰，夺取王位。他在黑斯廷斯战役中战胜撒克逊国王哈罗德二世后加冕英国国王。威廉在战斗中将军队分成不同的兵种（弓箭手、步兵和骑兵），来攻打全部由步兵组成的撒克逊军队。这次战役持续了一整天，致使上千人死亡，骑兵的重要性在这次战役中得到了充分体现。

战术

威廉一整天都在试图突破哈罗德二世的防线，但是正面进攻并不顺利。他采用两种战术达到了目的：佯装撤军和箭雨袭击。

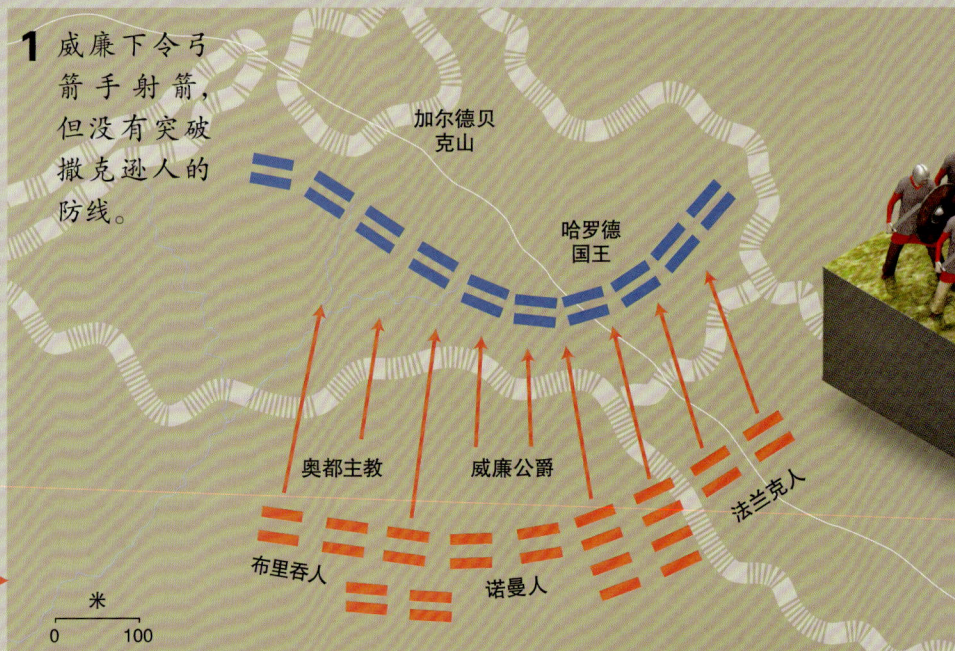

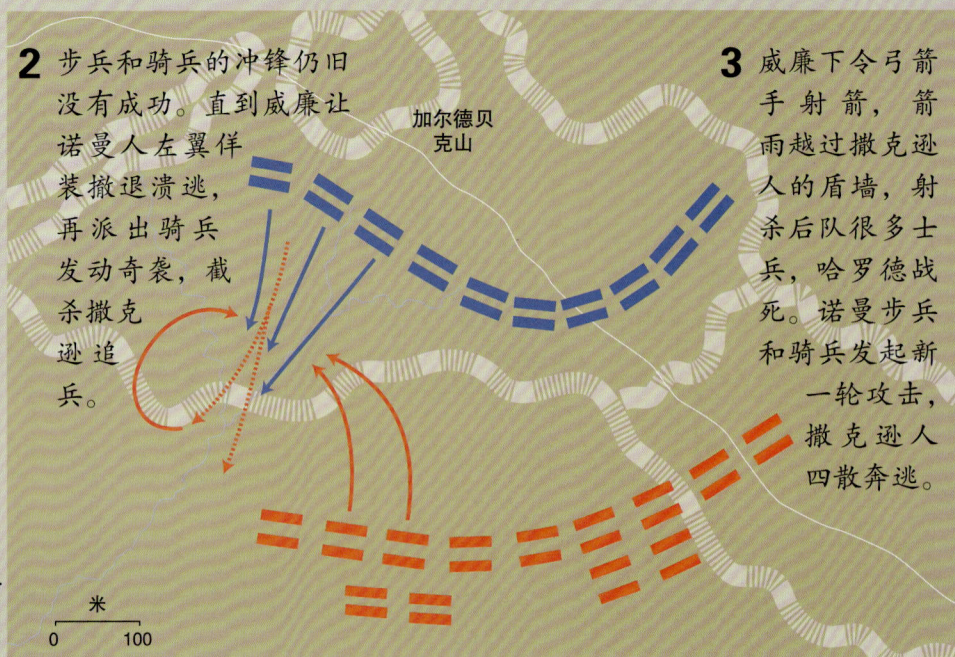

北海

英格兰

黑斯廷斯

放大的区域

大西洋

法国

诺曼人	撒克逊人
诺曼人进军路线	撒克逊人进军路线
诺曼人撤退路线	

双方军力对比

撒克逊人 ▶ 大约9 000人，包括民兵和近卫军（精锐）。

诺曼人 ▶ 7 000~15 000万人，包括步兵、骑兵和弓箭手。

1 威廉下令弓箭手射箭，但没有突破撒克逊人的防线。

加尔德贝克山

哈罗德国王

奥都主教　威廉公爵

法兰克人

布里吞人　诺曼人

米
0　100

2 步兵和骑兵的冲锋仍旧没有成功。直到威廉让诺曼人左翼佯装撤退溃逃，再派出骑兵发动奇袭，截杀撒克逊追兵。

加尔德贝克山

米
0　100

3 威廉下令弓箭手射箭，箭雨越过撒克逊人的盾墙，射杀后队很多士兵，哈罗德战死。诺曼步兵和骑兵发起新一轮攻击，撒克逊人四散奔逃。

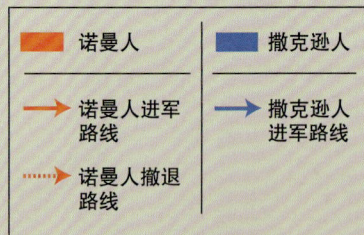

仰攻

战斗发生在小山上。撒克逊人在山顶组成了紧凑的盾牌阵，诺曼人只能仰攻。

威廉
参加黑斯廷斯战役时 38 岁，胜利后成为英格兰统治者，直到 1078 年去世。

哈罗德二世
英国撒克逊王朝最后一位国王，在黑斯廷斯战役中阵亡。

民兵
主要由乡下的农民组成。

近卫军
是国王哈罗德的私人卫队，他们接受训练并领取薪水，是专职军人。

战斗队形
前排是弓手，中间是步兵，最后是骑兵。

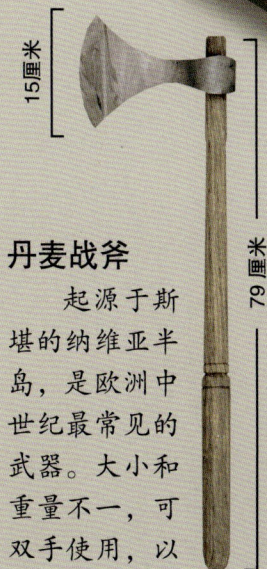

小山
山上的撒克逊人拥有地利优势，诺曼人只能向上进攻。

盾墙
是撒克逊人的依仗，很难突破。

丹麦战斧
起源于斯堪的纳维亚半岛，是欧洲中世纪最常见的武器。大小和重量不一，可双手使用，以造成更大的杀伤力。

15厘米

79厘米

弓箭手
适合远距离进攻，可以造成大量伤亡，一般用于开战时突破对方防线。

步兵
是人数最多的兵种，主要进攻手段是近身肉搏。

骑兵
用于突破敌方的步兵阵线，功能相当于今天的坦克。

维京武士

8 世纪末，维京人乘坐龙形战船从北方冰冷的大海出发，给欧洲带来了极大的恐慌。他们是探险家、商人和开拓者，足迹远至斯堪的纳维亚、俄罗斯、中东和美洲。维京武士精明老练，但性格暴戾，残忍无情，烧杀抢掠无所不为，因此被人们视为魔鬼。他们头盔上长角的神话也来源于此。

永久的民兵

维京人没有职业军队，他们可能是农民、商人、木匠或铁匠。如果形势需要，他们会拿起武器奔赴战场。他们从小就从打猎、游戏和格斗中熟悉各种武器的使用，很多武器就是生活中的工具，如斧头和铁锤等。他们纪律严明，斗志昂扬，相信战斗中牺牲的战士会进入天堂（瓦尔哈拉圣殿）。

北方魔鬼

维京人互相攻击时军队只有几千人。他们大肆抢劫时的人数也没超过 100 人。维京武士擅于单兵作战，体力的优势和运用武器的技巧可以得到充分的发挥。

维京人袭击的最早记录

793 年 6 月 8 日，维京人在英格兰北部沿海登陆，洗劫了位于林迪斯法恩岛上的一家修道院，杀了全部僧侣，这是历史上第一次记录的维京人袭击事件。这次事件也充分证明了维京人闪电奇袭战术的有效性。

维京战旗

代表战神奥丁，大部分维京武士都使用这种旗子。

情景再现

9 世纪的如尼石（北欧神谕石）上再现了前往瓦尔哈拉圣殿途中的两个维京战士。

维京传奇

描述了英雄人物的故事，有神话也有史实。在这块 12 世纪的木刻中，屠龙英雄西格鲁德杀死铸剑铁匠雷金。

头盔

是铁质
的，圆锥形。
与传说中的
不一样，并
没有长角。

甲胄

被维京人称为"锁子甲"，这是一套
佩有袖子和短小下摆的甲胄。

战斧

是维京武士最喜
欢的武器，可以单手
或双手使用。

短袍

由羊毛制
成，脖颈处有
可以自由移动
的结状装饰。

防护层

在锁子甲
里面，通常有
一个皮护垫。

锁子甲

由锤扁的金
属小圆环制成。

长剑

用来击杀敌
人，双面开刃，
设计简单。

盾牌

木质，用
铆钉钉牢，中
央有金属护套
护住把手，饰
有家族标记。

匕首

双面开刃，
长20～50厘米。

北欧长衣

是一种
带有短小下
摆和长袖的
外衣。

斧柄

长1米，
可以增加战斧
的击打力度。

斗篷

由厚羊毛制
成，用来御寒和
防止刀剑伤害。

维京船

维京人是出色的航海家，8、9世纪时控制了东北欧的河流和海上航线，并到达了地中海沿岸。为了便于袭击和掠夺，他们使用又长又窄还轻便的龙头战船"达卡长船"；在商贸活动中，他们使用船身更加宽阔扁平的船只，特别是那些专门用来运输木材、羊毛、兽皮、小麦甚至是奴隶的商船。

新石器时代的独木舟 约公元前3500年

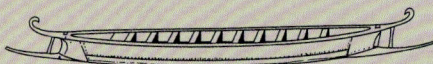

约特斯普林船（丹麦）约公元前350年

哈尔森岛船（挪威）约100年

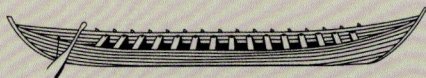

内丹船（丹麦）约350年

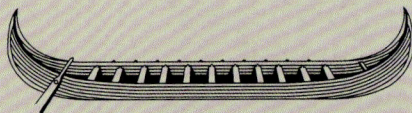

库瓦松船 约700年

维京船的历史

斯堪的纳维亚沿海的捕鱼活动促进了造船技术的发展，这里展示的造船方式参照了不同船只的考古发现和现存的草图以及岩雕。

"科克斯塔德"号船

1880年，在挪威南部发现的这艘船促进了我们对维京人的认识。这艘船可以追溯到900年，其长度超过23米，包括索具在内的总重达20吨。

艏饰像
是技艺高超的维京工匠在木头上雕刻的标志性动物——一个互相缠绕的龙蛇结合体。

货物
作为一艘战船，龙头战船没有多少空间装货物。相比之下，商船则主要用于贸易，甲板上甚至可以携带家畜。

龙骨
由一根25米长的橡木制成。龙骨非常结实，使船只能够航行在仅一米深的水中。

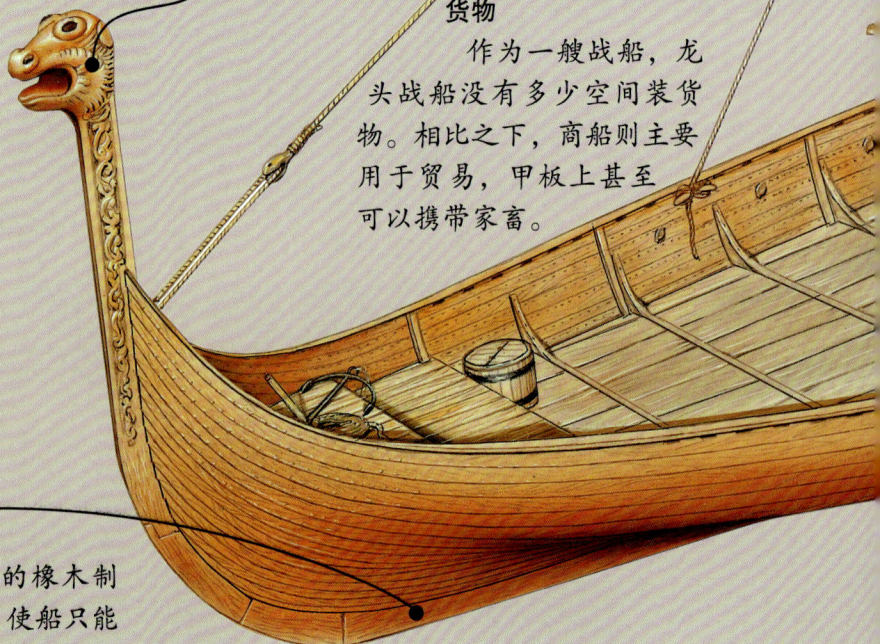

船帆

为单层直角帆，每一面都有10米长，但现在还不清楚它的材质是亚麻的还是羊毛的。这种帆只需升起四分之一就能使船前进。

舵

位于船尾右侧，由一根皮绳固定在甲板边缘。随着时代的发展，舵也变得越来越宽。

桨

共有16对，固定在14个划位上。当用帆为船提供动力时，桨放在T形的桨锁中。

技术参数

长 ▶ 23米

宽 ▶ 5.4米

支柱 ▶ 2米

重 ▶ 20吨

桨 ▶ 16对

船体

船底木板厚度只有2.6厘米，第十排的木板位于吃水线，需要更加坚固，厚度达4.3厘米。

瓦叠式构造

"科克斯塔德"号船体框架由16块大木板组成，几乎全是橡木，这些橡木板一块压着一块，维京人把这种建造方式称为"瓦叠式"。

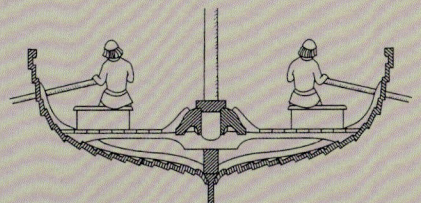

东方的军队

中世纪，东方见证了一些伟大帝国的兴衰、王国联盟的形成和封建国家的出现。属性各异的军队经常互相冲突，中国的庞大军队和令人胆寒的蒙古铁骑都是强大的武装力量。

中国：从宋朝到明朝

宋朝（960—1279）组织了庞大的常备军抗击游牧民族的入侵，弓弩手是军队最倚重的力量。中国人发明了火药，并用来制造各种各样的武器，如火箭和火焰喷射器。但武力强大的汉人也没能击退蒙古人的入侵，蒙古人建立的元朝在 1271—1368 年入主中原。明朝击败蒙古人后，汉人再次夺回政权。

蒙古铁骑

1206 年，成吉思汗统一了蒙古各部落后开启了新一轮的征战，最终建立了一个强大的帝国。在其孙子忽必烈即位时达到巅峰，灭亡了南宋。蒙古军队几乎全都是骑兵，弓箭是其最钟爱的武器，随着时代的发展，他们吸收了中原的战争技巧和武器（如攻城机械和火药）。

统领

忽必烈在晚年时深受痛风的困扰，但他仍坐在战象背上的高高的蒙古包中指挥军队作战。

封建时期的日本

在中世纪，日本经历了一个动荡的时期。中央政府软弱，诸侯连年内战，武士阶层（高级勇士）组成强大的集团，彼此互相争斗。在12世纪末，源氏击败了其他集团，开始了幕府统治，并建立军事专制政权应对蒙古人的入侵。

明朝

明朝（1368—1644）时期的中国拥有强大的舰队和庞大的常备军，还加固重修并延长了万里长城，来抗击游牧民族的南下入侵。

拜占庭军队

查士丁尼的遗产

东罗马帝国衰落几十年后，拜占庭皇帝查士丁尼（483—565）获得了足够的财源来维持军队的稳定，军队开始恢复战力，并出现了两位杰出的将军：贝利萨留和纳尔西斯。在戴克里先（284—305）和康斯坦丁大帝（306—337）统治时期，帝国达到巅峰时期，军队人数达数十万，但却没有强大的后备军队和机动骑兵。随着步兵弓箭手人数的增加，骑兵的力量也在日益增强，保护坐骑和骑手的铠甲得到了广泛的应用，这种骑兵又叫重甲骑兵。在狄奥多西（379—395）统治时期，拜占庭军队还联合了蛮族骑兵作为盟军。他的继任者列奥一世（457—474）和弗拉维·芝诺（474—491）减少了雇佣军的数量，这导致地方军队中出现了一些问题。这两位皇帝仅能勉强保证帝国的边境安全。只有在查士丁尼统治时期，帝国军队才真正恢复实力，他说自己"从来没睡过一个好觉"。

查士丁尼组建了三种类型的军队：配备长矛和盾牌的常规重装步兵、联盟军（即雇佣军）以及由贵族的禁卫军组成的布塞拉利亚军团。在皇帝查士丁尼的统治下，重骑兵配备了长矛和短剑，马上弓箭手并不穿通体铠甲，这种铠甲是战场上的主要装备之一。

拜占庭军队十分重视铠甲的使用，并能由海路长距离运送战马，骑兵一登岸即可投入战斗。拜占庭人也是最早开始建造龙骨战船的，他们的常规战船（即快速桨船）配备了两组替补桨手。每条船上有 100 多名战斗人员，除了发射弩炮之外，还向敌人发射"希腊之火"——一种成分不明的可燃液体。

535 年，拜占庭击败汪达尔人，取得了特利卡马龙战役的胜利；552 年，击败了东哥特人，取得塔吉纳会战的胜利；628 年，又攻陷了波斯帝国。经过一个世纪的东西两线作战，拜占庭帝国的实力已经被严重削弱。在整个 7 世纪和 8 世纪，帝国丧失了东部大片的领土，包括叙利亚、圣城耶路撒冷、埃及、北非和意大利大部分地区。

拜占庭重甲骑兵

骑兵和战马全身都穿上甲胄的重甲骑兵是拜占庭军队的精锐。几百年来，他们为拜占庭的军事胜利贡献了决定性的力量。1071 年，他们在曼齐克特战役中被突厥人击败后，就彻底消失了。

重甲骑兵

拜占庭重甲骑兵几乎坚不可摧，并且具有巨大的破坏力。与中世纪的骑士不同，他们纪律严明，组成战斗小队，具有更大的机动性和灵活多变的战术，除了包抄作战、两翼派驻重兵、楔形推进和疲扰战术之外，还有重兵前突等战术。

辉煌时期

6 世纪时，贝利萨留将军率领精锐军队将帝国疆域拓展到西地中海。到了 10 世纪，尼基弗鲁斯二世设计了新的战术，并强化了重甲骑兵的力量和机动性，实施了一系列成功的军事行动。

拜占庭军队击败阿拉伯军队

11 世纪拜占庭历史学家约翰·思利特扎的编年史《拜占庭史》描述的 842 年的战役。

战马

被铠甲完全覆盖，马头亦戴头盔。

战马顶饰

其颜色表明所属军队。

一般特点

10 世纪，骑兵的战术单位是连，2~5 个连组成 1 个营，3 个营组成 1 个团。

徽章

双头鹰中央带有巴列奥略王朝的标记，是拜占庭帝国的标志。

指挥 ▶ 战略	
作战连数量 ▶ 15 个	
每连士兵人数 ▶ 300 人	

骑兵的对决

曼齐克特战役是两大骑兵的对决：拜占庭重装骑兵和塞尔柱轻装骑兵，最终后者获胜。

双方军力对比

拜占庭军 ▸ 4万～6万人，包括本土人和雇佣兵。

塞尔柱军 ▸ 约3万人，大部分是轻骑兵。

土库曼人

塞尔柱人右翼

塞尔柱人

塞尔柱轻骑兵
配备弓箭，虽然更易遭敌攻击，但行动更加机动灵活。

马其顿人、色雷斯人、塞萨利人、乌古斯人、斯拉夫人和佩切涅格人

中军

轻骑兵

土库曼人和塞尔柱人

尼基弗鲁斯·布里尼乌斯

皇帝所在的中军
在队形的中央，拜占庭皇帝罗曼努斯四世亲率大军，战败后被俘。

教导团、贵族精英队、骑兵军团、帝国禁卫军（精锐部队）。

卡帕多西亚人、亚美尼亚人、格鲁吉亚人、佩切涅格人和乌古斯人。

拜占庭前锋左翼

中军先锋

—西奥多·阿尔亚特斯

后卫部队

右翼

外国同盟军
在双方军队中都占有很大比重，本土的拜占庭人和塞尔柱人只占很少部分。

瓦兰吉卫队、俄罗斯人和万夫团

诺曼人，法兰克人和老年兵

溃逃
诺曼人和后卫军队，置皇帝于不顾。

罗曼努斯四世
拜占庭军事帝国的皇帝，在位仅3年，在曼齐克特战役失败后被罢黜，后遇刺身亡。

◀阿尔普·阿尔斯兰
第二任塞尔柱苏丹，著名武士，于曼齐克特战役一年后死于一个囚徒之手。

蒙古军队

游牧骑兵

在成吉思汗（1162—1227）的统治下，蒙古军队成了世界上最高效、纪律最严格的军队之一。虽然蒙古军队的战士来自不同的部落，隶属于不同的文明，但他们却有着令人惊羡的凝聚力和专业性。历史学家把这归因于宗教的宽容和领导人所推崇的实用主义原则。蒙古军队实行十进制来强化组织性：10人为一个阿儿班，100人为一个札温，1 000人为一个敏罕，10 000人为一个土绵。每个阿儿班都由来自不同民族和出身的士兵组成，这大大增进了士兵之间的袍泽情谊。军官的提拔不靠家庭出身和裙带关系，而是主要依据战功。蒙古军队没有步兵，机动迅速的蒙古铁骑很快就因其恐怖和惊人的战斗力而闻名。每名士兵至少配有4匹战马来加快行军速度，这有利于提高军队的机动性。蒙古骑兵3天就可以行进400千米，这在当时的条件下拥有无可匹敌的巨大优势。骑手从出生起就和战马打交道，士兵和战马之间形成了牢不可破的联系。他们在征战中只携带一些

必要的物品，总是寻找最好的草场精心地喂养战马。蒙古骑兵都是出色的猎手，打猎也是军队训练的一种方式。捕猎时，骑兵们最终将猎物围困在中央。他们猎杀动物只是为了生存，士兵必须将猎物一击致命，以示对其最高的尊重。

高效机动的军队使蒙古帝国的版图迅速扩张。他们不得不确立一套通信系统，以确保信息可以迅速传递到帝国的每一个角落。为此，他们建立了一套由高速骑手和驿站组成的通信网络，每隔大约35千米便设一个驿站，信使可以在那里获取饮用水和食物。蒙古骑兵只配备最基本的装备：一副弓箭、一套长短剑、盾牌和标枪，此外还有一个可以涉水过河的防水皮袋。在成吉思汗去世后，到了13世纪和14世纪时，蒙古军官才开始使用头盔，头盔上偶尔也会装饰羽毛或在皮革顶上配以精致的钢铁饰板。

蒙古铁骑

成吉思汗的军队几乎都是骑兵。骑兵可分为重骑兵和轻骑兵，极强的机动性确保卓越的战斗力和有效的战术，神勇的蒙古军队适应战争形势的各种变化。蒙古勇士是出色的骑手和射手，具有惊人的韧性，这是欧亚大陆草原上严酷的生存条件塑造出来的。

天生的战士

在蒙古草原上，16—60岁身体健康能上战场的男子都是武士。60%的蒙古骑兵是轻骑兵，40%是重骑兵，他们在战术上互相配合，将重骑兵的震慑力和轻骑兵的箭雨结合起来。蒙古骑手非常善于骑射，能在飞奔的战马上搭弓射箭，几乎百发百中。

一般特点

蒙古勇士出征时负责自己的食物和装备，至少要有3匹备用的战马。他们通过不断更换坐骑，可以在很短的时间内行进到很远的地方。

蒙古铁骑的标志
苏勒德由马鬃制成，只在作战中使用。

参战军团 ▸ 5~8个（15万~24万人）

每个军团的土门 ▸ 3个（3万名士兵）

历史性的胜利 ▸ 印度河谷战役（1221）、喀尔喀河战役（1233）、科赛达格战役（1243）

残忍的围城者

蒙古人更喜欢在开阔地作战，这样可以更加有效地发挥骑兵的优势。但他们在学会了围城技巧之后，残忍的一面便展现得淋漓尽致，他们会纵火攻城，一旦城破就开始屠城。

1258年，旭烈兀可汗率领的蒙古军队包围并占领了巴格达城。

射箭

依据不同的用法和特点，每张弓都有不同的发射方式，蒙古人射术高超。

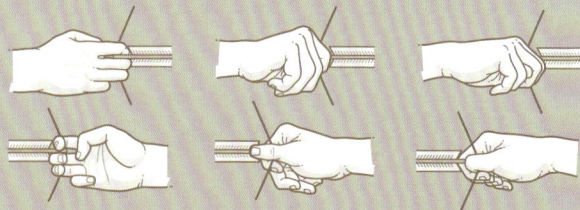

地中海式
用食指和中指持箭，不用指尖，中指和无名指拉弓弦。

捏箭式
拇指和食指捏住箭尾，用中指和无名指拉开弓弦。

蒙古式
用最有力的拇指拉弓弦，食指和中指持箭扣紧拇指。

皮质或铁质头盔

在战斗中取代了传统的羊毛帽。

皮革铠甲

里面穿着丝质衬衫，能够降低弓箭的冲力。

弓

分两种，一种射程较近，一种射程较远。射程较远的可超过 300 米。

哨箭

用来传递信号，空气通过箭尾的小孔发出哨音。

腰刀

是骑兵的武器。曲刃，较短，重量轻。

防护装置

有时采用皮革垫肩和护腕来加强防护。

战马

蒙古马，体格矮小，强壮有力，速度快，耐力好。

马鞍

下面携带生肉，可以一点点软化。

盾牌

很少用，即使有也较小，由柳条编织，上面包有皮革。

马镫

很短，使得骑手射箭时更加平稳。

箭筒

有两个，可装 60 支不同类型的箭。

赛育河战役

　　成吉思汗的儿子窝阔台统治时期，蒙古人继续向西扩张，在波兰和匈牙利都取得了军事上的重大胜利。1241年4月11日，蒙古军队在赛育河战役中大胜匈牙利军队。这次战役使上千人丧生，直接导致匈牙利的灭亡，来自大草原的入侵者打开了进入古老欧洲大陆的门户。直到窝阔台死讯传至欧洲，蒙古大军才被阻止继续占领欧洲的其他地区。

石桥之战

　　赛育河上的石桥在赛育河战役中起到了重要作用。但蒙古人包围匈牙利军队的战略对战争结果起到了决定性作用。

1 开战前夜，试图过河的蒙古军队突然开始后撤。凌晨时分，蒙古王子拔都指挥军队开始用弩炮攻击守卫石桥的匈牙利军队。同时，其他军队开始过河向南北两面进攻。

2 欧洲军队在中心即将取得胜利之际，蒙古大将速不台的到来改变了战局。匈牙利军队受到了投石机、火标枪，可能还有火箭炸药的攻击。欧洲人一时受到了惊吓，四散奔逃。

双方力量对比

匈牙利军队 ▶ 2.5万人，包括匈牙利人、圣殿骑士团、条顿骑士和库曼人。

蒙古军队 ▶ 约3万人

赛育-佩特里

库索-博奇

赛育河

蒂尔纳德河

奥诺德

拉德哈扎

萨约伊德维

霍河

莫希

科隆

普伽

赛育河

霍-科里泽特

纳吉塞奇

通往布达佩斯

霍-萨伦塔

萨卡德

3 蒙古军队放开一个缺口让匈牙利军队撤退，随后利用弓箭手轻松射杀后撤的匈军士兵。

霍河

欧洲

地图放大的区域

莫希

亚洲

非洲

地中海

→ 蒙古人进军路线

┈▶ 匈牙利人撤退路线

火器的威力

据推测，在莫希战役中，蒙古军队第一次使用了从中国带来的火药，史书中提到了"火标枪"，具体样貌目前还不清楚。

火箭

可以冲击甚至爆炸，专门克制敌人的铠甲。

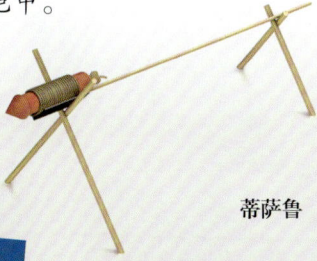

床弩

形体庞大，能够抛射巨大的投射物。

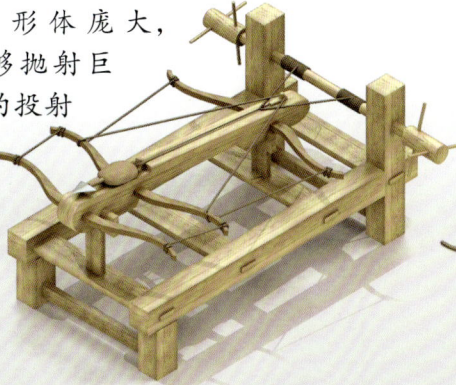

投石机

经蒙古军队改良后，能够发射大石块和燃烧的榴弹。

蒂萨鲁

蒙古大营

沼泽地

随处可见。除了河流之外，这一地区到处都是松软的沼泽，军队在这样的地形中很难自由移动。

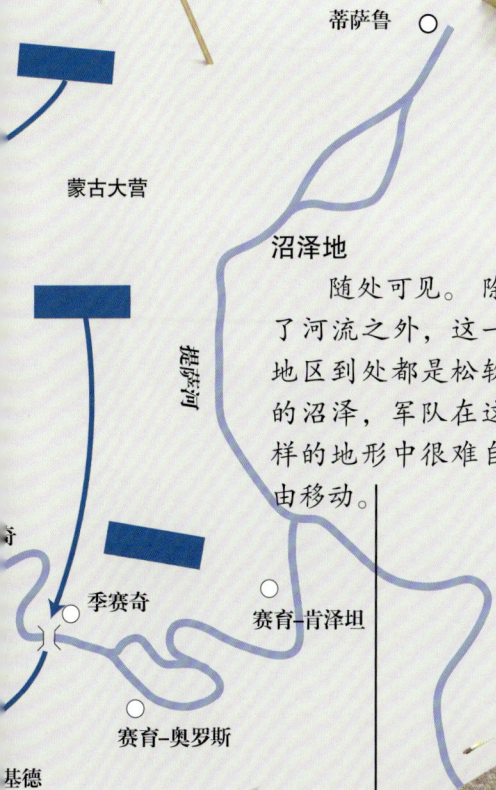

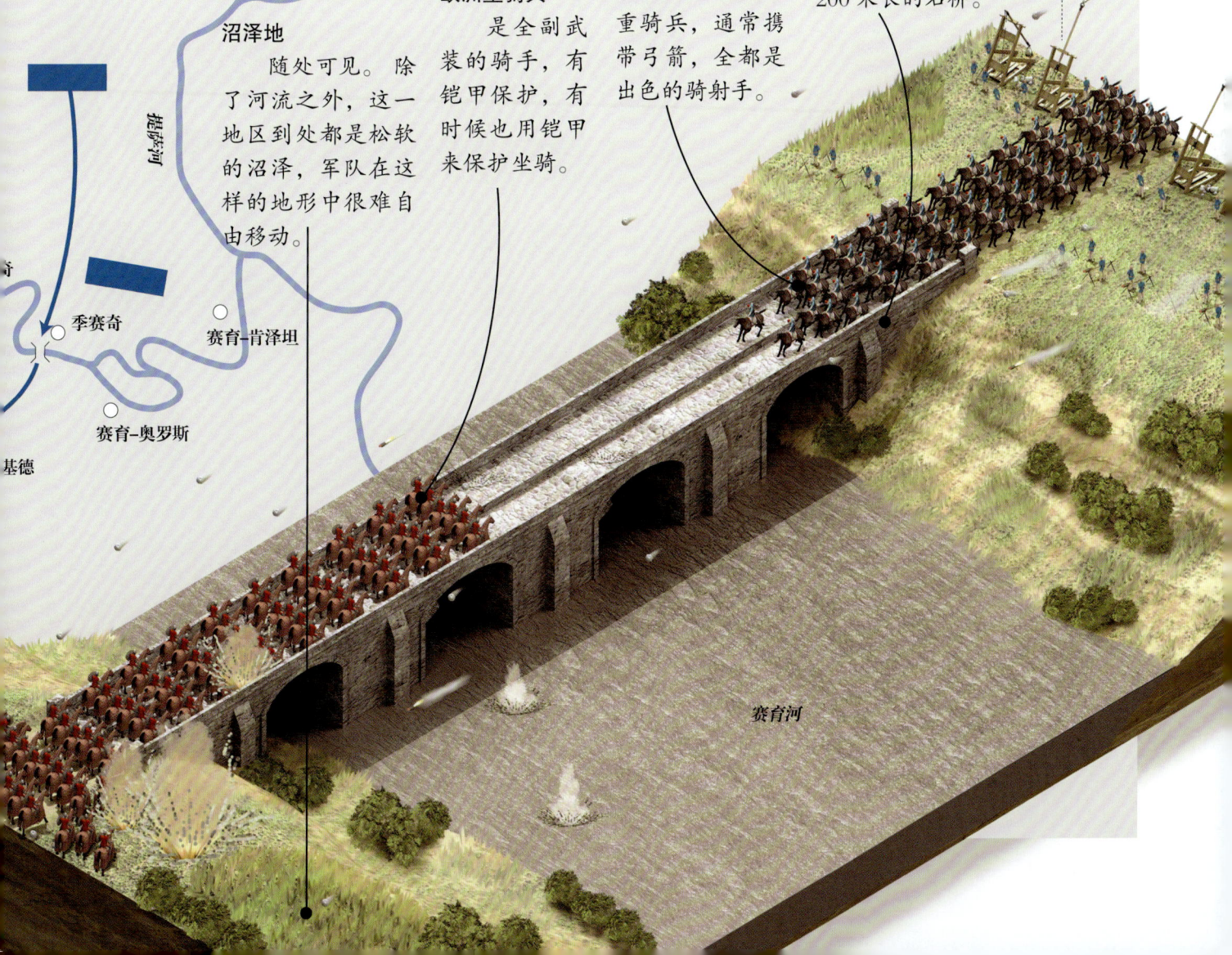

欧洲重骑兵

是全副武装的骑手，有铠甲保护，有时候也用铠甲来保护坐骑。

蒙古骑兵

是由全副武装的骑手组成的重骑兵，通常携带弓箭，全都是出色的骑射手。

赛育河上的石桥

是一座大约200米长的石桥。

提萨河

季赛奇

赛育-肯泽坦

赛育-奥罗斯

基德

赛育河

第三部分 / **16—19 世纪**

火药时代

16 世纪到 19 世纪是属于欧洲海上强国的时代，科技的发展对武器的制造和战略的运用都起到了重要作用。军队也实现了现代化和专业化，风起云涌的革命浪潮改变了整个世界，基本奠定了现代欧洲国家的雏形。

16 世纪是枪炮和帆船的世纪，地中海成了西北方的基督徒和东南方的穆斯林交战的主战场。到了 1530 年，战船上的炮架代替了船头的撞角，而且出现了金属炮弹。西班牙国王腓力二世集结了 200 艘可载 400 人的大帆船，船上架设一门巨型火炮，并配备 2~4 件其他重武器和若干轻武器。它们是海战的主角，可以对岸上的堡垒或主要港口发起正面进攻，经典战例有普雷韦扎海战（1538）、杰尔巴岛海战（1560）、马耳他之战（1565）、勒邦多海战（1571）、突尼斯海战（1573）。16 世纪是西班牙征服者的黄金时代。当奥斯曼帝国从陆上逐渐逼近欧洲的时候，欧洲各国也都开启了史无前例的海上扩张。西班牙完全控制了大西洋、地中海和太平洋。葡萄牙、英国和荷兰的战舰在印度洋和中国沿海耀武扬威。

在这几百年间，陆战的发展有三个典型特征：要塞的革新设计、火器的改进和参战人数的增加。原则上，军队的主要目标不再是消灭敌军，而是占领要塞城市。在 16 世纪和 17 世纪，围城战的次数超过了遭遇战，战争的频率和规模超过了欧洲史上任何一个时期。西班牙国王查理五世给其军团配备了军服、军乐、牧师、军医、常备军和更精良的武器。在费尔南多·托莱多担任第三代阿尔巴公爵的时代，出现了带有支撑销的滑膛枪，该枪能够在 180 米之外射穿敌人的铠甲。

16 世纪的大部分战争都因争夺王权而起，西班牙和法国为此经常处于战争状态。奥斯曼帝国、哈布斯堡王朝和瑞典 3 年中有 2 年、西班牙 4 年中有 3 年、波兰和俄罗斯 5 年中有 4 年处于战争状态。纵观这 200 多年，整个欧洲大陆只有 10 年是处于完全和平的状态。

到了 17 世纪，战争的起因主要是领土和宗教纷争，这个世纪还是"士兵的世纪"。欧洲当时人口 1 000 万~1 200 万，资金不足致使军纪涣散，士兵擅离职守和军队经常哗变导致了雇佣军的出现。在三十年战争期间（1618—1648），有 300 多个瑞士和德国"企业家"完全使用雇佣军为某一利益集团效力。他们还改变了战略和战斗队形，战场上三排火枪手轮番射击，达到火力不间断的射击效果。1616 年，拿骚家族的约翰伯爵创立了欧洲第一所军校，他还创作了第一本士兵教导手册。

1659 年，法国打败西班牙后创建了一种新型常备军，这一做法被普鲁士和俄罗斯效仿。路易十四时期（1638—1715），法军人数增加了 35 万。1675 年，法国成立了战争部并首先采用了军衔制。1699 年，射速比火药枪更快的燧发枪面世了。1703 年，法国军队开始配备刺刀，两三排步兵列阵中央，马步兼有的"龙骑兵"部署在两翼，炮兵则在队伍前沿列成一排。各国之间冲突不断。在西欧，西班牙、英格兰和荷

兰与法国开战；在东欧，卷入战争的国家有奥地利、法国、瑞典和俄罗斯。奥格斯堡同盟战争（1688—1697）和西班牙王位继承战争（1701—1714），以及 1715 年法王路易十四的去世，标志着法国时代的结束，普鲁士开始谋取欧洲霸权地位。

普鲁士国王腓特烈·威廉（1713—1740）招募了 8 万人的军队，并建立了欧洲最专业化的普鲁士军官团。他把军官的社会地位提高到空前高度。腓特烈大帝（1740—1786）使他的国家变成一个军事强国，强大的国力也促进了军队的发展。随后爆发的七年战争（1756—1763）使欧洲、北美和南亚都卷入了全面冲突中。这场战争开创了一个全新的时代，军事发展的要求必定会影响政府的决策，进而决定欧洲各国的最终命运。

随着海上据点的巩固，英国在南亚组建了以印度人为主体的军队，采用欧洲的训练方式训练印度雇佣兵，还采用了欧洲的新式武器和作战理念。1750年以后，欧洲军队的战斗阵形中逐渐出现了轻步兵，随着整体铸造和钻孔技术的改良，大炮的射程大大提高。军校遍地开花，军官也都实现了职业化。

1763—1815年的战争令世界发生了翻天覆地的变化。1775年，随着美国独立战争爆发，劫掠者和狙击手悉数登上历史舞台，"人民军"也应运而生。1783年，随着《巴黎和约》的签订，美国的独立正式获得承认。1789年法国大革命以后，形势再次发生了变化，法国"旧政权"的军队解体，出现了平民士兵。1790年，法国军政府招募了100万名受过政治教育的士兵。1792年，军政府利用有效的战术和可移动的火炮获得了首胜。拿破仑·波拿巴的贪婪战略和财富掠夺通过军队得以实现。同时，敌方的实力也得到了锻炼和提高，如英国和普鲁士成立了军校、培训军官，这些举措很快就结束了法国的欧洲霸主地位。在经历了25年的战乱后，英国最终于1815年成了海上军事强国和世界贸易霸主，特别是在特拉法尔加海战之后，实力远远超过了欧洲其他国家。在这次战役中，英国海军上将霍雷肖·纳尔逊战死，但他首创了"以船对船，冲破敌方战列线"的战术。

1853年爆发了克里米亚战争，俄罗斯入侵日薄西山的奥斯曼帝国，很多历史学家认为这是世界古代史的最后一战。战争于1864年结束，双方签署了《日内瓦第一公约》，这是第一个对战争受害者实施保护的条约。之后的美国南北战争（1861—1865）勾勒出了即将在20世纪打响的战争的大致轮廓。

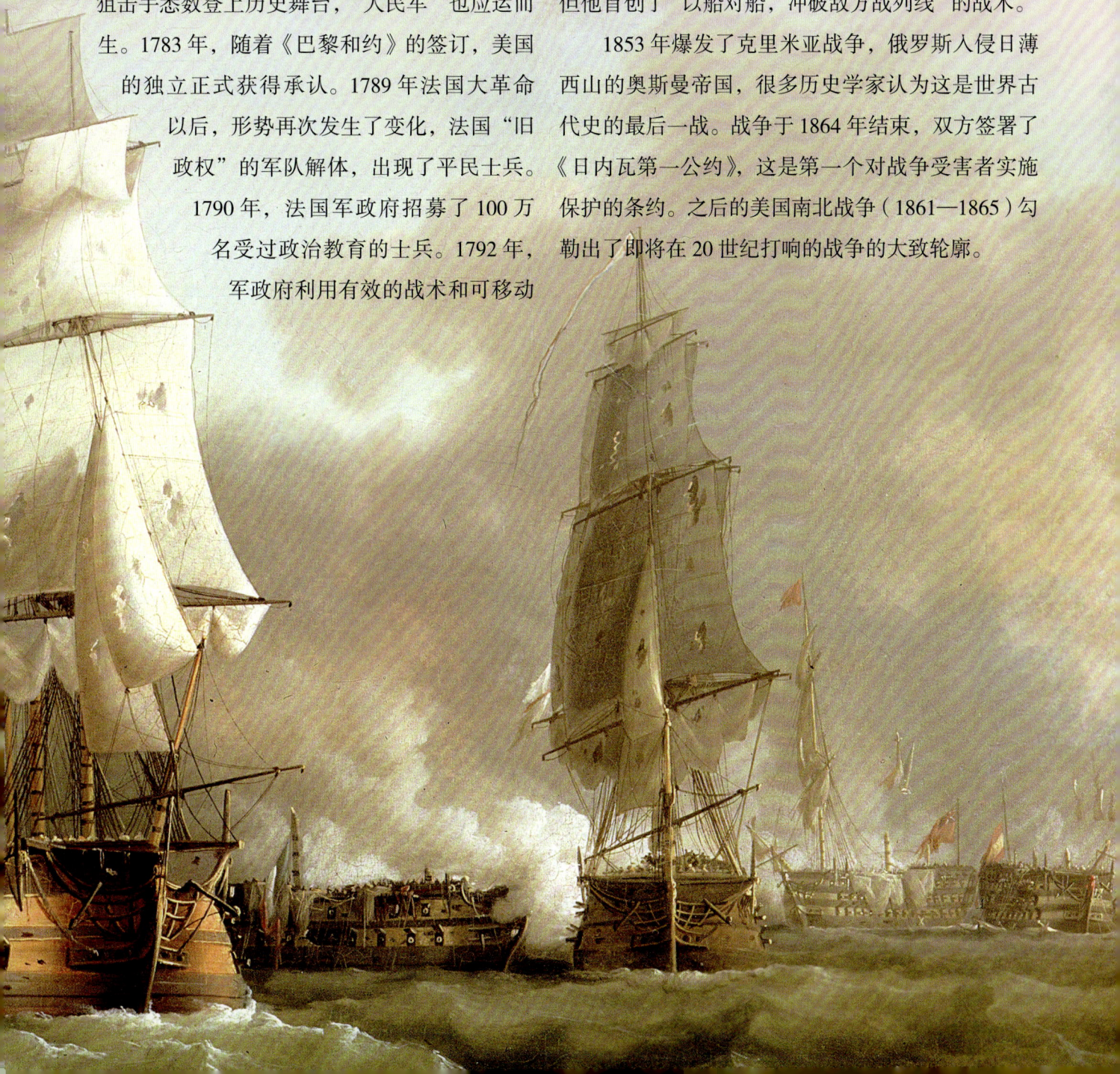

历史年表与主要战役

16—19世纪，战舰是海上军事行动的主角。为了获得最新武器，欧洲列强展开了军备角逐。许多战舰上配备的火炮数远超岸上要塞部署的大炮。和陆上军队一样，舰队也需要雄厚的财力支撑。不断发展的专业兵种极大地提升了火器的威力。

1498年
瓦斯科·达·伽马绕过非洲好望角

1522年
麦哲伦完成首次环球旅行

1525年
法国人兵败意大利帕维亚

1526年
苏莱曼一世的土耳其军队在莫哈奇战役中击败匈牙利人

1501年
天主教徒、西班牙女王伊莎贝尔一世授权美洲使用黑奴劳作

1545年
特兰托宗教会议召开，奠定了"反改教运动"的基础

1571年
奥地利的胡安在威尼斯和教皇的帮助下在勒邦多海战中击败奥斯曼人

1558年
神圣罗马帝国皇帝和西班牙国王查理一世去世

1600年
英国东印度公司成立

1618年
欧洲三十年战争开始

1654年
俄国和波兰争夺乌克兰

1660年
英格兰斯图亚特王朝复辟

1701—1714年
西班牙王位继承战争

1703年
圣彼得堡开建

1500 年

1700 年

1514年
奥斯曼军队在查尔迪兰战役中击败波斯萨法维军队

1517年
马丁·路德批评天主教教义，发起新教改革运动

1519年
埃尔南·科尔特斯开始入侵墨西哥

1533年
皮萨罗占领库斯科，印加帝国灭亡

1562年
天主教和新教（胡格诺派）之间爆发第一次宗教战争

1588年
西班牙无敌舰队被英国人击败

1592年
日本侵略朝鲜

1598年
第八次宗教战争结束

1642—1651年
英国内战

1700—1721年
俄国和瑞典爆发北方战争

1689年
俄国沙皇彼得大帝继位

查理一世葬礼的旗帜是阿拉贡、莱昂和卡斯蒂尔武装的军旗。

占领特诺奇蒂特兰

1521 年 5 月，埃尔南·科尔特斯指挥 1 000 人的西班牙军队包围阿兹特克首都特诺奇蒂特兰，并于 8 月 13 日最终占领。不到三个月的时间，10 万阿兹特克人丧命。

一岛十三船

科尔特斯建造了 13 艘小船，每个船头架设一门大炮，攻克位于大湖中央的这座城市。

美国总统林肯公布《解放宣言》。

1805年
拿破仑在奥斯特利茨战役中击败俄奥联军

英国舰队在特拉法尔加海战中击败法西联合舰队

1808年
拿破仑入侵伊比利亚半岛，遭到西班牙游击队的抵抗

1793年
国王路易十六被处决，法国对英国、荷兰、西班牙和意大利属地宣战

1799年
拿破仑发动雾月政变，打败督政府，建立执政府

1769年
发明蒸汽机

1775—1783年
美国独立战争

1721年
来复枪传入美洲

1835年
得克萨斯宣布从墨西哥独立

1840—1842年
中国爆发鸦片战争

1861—1865年
美国南北战争

1862年
美国联邦国会废除奴隶制度

1863年
美国南北战争中北方联邦派在葛底斯堡战役中获胜

1864年
第一次日内瓦大会

1884年
召开欧洲列强瓜分非洲的柏林会议

1900 年

1756年
普鲁士入侵萨克森；七年战争开始

1732年
普鲁士实行义务兵役制

1783年
俄国吞并克里米亚

1789年
法国大革命爆发

1803年
英国在印度阿瑟耶击败马拉萨人

1804年
拿破仑加冕法兰西第一帝国皇帝

1815年
拿破仑在滑铁卢战役中被英、荷、普联军击败

1818年
夏卡登上祖鲁王位，开始在非洲统治扩张

1857年
印度反英大起义

1853—1856年
俄国和奥斯曼帝国爆发克里米亚战争，英法支持奥斯曼帝国

1876年
苏族和夏延族印第安人在小巨角战役中全歼美国骑兵

1878年
祖鲁人在伊散德尔瓦纳击败英国人

攻占巴士底狱

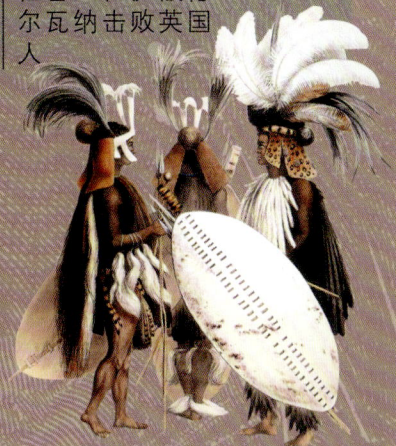

19 世纪版画上的祖鲁武士

著名领袖

　　他们是军事伟人，在新世界开拓殖民地，在世界范围内开辟贸易路线，维护国家统一。这一切均得益于先进的技术使军队更加强大。军队逐渐成了专业化的作战单位。皇帝、国王和政客在近 300 年间不断发动战争，使用的战略战术已经达到了高度专业化的水平。

| 1494—1566 年 | 1500—1558 年 | 1672—1725 年 | 1712—1786 年 |

苏莱曼一世

　　又被称为苏莱曼大帝，1520—1566 年为奥斯曼帝国苏丹。他推动了科技的发展和艺术的进步，亲率大军征服了贝尔格莱德、罗兹岛和匈牙利，并于 1529 年围困维也纳。他去世后，奥斯曼帝国仍在不断扩张。

奥地利的查理五世

　　他以神圣罗马帝国皇帝查理五世和西班牙国王查理一世的双重身份统治幅员极其广大的帝国。作为天主教义的坚定拥护者，他极力阻止路德的改革并努力消除土耳其人的威胁。退位后逝于尤斯蒂修道院。

彼得一世

　　1682 年加冕为俄国沙皇，决定全盘西化，实现农具的现代化，建立一支常备军，将俄国打造成强国。他不断发动对土耳其的战争，并建设了圣彼得堡。

腓特烈大帝

　　普鲁士国王腓特烈二世改革军队，实现军队的专业化，打造了当时最强大的军队之一。在他的领导下，七年战争获得的军事胜利扩大了普鲁士的版图，实力远超欧洲其他主要大国。

> "在海上，我们开展远距离进攻，就像在城墙和城堡上战斗一样，从来不进行近距离肉搏。"

费尔南多·奥利维拉《海战的艺术》（1555）

数千人登舰

左图为苏格兰人第一次武装了传说中的"一流战舰"。1688年，荷兰有102艘战舰，法国有221艘战舰，英国有173艘战舰。1690年，英国海军4.5万名士兵乘战舰击败了西班牙人。

1758—1805 年	1769—1821 年	1809—1865 年	约 1831—1890 年
霍雷肖·纳尔逊	**拿破仑·波拿巴**	**亚伯拉罕·林肯**	**席廷·布尔**

霍雷肖·纳尔逊

12岁应征入伍，20岁成为英国陆军上尉，在北美与寻求独立的13个殖民地作战，在对法国拿破仑战争中担任舰队司令并多次获胜，最后在特拉法尔加海战中阵亡。

拿破仑·波拿巴

卓越的军事战略家，在法国大革命中担任旅长。1799年通过军事政变上台，率领大军几乎占领了整个欧洲。滑铁卢战役失利后，他被放逐到圣赫勒拿岛并最终逝于该岛。

亚伯拉罕·林肯

致力于废除美国的黑奴制度。1860年当选美国总统。他的当选加速了南部诸州的分裂进程和美国内战的结束，他带领北方联邦获得了胜利。后被同情南方的刺客刺杀身亡。

席廷·布尔

北美洲印第安人苏族部落酋长，带领几支印第安部落反抗占领其土地的政府军，在小比格霍恩战役中取得决定性胜利，但最终被囚禁于一块保留地，后被刺杀。

现代武器

火器的普及改变了战争的形式。弓弩完全被火绳枪、滑膛枪和来复枪取代。战场上出现了可移动的大炮，但早期的火器比较笨重，移动速度也很缓慢。因此，在17世纪，长矛仍是步兵最基本的武器，而刀剑也还是骑兵的首要武器。

滑膛枪和来复枪

火器的发展导致了火力的提升和精度的增加，继最早的火绳枪和滑膛枪之后，16世纪中期又出现了簧轮。射速快、使用方便的滑膛枪成为当时军队的首选武器。这一时期，弹壳出现了，射击时需要的火药和子弹都装入弹壳。19世纪出现了射程较远的来复枪，后膛填装的来复枪（弹壳装进弹膛）射程达到了最大，膛线（枪管内的槽线）使得射击更加精准。

17世纪的滑膛枪
已经淘汰了油绳，摩擦簧轮就可以产生火花。

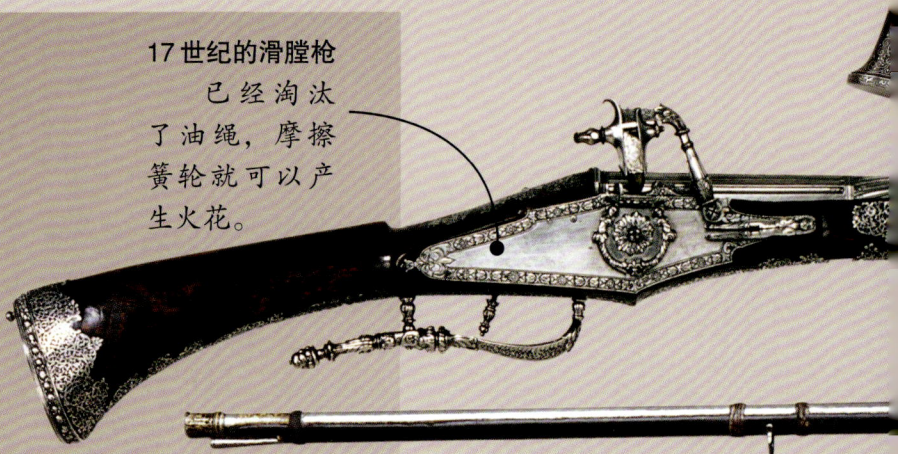

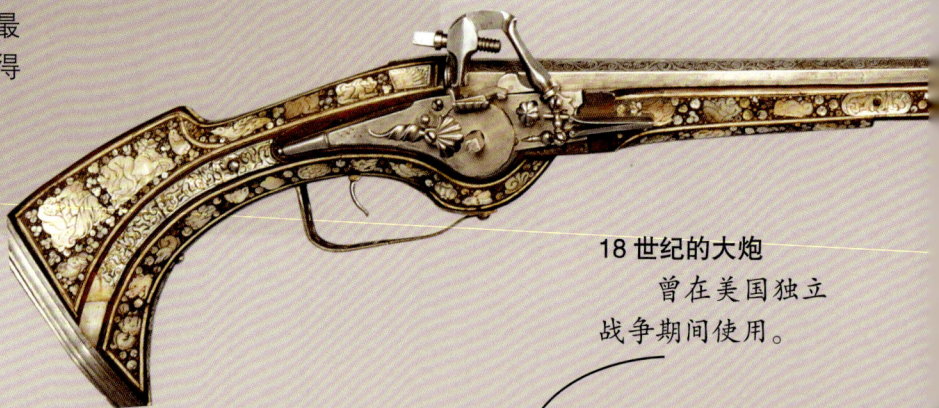

18世纪的大炮
曾在美国独立战争期间使用。

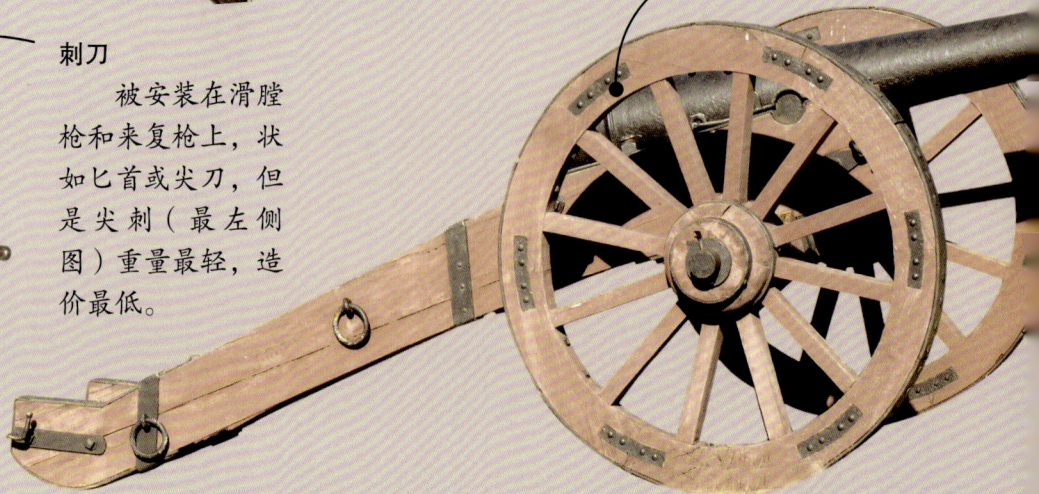

刺刀
被安装在滑膛枪和来复枪上，状如匕首或尖刀，但是尖刺（最左侧图）重量最轻，造价最低。

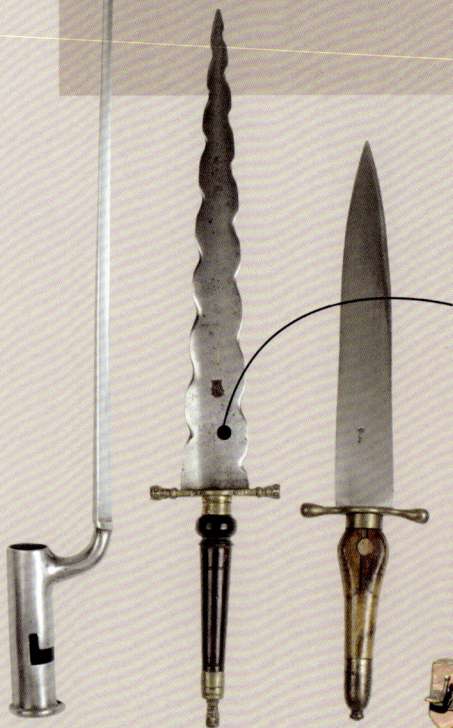

簧轮手枪
在 17 世纪后使用，需加装火药和子弹。

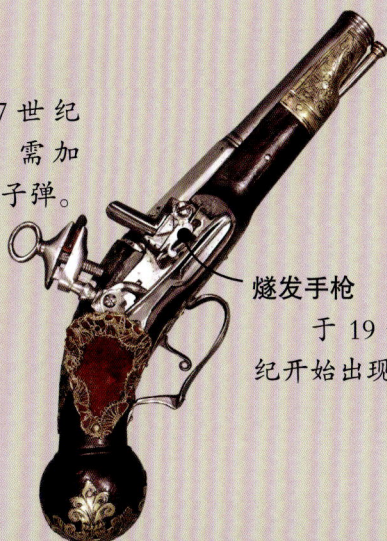

燧发手枪
于 19 世纪开始出现。

手枪

从 16 世纪开始，除了剑之外，骑兵开始使用比滑膛枪更短小轻便的卡宾枪和手枪。簧轮滑膛枪不需要火绳，非常适合骑兵使用。很快又出现了燧发手枪。

戟、长矛和剑

除了火器之外，戟、长矛（长数米）一直到了 17 世纪还被步兵使用。17 世纪中期，滑膛枪刺刀的出现彻底使长矛退出了历史舞台。18 世纪和 19 世纪时期的重骑兵仍在使用剑，轻骑兵也仍使用弯刀。

印度滑膛枪
在 19 世纪仍然继续使用火绳。

19 世纪的长剑
拿破仑御用。

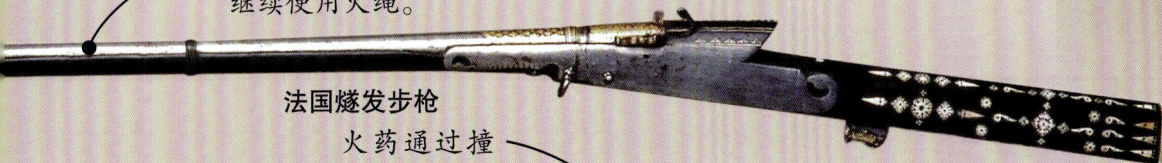

法国燧发步枪
火药通过撞击燧石点燃。

戟
在 17 世纪初期仍然被步兵使用。

加特林机枪
在 1861 年获得专利，在美国内战中第一次被使用，一分钟可以发射 400 发子弹。

大炮

最早的大炮很难移动，多用于围城。18 世纪开始出现了可移动的大炮，随着大炮和炮弹技术的改进，大炮的威力更加强大，精度进一步提高，因而成为现代军队的重要装备。到了 19 世纪末，作为未来武器鼻祖的机枪首次出现。

苏族武士

苏族是北美洲土著中与白人战斗最顽强的印第安部落之一。这个部落拥有悠久的作战传统，尚武好战，重视荣誉。1854—1890年，他们与强大的美国陆军进行了一系列武装冲突，史称"苏族战争"。

快如闪电

苏族印第安人充分利用了欧洲人带来的马匹，他们的主要战术都是围绕马匹进行的，主要依托马的速度发动突袭。他们采用巧妙的伏击战术，擅长"打了就跑"的游击战术。阵地作战时，他们一次又一次地进攻敌军的薄弱防线，直至将其冲垮。

席廷·布尔

印第安人苏族部落有好几个酋长，其中席廷·布尔是军事首领和精神领袖。1868—1876年，布尔是最重要的领袖，在小比格霍恩战役中担任指挥官，并且率领族人全歼了乔治·卡斯特领导的第七骑兵团，取得了伟大胜利。

塔坦卡·伊约坦卡

是族人对席廷·布尔的称呼。这张照片是1881年席廷·布尔在达科他领地俾斯麦拍摄的，9年后他不幸去世。

战马

来自印第安人驯服的野马，是西班牙人带到美洲的马匹的后代。

步枪的使用

19世纪中期，印第安人获得了温切斯特步枪，并在战斗中使用，但是他们更擅长弓箭，而且一直也没有放弃对弓箭的使用。

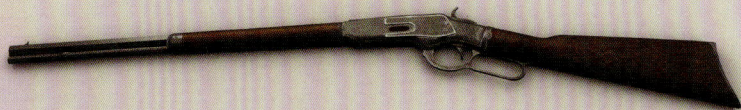

杠杆式步枪的工作原理

苏族人经常使用一种手动的连发步枪，不用重复装弹，可以实现连续射击。向下按动杠杆，它就恢复到初始位置，空弹壳弹出，下一发子弹进入弹仓。

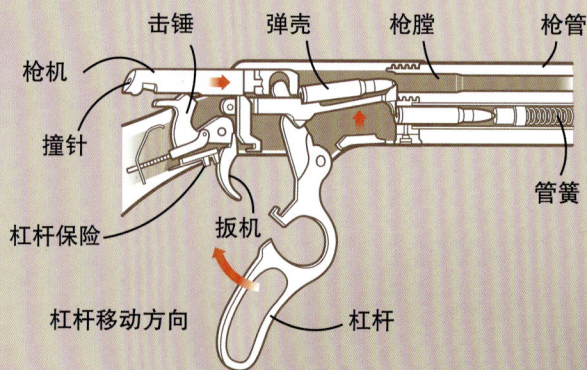

击锤　弹壳　枪膛　枪管
枪机　撞针　杠杆保险　扳机　管簧
杠杆移动方向　杠杆

温切斯特1873型步枪

盾牌

主要由木头和皮革制成，可以抵挡弓箭，但是无法阻挡步枪子弹。

头饰

羽毛数量通常表明主人在战场上杀敌的数量。

符号

在战争中意为对自己的保护或体现武士的个性。画一只手就表示战斗中获胜一次。

坐垫

固定在印第安人的马背上，用五彩缤纷的毛毯做成。有些人（不是所有人）使用马镫。

战争油彩

每一个图画和颜色都有特殊意义。红色代表战争，绿色代表反抗，黄色代表宁死不屈，黑色用来描画战场上经验丰富的武士。

熊：代表勇敢和领袖地位。　鹰：代表计谋、价值和力量。

断箭：代表和平、停战。　箭头：代表警戒。

弓

是武士自己用木头制作的，弓弦用干的筋腱和肠衣制成。

战斧

是印第安人最青睐的手持武器，可以精准地抛投，击杀远处的敌人。

油彩

被大草原上的印第安人用来装饰战马。

护腿

是用皮革做的裤腿。

斧头

最初由骨头制成，但是接触了欧洲人后，金属斧头成为标配。

烟斗

有些战斧有中间钻透的手柄和烟锅，可以当烟斗用。

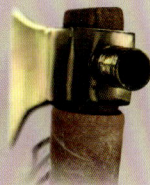

鹿皮软底鞋

葛底斯堡战役

1860 年，亚伯拉罕·林肯当选美国总统，他坚决反对奴隶制度。南部 11 个州脱离联邦成立南方邦联政府，南北战争爆发。战争持续了 4 年，造成 60 万人丧生。1863 年 7 月 1—3 日，北部联邦最终取得宾夕法尼亚州葛底斯堡战役的胜利。许多现代历史学家认为，这是美国南北战争的重要转折点。

战火纷飞的 3 天

战役中爆发了一系列激烈的战斗。仅 3 天时间就有 15 万人卷入，造成了大约 5 万人的伤亡。

双方军力对比

北方联邦 ▶ 8.3 万人

南方邦联 ▶ 7.5 万人

伤亡人数

死亡 ▶ 3 155 人

受伤 ▶ 14 531 人

被俘或失踪 ▶ 5 369 人

伤亡人数

死亡 ▶ 4 708 人

受伤 ▶ 12 693 人

被俘或失踪 ▶ 5 830 人

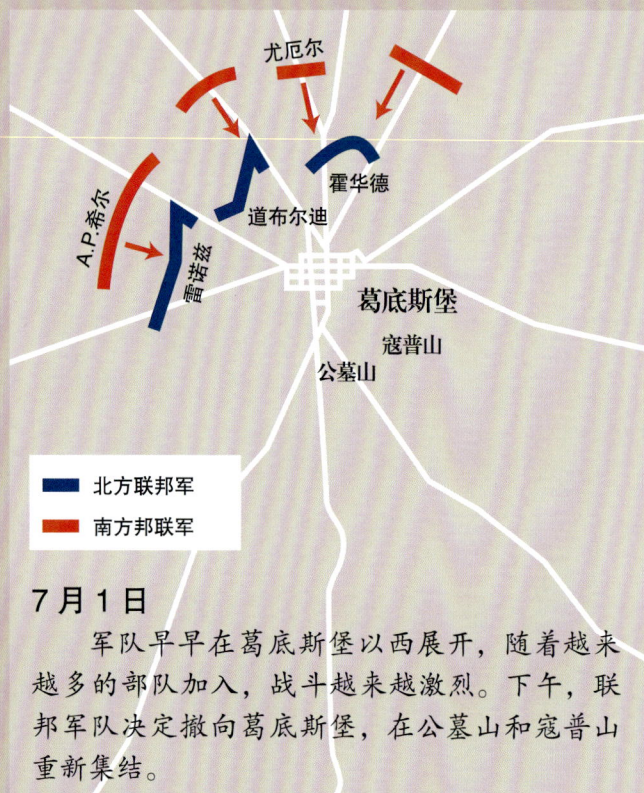

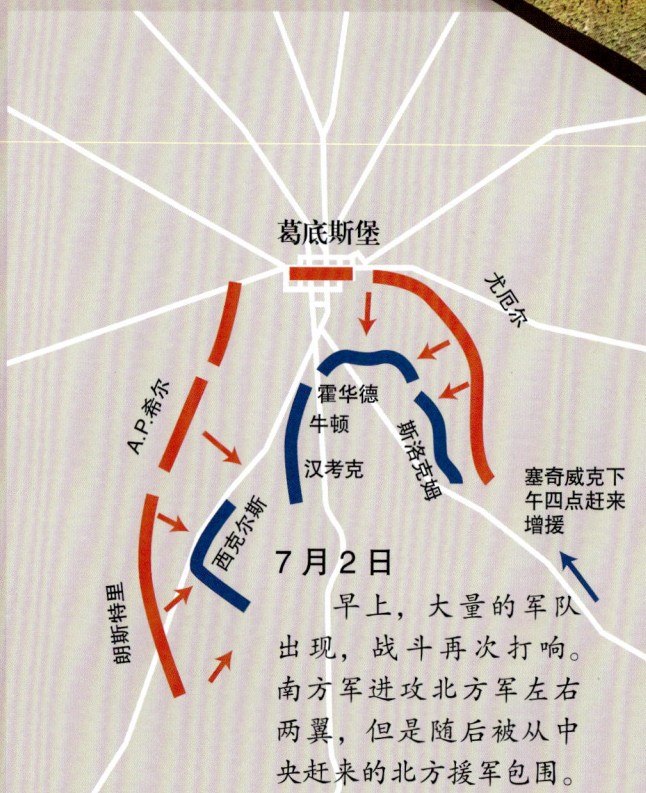

加拿大

葛底斯堡　纽约

华盛顿

美国

放大地区

加勒比海

南方军的旗帜

南方军的步兵

■ 北方联邦军
■ 南方邦联军

尤厄尔

A.P.希尔　雷诺兹　道布尔迪　霍华德

葛底斯堡

寇普山

公墓山

7 月 1 日

军队早早在葛底斯堡以西展开，随着越来越多的部队加入，战斗越来越激烈。下午，联邦军队决定撤向葛底斯堡，在公墓山和寇普山重新集结。

葛底斯堡

尤厄尔

A.P.希尔　霍华德　牛顿　汉考克　斯洛克姆

朗斯特里　西克尔斯

塞奇威克下午四点赶来增援

7 月 2 日

早上，大量的军队出现，战斗再次打响。南方军进攻北方军左右两翼，但是随后被从中央赶来的北方援军包围。

北方军旗帜

进攻受挫

战斗最惨烈的时刻是南方军先炮击，随后步兵冲锋，但均被北方军的步兵和炮兵击退。

北方军步兵

占有地利优势
北方军居高临下，南方军的战术无法施展。

鹦鹉加农炮
是当时最先进的武器。有膛线，可以发射不同口径的炮弹。

燧发步枪
几乎不用瞄准，只需几秒钟就可以重新装弹，能造成较大伤害。

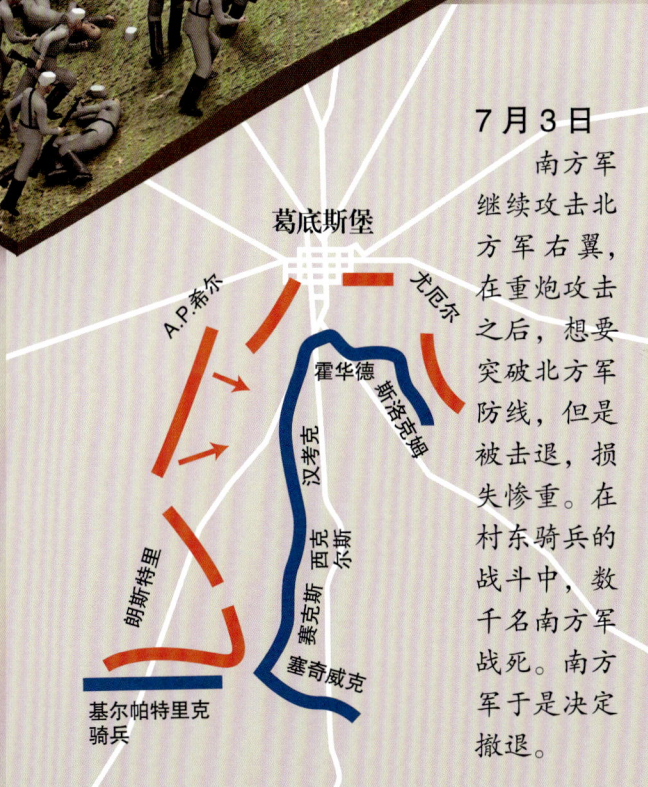

7月3日
南方军继续攻击北方军右翼，在重炮攻击之后，想要突破北方军防线，但是被击退，损失惨重。在村东骑兵的战斗中，数千名南方军战死。南方军于是决定撤退。

葛底斯堡
A.P.希尔
尤尼尔
霍华德
斯洛克姆
汉考克
西克尔斯
赛克斯
塞奇威克
朗斯特里特
基尔帕特里克骑兵

罗伯特·爱德华·李
是一位参加美国独立战争的英雄的儿子。被任命为北方军队指挥官，但他拒绝了，后转投南方，负责统领南方全部军队。在葛底斯堡战役中，他指挥南方军队。

乔治·戈登·米德
他在葛底斯堡战役爆发前3天临危受命，统领北方军。尽管战绩卓著，但是让敌人逃脱使他备受批评。

祖鲁勇士

　　1878 年前后，英帝国开始在非洲大陆大肆扩张，非洲各民族抵抗失败后不得不臣服于英国。在今南非境内的祖鲁王国是非洲大陆上最后保持独立的土著部族。祖鲁王国崛起于 19 世纪 20 年代，逐渐发展壮大，成为该地区最强大的王国之一。1873 年，开芝瓦约加冕成为国王，开始对军队进行现代化改革。1879 年，祖鲁人对英宣战并取得了胜利。

自律和忠诚

　　祖鲁人没有常备军，但是他们的士兵极其自律。18～20 岁的年轻人都作为武士，成为军团的一分子，他们对国王和彼此之间绝对忠诚，他们在服役的 3 个月期间致力于取得决定性胜利，一旦作战使命完成，他们即可解甲归田。

伊散德尔瓦纳战役的英雄

　　1878 年 12 月，英国政府要求国王开芝瓦约解散他的王国。1879 年 1 月，由于没有得到答复，英军依靠先进的武器，有恃无恐地入侵祖鲁王国。1 月 22 日，他们在伊散德尔瓦纳被祖鲁人打败，一个步兵营被全歼。

伊散德尔瓦纳战役
切姆斯福德勋爵率领英国军团抵抗祖鲁人的进攻。

"野牛角"战术

　　祖鲁人用最简单但也是最致命的阵形围困敌军，作战经验最为丰富的武士居于中央，最年轻的武士则位于两翼（即野牛的"两角"）。

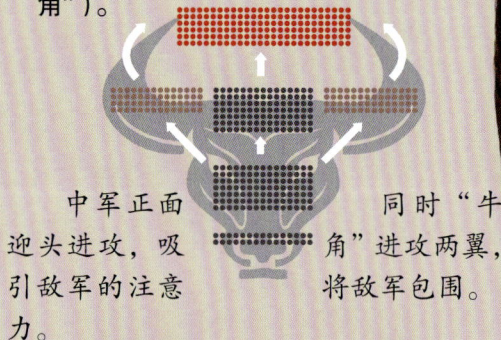

中军正面迎头进攻，吸引敌军的注意力。　　同时"牛角"进攻两翼，将敌军包围。

军队组成

　　祖鲁军队分为若干军团，由作战经验丰富的武士指挥。

武士盾牌的颜色和图案表明其所属的军团和兵种。

盾牌
由固定在长木棍上的兽皮制成。

最高指挥官 ▶ 国王	
统领兵团个数 ▶ 12 个	
全军总人数 ▶ 2.2 万人	
历史性胜利 ▶ 伊散德尔瓦纳战役、伊通贝战役和洛班战役（均发生在 1879 年）	

短矛
　　柄短刃宽，
实际上是一把剑，
用于近身搏杀。

全套武器
　　包括长矛、
木槌、战斗中
投掷的标枪（如
投矛）等。

投矛

木槌

短矛

羽毛头饰
　　连同使用的
盾牌可以识别武
士所属的军团。

手柄

胸甲
　　由豹皮
制成，只有最
杰出的武士才
能佩戴。

矛杆

伊塞涅围裙
　　是由羚
羊或瞪羚皮
制成的围在
腰间的围
裙。

标记
　　战士盾牌上的
白色标记反映了他
的地位；标记越
多，就越有声望。

阿玛舒巴饰物
　　由动物的鬃
毛或者羊毛制
成，系在胳膊
和小腿
上。

朝鲜龟船

16 世纪后期，日本企图占领朝鲜半岛并将之作为侵略中国的跳板，但他们遭到了朝鲜"龟船"舰队的激烈抵抗。龟船的主甲板有金属铁甲保护，船体伸出大铁钉，这虽然不能有效地抵抗敌人弓箭和大炮的攻击，但是可以阻止敌人登船。

早期的模型

朝鲜龟船很可能是在 200 年前就已经使用的船只上装一层"壳"，这种设计可在古老的插图中发现。

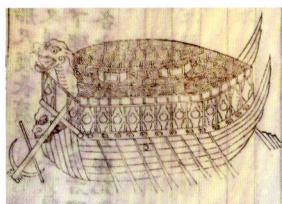

龙头装饰

装在船艏，内部可能装有一门大炮和喷火装置。

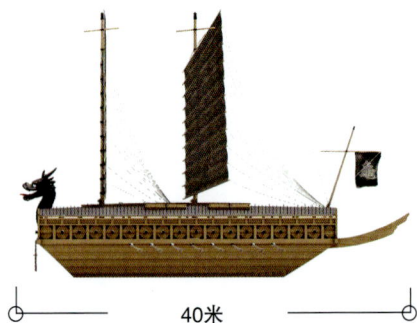

40米

长度可达 40 米（没有确切的证据）。

李舜臣

海军上将之子，率军保卫朝鲜，成功抵抗了强大的日本海军的入侵。他的果敢和计谋至今仍为人们所称颂。1598 年，他战死沙场。

锚

由木头制成，尺寸较大，这是该船的典型特征。

船帆

由布匹制成，有若干木杆加固，以增强抗风力。

甲壳

是龟船的典型特征，有人认为是木质，但更普遍的观点是它由铁钉打制。

桨

除了船帆，该船还有80名桨手划船。

压舱石

给船只额外增加重量，使船行驶更加平稳。

大炮

有不同类型，射程200~1200米。

普鲁士军队

18 世纪，普鲁士军队成为欧洲最令人羡慕的军队。在国王腓特烈二世统治时期，军队以铁的纪律和极高的效率著称，这是普鲁士通过武力称霸欧洲的基础。腓特烈大帝创建了高度专业化的军队，比同期其他国家的军队反应更加迅速，移动更加灵活，使他在与人数占优的敌军的对抗中获得胜利。

机动高效的军队

腓特烈二世重视军队的训练，努力打造一支真正专业化的军队。普鲁士发明了可移动的大炮，可以按照既定的战术迅速被安置到特定的位置。为保证在战斗中行动自如，军队配备了足够 9 天的食物和弹药。

腓特烈大帝
（ 1712—1786 ）

1740 年，加冕仅一年后，他就开始了第一次军事行动——入侵奥地利西里西亚省。他取得的最大胜利是席卷欧洲的七年战争时的洛伊滕会战。1757 年 12 月 5 日，他率领 3.6 万名士兵对抗 8 万奥地利军。1763 年战争结束后，普鲁士成为欧洲主要列强之一。

掷弹兵

在战场上戴着高帽，很容易同戴着小三角帽的步枪手区别开来。除了滑膛枪之外，掷弹兵携带一把弯刀和几个装着子弹和手榴弹的袋子。

军服和武器

　　普鲁士军队的形象无懈可击。军服的不同颜色表明不同的兵种和军阶。步兵军服为红色圆翻领的深蓝色长外套。

掷弹兵　　副官　　　军官

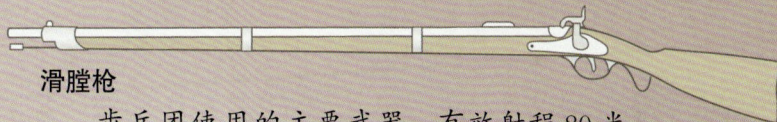

滑膛枪

　　步兵团使用的主要武器，有效射程80米。因为短兵相接需要上刺刀，掷弹兵使用的滑膛枪的枪管要比胸甲骑兵团使用的长一些。

奥斯曼军队

苏丹的卫队

从 15 世纪中期开始直到 17 世纪末，奥斯曼军队成为世界上最先进的武装力量之一。实施征兵制、封地奖赏和财产奖励政策促进了军事的发展。奥斯曼军队最终完全占领了埃及，又在 16 世纪时控制了地中海，还因边境冲突同奥地利与波斯萨法维王朝进行了多年战争。

奥斯曼土耳其人采用了和几百年前的游牧民族蒙古人类似的战术，他们又是最早使用火绳枪和滑膛枪的军队之一。奥斯曼军队配有陆军步兵军团和轻骑兵军团。除骑兵都是雇佣军之外，大部分军队都是由训练有素的奥斯曼禁卫军组成的精锐步兵，他们是苏丹的卫队，能够熟练使用大口径短枪和滑膛枪等火器，还能使用匕首和弯刀等利刃。禁卫军还包括耶利军和效忠苏丹并由苏丹直接指挥的重骑兵卡皮库鲁。耶利军在 17 世纪与城市政商界人士融为一体。

骑兵中的游骑兵是勇冠三军的轻骑兵，他们是参加战斗的先锋部队。此外，还有相当于欧洲中世纪骑士的西帕希精锐骑兵，他们因在军中服役而直接从苏丹那里获得封地和封地上的收益，并从自己封地的农民中挑选士兵参战。

奥斯曼帝国还拥有强大的海军，但海战并不是他们的传统。12 世纪时，他们已从敌人那里学到了海军建设的精髓。到了 13 世纪，他们控制了整个安纳托利亚的沿海地区，并准备攻占克里特岛。15 世纪，奥斯曼军队已经抵达巴尔干和意大利沿海。16 世纪，奥斯曼海军的战力达到巅峰，击败了罗马和西班牙舰队，并最终抵达伊比利亚半岛沿海地区和北非。1571 年，勒邦多海战的失利成为一个重要转折点。此后，奥斯曼帝国再也没能染指地中海地区。到了 17 世纪后期，这个昔日军事强国的衰败迹象已经十分明显了。1697 年，雄心勃勃的奥斯曼军队企图入侵奥地利，最终在森塔战役中大败而归。

奥斯曼禁卫军

1330 年，奥斯曼帝国苏丹穆拉德一世从奴隶和战犯中招募并创建了精锐步兵——禁卫军。这些苏丹的私人卫队成为奥斯曼帝国最早的常备军，在 16—17 世纪奥斯曼帝国鼎盛时期令敌闻风丧胆。

禁卫军的兴衰

奥斯曼帝国的军队在 14 世纪时只有 1 000 人左右。到了 18 世纪末，人数已经多达 10 万人。帝国中通过军功而平步青云的情况已经不复存在。1826 年，苏丹穆罕默德二世决定解散已经过时，但仍有一定政治影响力的禁卫军。禁卫军发动叛乱，被穆罕默德二世残酷镇压，处决了数千人。（右图）

军服

西方骑士制服上使用家族颜色和顶饰，但禁卫军的军服上只能使用苏丹的颜色，以示忠诚。

土耳其军刀

用于近身肉搏，他们也使用斧头，但禁卫军的标志是细身钩刀。

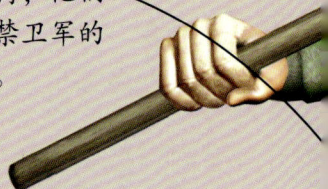

禁卫军的功绩

禁卫军参与了奥斯曼帝国的所有军事行动，并且在 1526 年的莫哈奇战役中一战成名，此外在占领君士坦丁堡（1453）和巴格达（1638）的战斗中也表现突出。

禁卫军在莫哈奇战役中与匈牙利人作战。

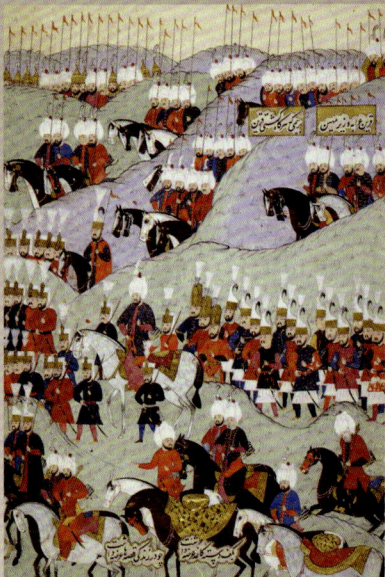

对手

在漫长的历史过程中，奥斯曼帝国面对着各种各样的敌人，其中包括拜占庭帝国、蒙古帝国、东征的十字军和波斯的萨法维王朝等。

飞翼铁骑

最初源自波兰，17 世纪成为最强大的骑兵之一。

马耳他骑士

9—17 世纪时抗击伊斯兰世界。

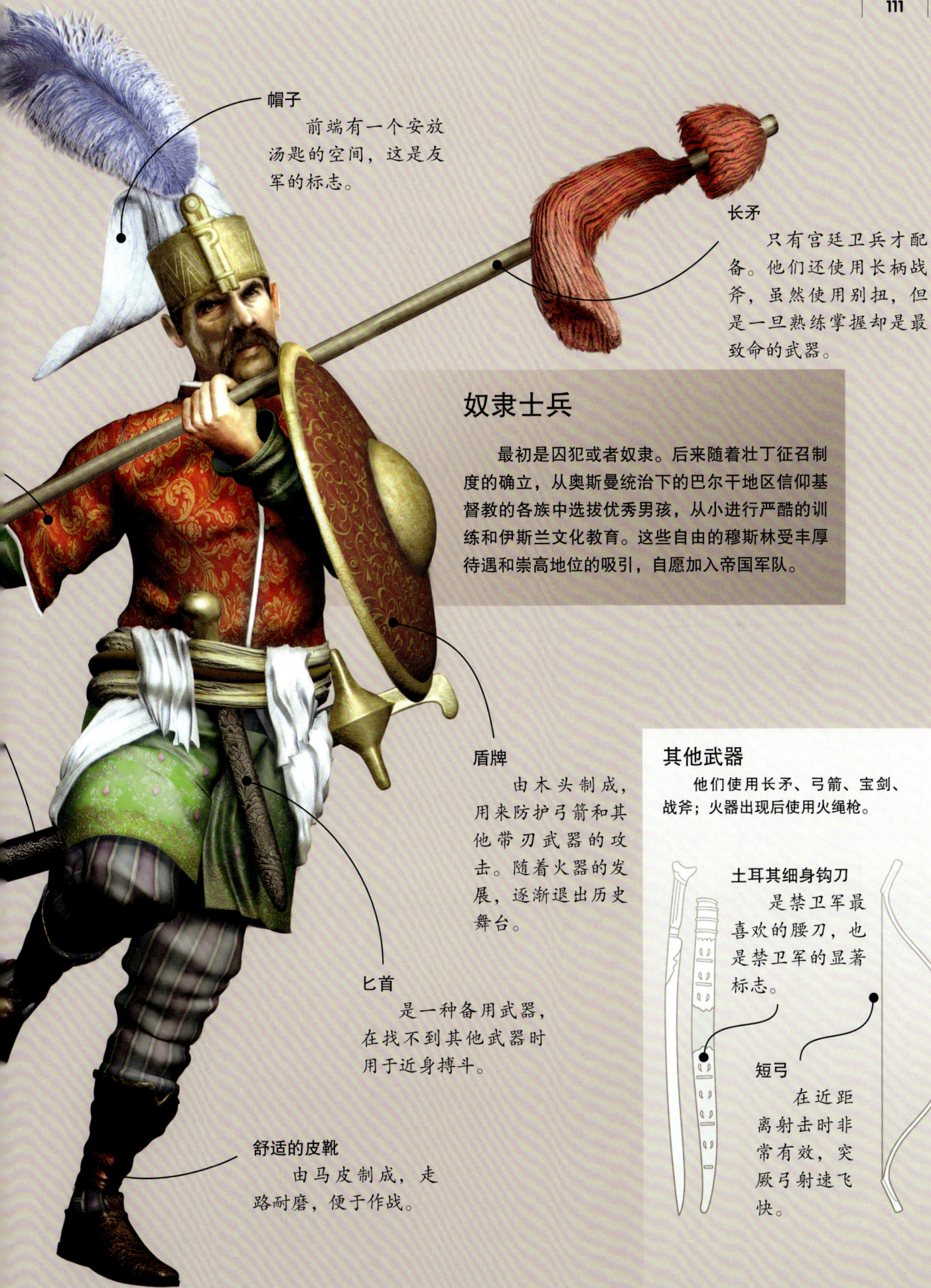

帽子

前端有一个安放汤匙的空间，这是友军的标志。

长矛

只有宫廷卫兵才配备。他们还使用长柄战斧，虽然使用别扭，但是一旦熟练掌握却是最致命的武器。

奴隶士兵

最初是囚犯或者奴隶。后来随着壮丁征召制度的确立，从奥斯曼统治下的巴尔干地区信仰基督教的各族中选拔优秀男孩，从小进行严酷的训练和伊斯兰文化教育。这些自由的穆斯林受丰厚待遇和崇高地位的吸引，自愿加入帝国军队。

盾牌

由木头制成，用来防护弓箭和其他带刃武器的攻击。随着火器的发展，逐渐退出历史舞台。

匕首

是一种备用武器，在找不到其他武器时用于近身搏斗。

舒适的皮靴

由马皮制成，走路耐磨，便于作战。

其他武器

他们使用长矛、弓箭、宝剑、战斧；火器出现后使用火绳枪。

土耳其细身钩刀

是禁卫军最喜欢的腰刀，也是禁卫军的显著标志。

短弓

在近距离射击时非常有效，突厥弓射速飞快。

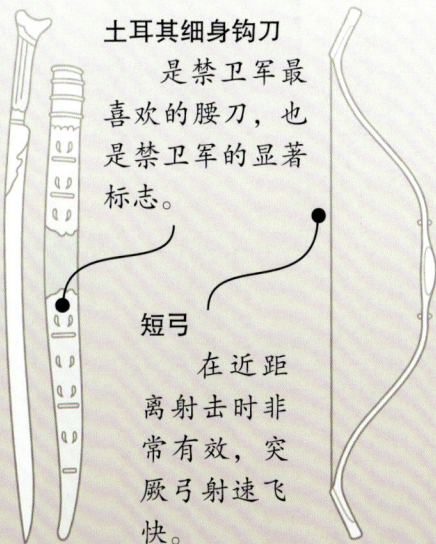

奥斯曼帝国骑兵

奥斯曼帝国强大的骑兵主要分成两大类：轻骑兵和重骑兵。前者由年轻的征召武士组成，最先投入战斗；后者都是地主，他们在军中服役，苏丹直接赏赐其土地作为回报。

重骑兵

重骑兵在穆罕默德二世（1451—1481）的敕令下组建，后来逐渐成为奥斯曼帝国六大骑兵师中实力最强、规模最大的一个。苏丹无论何时有要求，重骑兵都会出动一定数量的人员参战，具体数量取决于他们的军阶高低和封地大小。

全套铠甲

重骑兵穿戴十分灵活的全身铠甲，由一套锁子甲和一系列链条连接的金属甲片构成，可以有效保护身体。

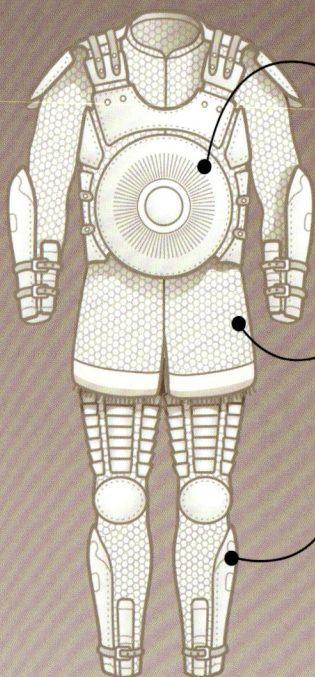

体甲
由金属片组成的保护前胸和双肩的胸甲和保护腹部的圆形甲片组成。

锁子甲
系在体前，后背有金属加固保护。

护腿
通过锁子甲和甲片完全保护了大腿、膝盖和腿的四周。

面具
即使战马也有适合其生理结构的金属面具保护。

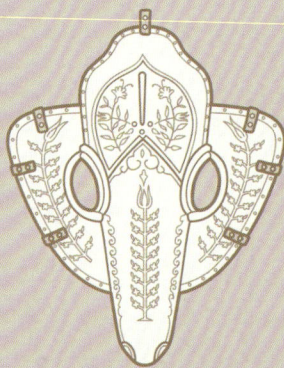

战马护甲
由铁环和皮带连接起来的金属片组成。

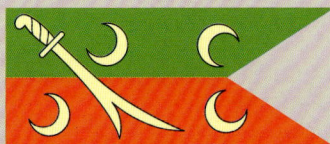

军旗
是精锐骑兵的标志。

土耳其军刀
　　长长的弯刃有利于劈砍敌人，便于一刀斩敌之首。

头盔
　　配备铰和护具，用来保护鼻子、颈部和面颊。

四镜甲
　　是锁子甲外面链接起来的金属甲片。

前臂甲
　　系在锁子甲上，是绑在前臂上的金属甲片。

匕首
　　刀刃弯曲，双面开刃，有时银鞘为纯手工打制。

其他武器
　　重骑兵选用的其他武器中还有不同形式的战斧和铁锤。

土耳其细弯刀
　　是一种典型土耳其风格的长剑。

提伯战斧
　　为传统战斧，外刃新月形。

衬裙
　　主要是短丝裙，系丝带。

锁子甲
　　用铆接和焊接的小铁环打造。

圆盾
　　盾牌是木质的，中央有金属圆片，上有装饰性丝绸。

马靴
　　十分沉重，由数排铁环连接的金属片制成。

座架和马镫
　　帮助骑兵骑在马上时支撑身体。

勒邦多海战

　　1570 年，奥斯曼军队进攻塞浦路斯岛，威尼斯人呼吁基督徒全力保护他们在地中海的财产。教皇庇护五世积极回应，鼓励威尼斯、西班牙、罗马教廷、马耳他和热那亚组成神圣同盟。联盟舰队在奥地利的胡安的统率下，于 1571 年 10 月 7 日在勒邦多海角与土耳其人开战，这是历史上单层甲板大帆船之间爆发的最大规模的海战。

三线作战

　　勒邦多海战主要有三个战场，但有时候一个战场的战舰也会支援另一个战场。

1 北部战场

　　土耳其人主动出击，想要包围海岸上的基督徒。基督徒右军冒险机动出击，包围了奥斯曼战舰，使它们在海岸附近搁浅，土耳其人伤亡惨重。

2 中部战场

　　双方旗舰互冲，数十艘战舰纠缠在一处，经过一个半小时的激战，奥斯曼帝国的中军战败，指挥官被杀。

3 南部战场

　　奥斯曼帝国的指挥官希望在基督徒的南翼和中央撕开一道口子，然后包围其中路。基督徒请来救兵，最后奥斯曼舰队在逃跑途中又遭受重创。

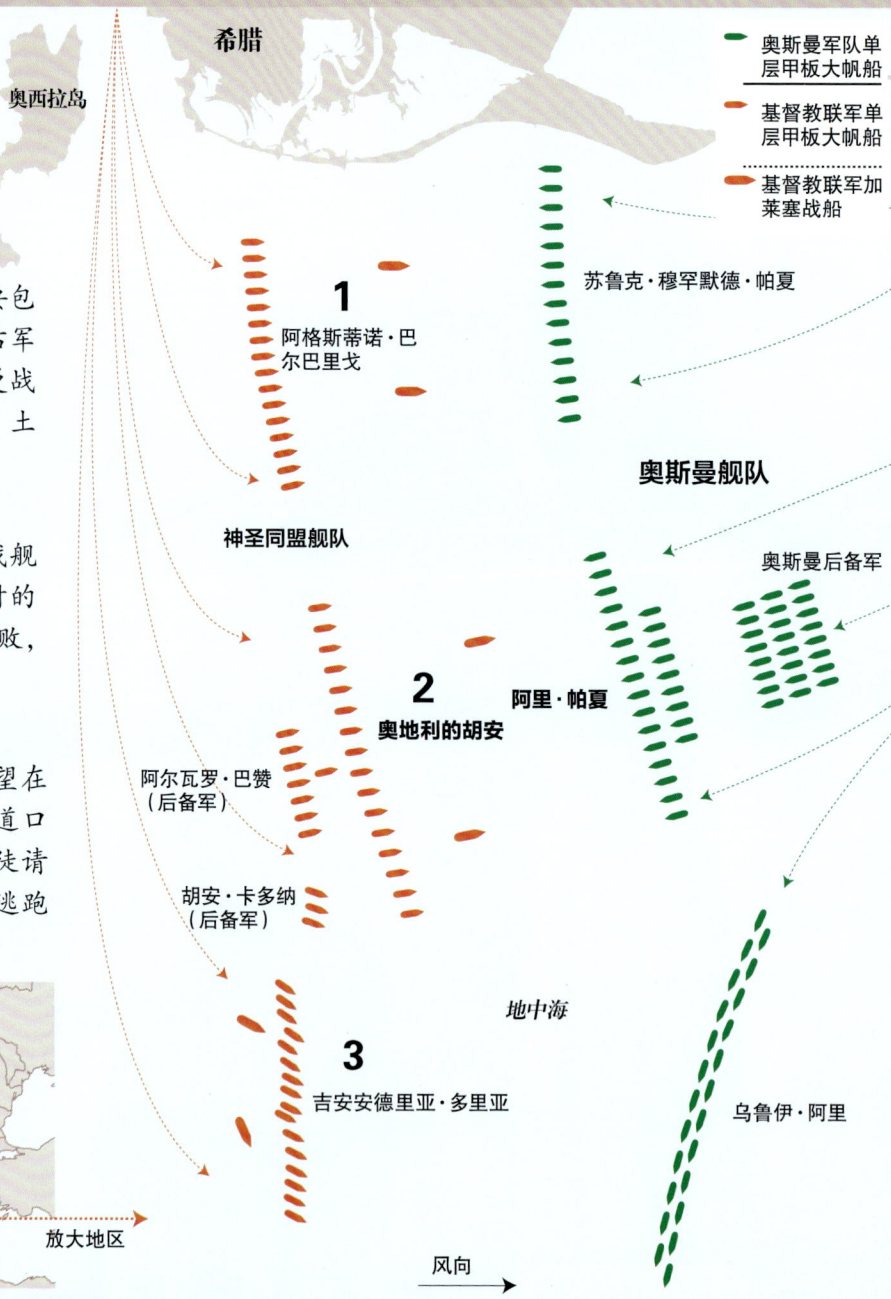

希腊

奥西拉岛

奥斯曼军队单层甲板大帆船

基督教联军单层甲板大帆船

基督教联军加莱塞战船

苏鲁克·穆罕默德·帕夏

1

阿格斯蒂诺·巴尔巴里戈

奥斯曼舰队

神圣同盟舰队

奥斯曼后备军

阿尔瓦罗·巴赞（后备军）

2

阿里·帕夏

奥地利的胡安

胡安·卡多纳（后备军）

地中海

3

吉安安德里亚·多里亚

乌鲁伊·阿里

地中海

放大地区

风向

米格尔·德·塞万提斯·萨维德拉

　　《堂吉诃德》的作者，24岁时参加了勒邦多海战，火绳枪的子弹使他的左手落下了终身残疾。这也就是他被称为"勒邦多归来的独臂人"的原因。

双方军力对比

神圣同盟

参战人员 ▶ 2万～2.8万人

船只 ▶ 200～229艘单层甲板大帆船和6艘三桅帆加莱塞战舰

奥斯曼帝国

参战人员 ▶ 1.6万～3万人

船只 ▶ 280艘单层甲板大帆船（一说200艘）

桨手

　　通常都是奴隶和囚犯，他们被锁链铐在船上，如果战斗获胜，作为奖赏他们就会被释放。

威尼斯三桅帆加莱塞战舰

　　比单层甲板大帆船（帆桨战船）体积大，配备的重武器被放在靠前的位置，以便给敌船造成重创。

海战

　　单层甲板的帆船开始使用大炮轰击敌船，然后发起进攻，登上敌船开展近身肉搏。

逆风行船

　　使桨手耗尽力气，船速下降，但短距离内的机动性却提高了。

顺风行船

　　使船速更快，但降低了战斗中的机动性。

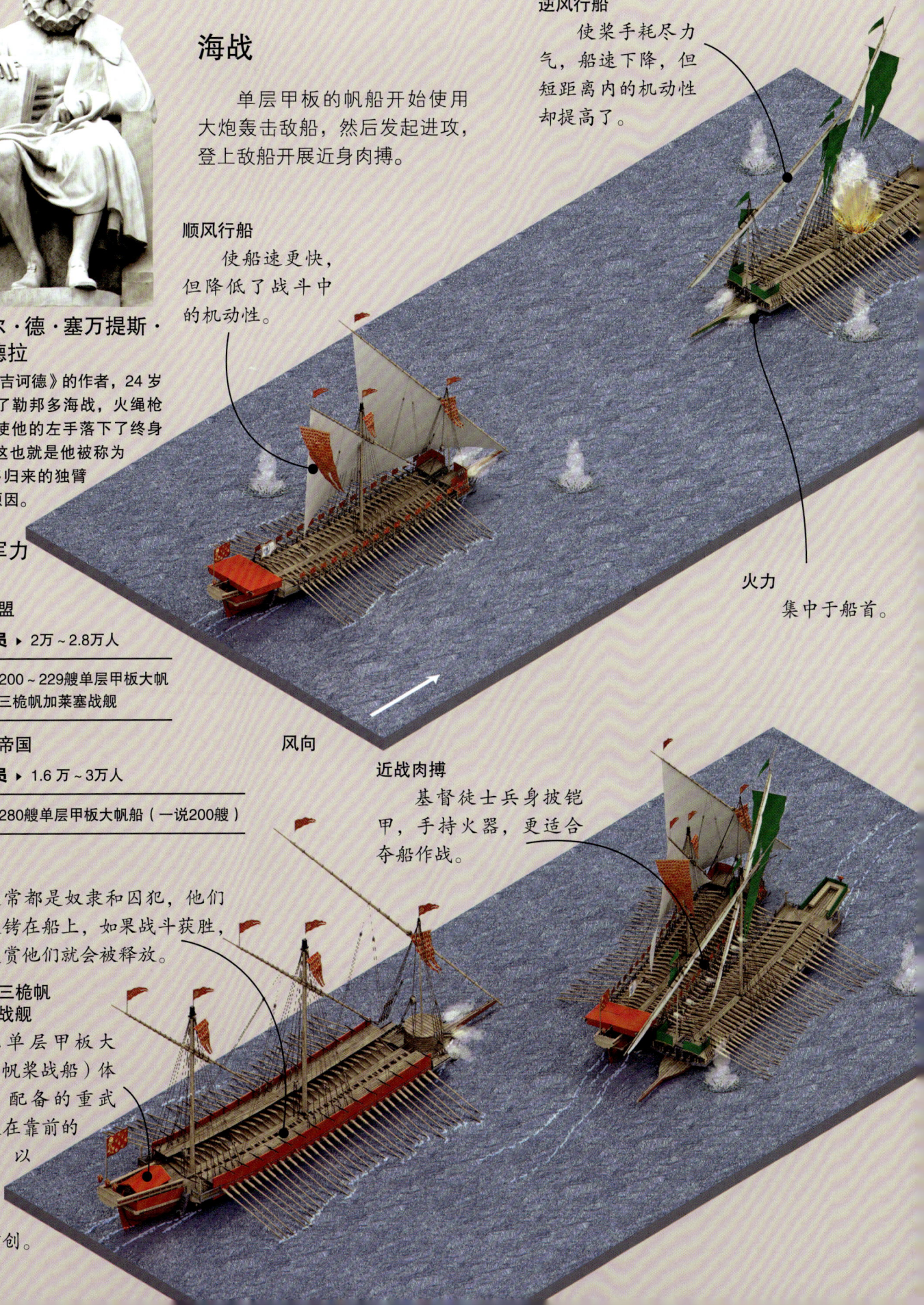

火力

　　集中于船首。

风向

近战肉搏

　　基督徒士兵身披铠甲，手持火器，更适合夺船作战。

"皇家"号单层甲板大帆船

在勒邦多海战中，奥地利的胡安指挥的旗舰"皇家"号是当时最大的单层甲板大帆船，1568 年在巴塞罗那建造。这是一艘惊人的杰作，红色和金色彩绘的船体上还装饰了一些著名的艺术品。在这次海战中，船上有 400 名水手和士兵，以及约 236 名桨手。

海上女王

在 16 世纪和 17 世纪，单层甲板大帆船称霸海上。这些精心设计的大船由木头建造，数十对船桨和大风鼓动的船帆共同驱动船只前进。

帆缆索

两根桅杆分别高 22 米和 15 米，大三角帆面积达 691 平方米，在风向和风力适宜的情况下，"皇家"号的速度会更快。

前桅帆桁端

主帆桁端

船的大小

60 米长，6.2 米宽。

船头武器

重炮通常安置在船头。

两门可以发射 3 千克炮弹的大炮。

两门可以发射 5 千克炮弹的大炮。

一门可以发射 20 ~ 30 千克炮弹的大炮

撞角

在吃水线以下，用于撞沉敌船。

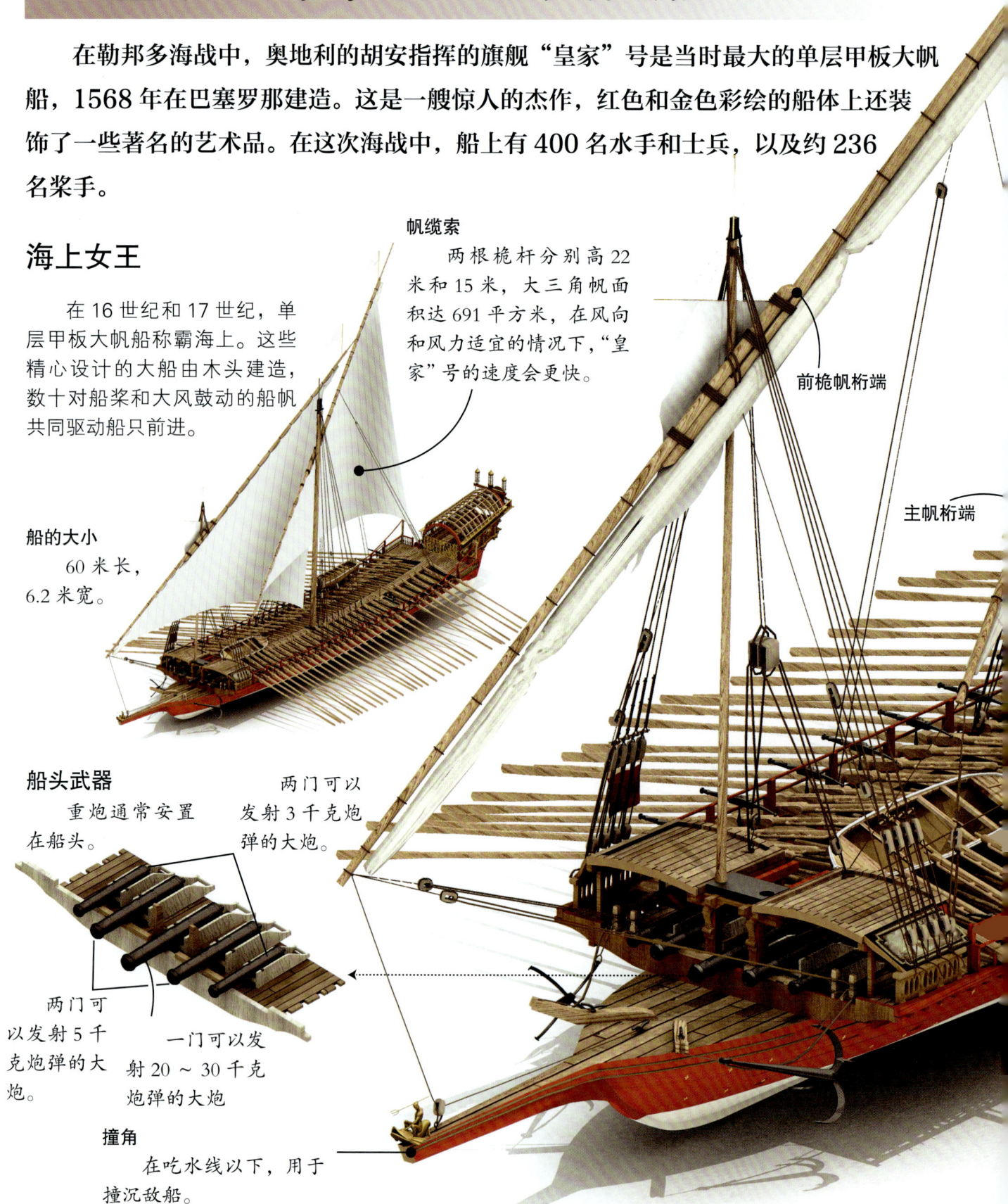

大众艺术

布满船体，很多版画和雕塑都是宗教主题、神话人物和场景，还有很多天主教教义的符号。

船灯

平底小划艇

有两艘，用于登陆。

轻型火炮

主要用来杀伤敌方人员，而不是摧毁敌方船只。

桨

有 59 支，236 人划桨。

奥地利的胡安

西班牙国王腓力二世的同父异母兄弟，他在政治上和军事上确保了 16 世纪西班牙和神圣罗马帝国的强盛地位。他逝于 1575 年，当时尚不足 40 岁。

船速

很快。顺风时，"皇家"号最大速度可达 11 节（只靠划桨速度可达 7 节）。

拿破仑军队

公民士兵

在拿破仑之前，还从来没有哪支军队由公民士兵组成；从来没有哪支军队能像1789年法国大革命时期那样：为了共同的利益响应革命号召，甘愿做出牺牲，建立平等的战友情谊，以及天才从军报国。这使得这位法国皇帝的军队在25年间席卷欧洲，开始了史无前例的大规模军事征服。

拿破仑的军队引入了一种全新的战争理念——击败敌军。比起掠夺土地，或者占领首都这种象征性的胜利，他们更倾向于将敌军全部消灭。法军的构成也得到了极大的优化，不再组建传统的步兵、骑兵和炮兵军团，而是分成若干拥有自主权的师，一个师包含所有军种。他们可以独自行动，在不同的前线同时开战。这些拥有自主权的作战单位可以灵活地转移到敌人的侧翼和后方，这才是军事战略真正转化为军事行动的最佳方式。

拿破仑军队还有其他一些显著特征，比如他们并不十分倚重后勤补给，而是在进军过程中争取自己的生存机会。掠夺和抢劫给他们提供了包括食物、武器和弹药在内的各种给养。这一做法为世人所不齿，并令法军成为恐怖的代名词。法军的战术十分灵活，是世界上最早将调查员、工程师和制图员列入军人行列的军队。这些人员的职责是勘察土地并制作地图，协助高级将领制定战略战术。他们还能发起所谓的"攻势拓展"，在主战役发起后继续向前勘察。

炮兵是法军另一支重要的军事力量。拿破仑的军队拥有强大的炮兵，炮兵的作用前所未有。在1809年的瓦格拉姆战役中，拿破仑大军排出了554门大炮，炮弹由民营承包商的大篷车运输。这使军队有更大的机动灵活性，移动速度之快令同时代的对手望尘莫及。法军1分钟可以行进120步，而他们的对手1分钟才行进70步。法军的主要兵种——轻步兵由步枪手、掷弹兵和徒步猎兵组成，骑兵包括佩枪的龙骑兵。

拿破仑的军队

　　1789年大革命以后，法国不得不进行一系列的防御战，以应对欧洲君主结成的反法同盟。随着拿破仑·波拿巴的崛起，法国开始反攻，并逐渐占领了欧洲大部分地区，在战场上保持了10年的优势。法国的成功与拿破仑的军事远见有很大关系，同时也与法国拥有69万令敌闻风丧胆的军人密不可分。

完美战术

　　拿破仑的战术基础是快速机动的部队和高强度的攻击。与当时其他国家的军队不同，拿破仑的军队由独立师组成，每个师都有炮兵、步兵和骑兵，有自由行动权并可以拆分成小股部队，指挥官可以依据自己的判断做出决策，因此部队拥有更大的机动灵活性。

帝国的建立

1789—1800 ▶ 占领埃及，巩固了对意大利的兼并。

1801—1806 ▶ 占领威尼斯和奥地利，攻占普鲁士和波兰，成立莱茵同盟。

1807—1810 ▶ 吞并西班牙和葡萄牙，帝国疆域达到最大。

革命军

　　随着革命的发展而出现，王室军队被公民士兵组成的军队所取代，1793年，民众征兵法公布以后，士兵开始从普通民众中征募。

步兵

　　1804年，法国步兵约有35万人，他们一次长途行军可长达数周，战斗中携带固定刺刀进攻，以便展开白刃战。

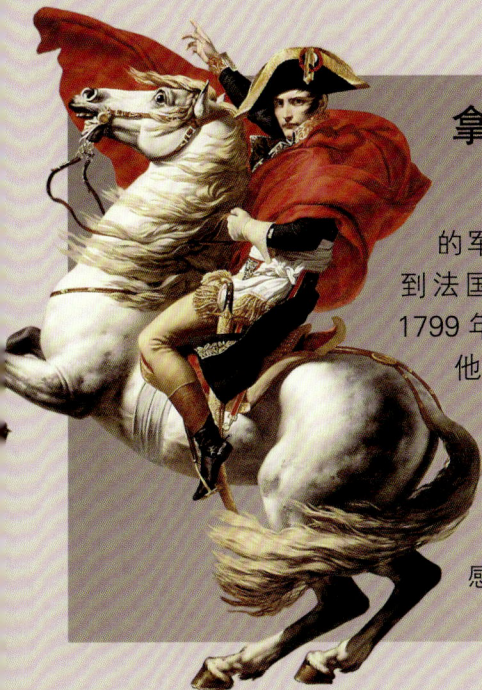

拿破仑的崛起

拿破仑在意大利和埃及的军事行动都获得了成功，回到法国后受到了英雄般的礼遇。1799 年，他控制的法国政府任命他为第一执政。1804 年，拿破仑加冕法兰西帝国皇帝，拥有了绝对权力。他按照自己的理念和个性改革法国军队，注重士兵的归属感和忠诚教育。

"寒冬"将军

拿破仑最大的军事战略失误是 1812 年入侵俄国。法国皇帝在波尔蒂诺取得了一场惨胜后进入莫斯科，结果发现俄国人已经将该城付之一炬。法军在隆冬时节的大撤退损失惨重：侵俄开始时，大军有 69 万人，最后只有 9.3 万人幸存。

敌军

在 1804 年拿破仑加冕法国皇帝后，英国、奥地利、俄国和瑞典组成第三次反法同盟。

炮兵

被拿破仑认为是军队的根本。他认为最好的配置是每 1 000 名士兵配备 5 门大炮，可惜他没有达到这一配置标准，不过他的炮兵素养却是欧洲顶级的。

拿破仑大军的士兵

1805 年，拿破仑授予准备入侵英国的军队以"大军"之名。尽管他的大军在整个欧洲规模最大，并拥有强大得令人不寒而栗的骑兵；尽管战争十分残酷，拿破仑大军总是能够表现出严格的纪律和强大的力量，士兵有高度的责任感、高涨的爱国热情和对荣誉的强烈渴望，但是远征英国未能成功。

步兵和骑兵

拿破仑骑兵军服华美，训练严格，由胸甲骑兵、马枪骑兵、骠骑兵、猎人骑兵、长矛骑兵和龙骑兵组成。他们冲击敌人防线和要害部位。步兵分成轻装步兵和正规步兵，能够在几周内奔袭数百千米。轻装近卫军总是冒着猛烈的炮火以密集的队形走在最前面，极力靠近敌人以寻求近身肉搏。

正规步兵
法国步兵的主体，使用滑膛枪和刺刀，有时也用刀剑。

近卫军
发起小规模战斗以突破敌人防线。

骠骑兵
轻装骑兵，专门用于侦察和追击。

马穆鲁克骑兵
是拿破仑骑兵中的小股精锐骑兵，主要由埃及人组成。

多国部队

拿破仑大军主要由法国士兵组成，同时也有盟国和属国士兵。在队伍中有 150 万高卢人，还有超过 70 万人来自波兰、意大利、萨克森、巴伐利亚和埃及等其他国家。

头盔
有马尾毛和羽毛装饰，用于受阅。

皇家卫队
由拿破仑最有经验的士兵组成，是法军的精锐，包括步兵、炮兵和骑兵。主要分成两部分：作战经验丰富的老年卫队和中、青年卫队。

高顶头盔
由熊皮制成。

胸甲骑兵
拿破仑的重装骑兵，在他率领 15 个军团复辟后就不再使用。他们被用来突破英军的"方阵"。

火力
9 型 1.75 厘米口径的滑膛枪。

铠甲
用来在近身格斗和远距离枪击时保护身体。

全副武装
武器包括一把直剑、两把手枪还有一支短小的卡宾枪。

高腰马靴
适合骑马，但是步下作战会感觉不适。

高筒皮靴
有利于保护腿部，背包中还有一双备用。

奥斯特里茨战役

1805 年 12 月 2 日，奥斯特里茨战役爆发。法国正面迎击俄国沙皇亚历山大一世和奥匈帝国皇帝弗朗西斯一世率领的俄奥联军。这次战役完美地展现了法国皇帝高超的战争指挥艺术。这次胜利宣告了第三次反法同盟的失败。

战争准备

拿破仑占领维也纳以后，继续追击俄军。随着冬天的临近和同盟国援军的即将到达，拿破仑想要速战速决。在奥斯特里茨（今捷克共和国境内）附近，他设计诱使敌人发动仓促进攻，敌人的一举一动完全在他的掌握之中。

普拉岑高地

这座小山是一个可以掌控整个战场的战略要地。拿破仑放任联军占领这座高地，让他们误以为自己处于优势地位。当联军发动进攻时，法军一举攻下了普拉岑高地。

双方军力对比

法军

人数	▶	7.3 万人
大炮	▶	130 门
伤亡	▶	8 000 人

联军

人数	▶	8.5 万人
奥地利人	▶	1.5 万人
俄国人	▶	7 万人
大炮	▶	278 门
伤亡	▶	1.6 万人

战争结果

奥地利战败后同意签订和平条约，割让奥地利占领的意大利，这为拿破仑进攻德国南部铺平了道路。后来成立的莱茵同盟成为普鲁士和法国之间的缓冲区。

三皇战役

奥斯特里茨战役又被称为"三皇战役"，因为法国、奥匈帝国和俄国三国皇帝都参加了战役，他们是当时欧洲最有权势的人。

拿破仑

1804 年加冕法兰西帝国皇帝。

弗朗西斯一世
（1768—1835）
奥地利和神圣罗马帝国皇帝。

亚历山大一世
（1777—1825）
俄国沙皇。

战术

拿破仑利用笼罩在战场上的浓雾隐藏了大部分军队，只留下老弱病残的右翼暴露在敌人的视野之中。联军认为胜券在握，便发动了进攻，致使自己中军力量薄弱，被分割后没能击退法军的进攻。

2 法军胜利

拿破仑占领普拉岑高地，将敌军一分为二，法军打退敌军右翼后又将敌军左翼消灭。

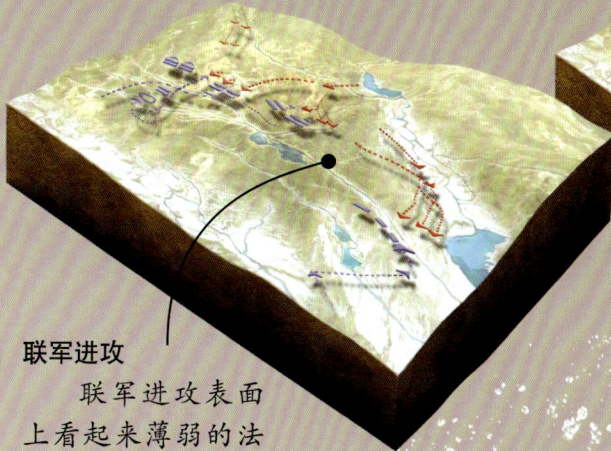

联军

法军

1 联军进攻

联军进攻表面上看起来薄弱的法军右翼，但发现法军有援军后，普拉岑高地的中军派部队增援。普拉岑高地军力薄弱，成为法军的攻击目标。

冰湖伤亡

面对法军的四面进攻，左翼的俄军穿越冰冻的扎钱湖逃跑。法军炮击冰冻的湖面，大量俄军士兵落水。

滑铁卢战役

1815 年 6 月 18 日是欧洲历史上一个重要的日子。英国、荷兰和普鲁士组成的联军在比利时滑铁卢击败了拿破仑的军队，这次战役造成了双方数千人伤亡，最后拿破仑投降。拿破仑被流放到遥远的圣赫勒拿岛，并于 6 年后死于该岛。拿破仑时代终结。

最后的大决战

联军驻扎在一处高地，可以监视法军的一举一动，而法军却一无所知。前线的乌古蒙农场、圣海牙农场和帕佩洛特农场都修筑堡垒设防。

双方军力对比

法国
人数 ▶ 72 500人

大炮 ▶ 246门

盟军
人数 ▶ 12万人

大炮 ▶ 290门

	反法联军	法军
骑兵		
步兵		

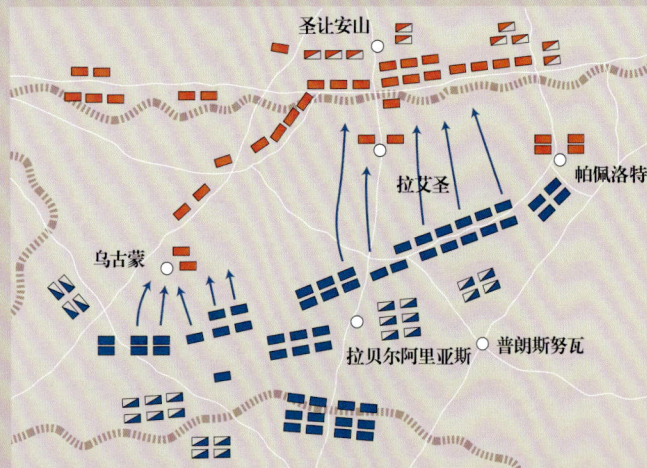

英格兰

滑铁卢

法国

大西洋

放大地图

拿破仑归来

1814 年，拿破仑被流放到厄尔巴岛。一年后他逃离该岛，并于 3 月 20 日兵不血刃地率军进入巴黎。反对拿破仑的力量组建第七次反法同盟。

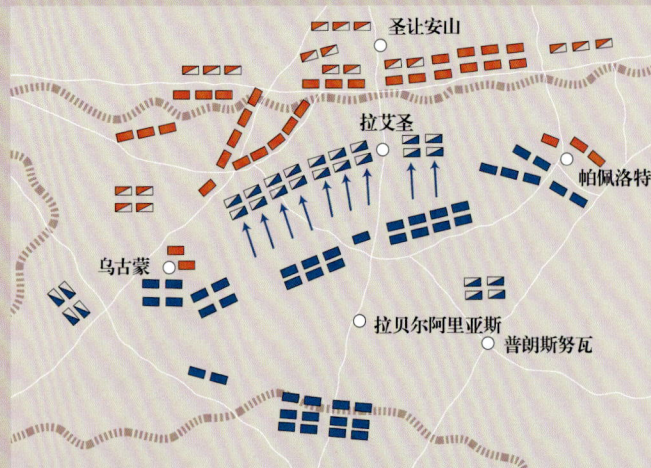

1 目标：农场

战斗开始时，法军攻击乌古蒙农场，这次牵制性的进攻是为了对联军的中军发起全面进攻，但是英军并没有上当。争夺乌古蒙农场和圣海牙农场给法军带来了大量的伤亡。

2 骑兵攻击

联军重新布置阵形。法军误以为联军要撤退，继续以骑兵发起冲击，被列成方阵的联军击退，并给法军造成了极大的伤亡。

坚不可摧的方阵

骑兵可以攻破步兵防线。为了防止法国骑兵进攻，英国骑兵组成了中空的方阵。在滑铁卢战役中，这套战术有效地击退了法国皇家骑兵的凌厉攻势。

前排
士兵手持配备刺刀的来复枪或蹲或跪，互相紧紧依靠抵在最前排。

燧发枪手
位于前排刺刀枪手的后面，他们射击敌方骑兵。

泥泞的地面
前一晚的大雨令地面十分泥泞，行走不便，延缓了法军的进攻。

斜坡
盟军在突起的高地上，法军看不到他们的阵形。

法国的胸甲骑兵
配备了长剑和手枪，身穿金属护甲。他们的12次冲锋都没能突破联军的方阵防线。

阿瑟·韦尔斯利
威灵顿公爵
无可争议的英国英雄，他是拿破仑永远的噩梦，他将法军从西班牙赶跑，又在滑铁卢将拿破仑击败。

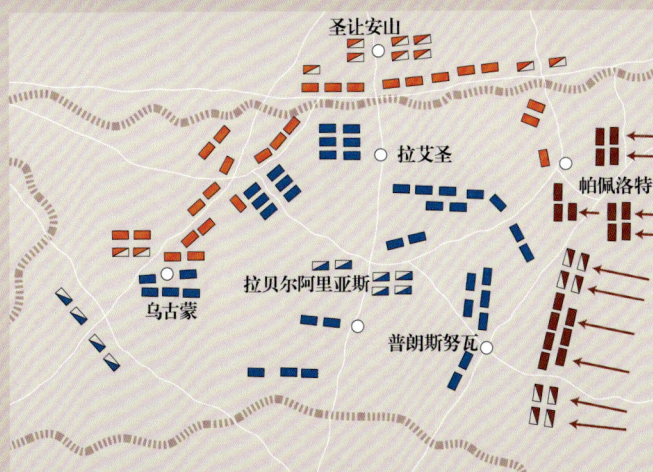

圣让安山

拉艾圣

帕佩洛特

乌古蒙

拉贝尔阿里亚斯

普朗斯努瓦

3 最后的战斗
拿破仑命令军队进攻联军的中军，但是英军排山倒海般的滑膛枪射击令法军手足无措。后来普鲁士军队赶到，并在右翼发起进攻。法军军心大乱，傍晚时分开始败退逃窜。

英国军队

海军强国和军事霸主

17 世纪，英格兰、苏格兰、威尔士和爱尔兰在英国内战（1642—1651）期间都极其缺乏训练有素的士兵。这时的英国也没有常备军，1661 年成立的骑兵直到 1821 年才正式成为英国皇家卫队的一部分。但到了 18 世纪早期，情况则彻底改变。英国步兵和投弹手都配备了弯刀、刺刀和来复枪，军官也开始配发武器，骑兵也都配备了短管来复枪和手枪。

18 世纪，英国成功的秘密是掌控了大海，控制了海上贸易路线，因此，经济有强大的活力。英格兰总能成功筹集到发动战争的资金（英格兰银行已于 1694 年成立）。英国在欧洲维持规模较小的军队，利用其攫取的财富在欧洲大陆建立商业联盟，凭借海军优势控制欧洲的水路，最终赢得多场争夺海外殖民地和拓展海上贸易的战争。1689—1697 年，英国海军军费高达 1 900 万英镑，这在当时是天文数字。英国继西班牙、荷兰和法国之后成为当时世界上最强大的殖民国家。18 世纪末，英国海军在欧洲独占鳌头，拥有一大批优秀的船长和船员，发展了全新的战术。殖民地霸权使英国海军得以维系数百年，英军的军事实力（特别是海军力量）主要得益于其政治影响和商业财富，还有红衣战士的英勇作战，红色军装可以轻易地与敌人区分开，还可以掩盖伤口的血迹。

在 17 世纪，为了开展商业贸易，英国成立了东印度公司。在获得了英国的许可后，公司可以自行招募士兵并组建军队，英国在印度招募本土士兵，并像欧洲人一样为其配备武器和进行军事训练。这支军队在对抗印度本土和欧洲大陆的敌人时都发挥了巨大的作用。英国军队由步兵和轻骑兵组成，他们在世界各地作战，其中著名的战争有印度的卡纳提克战争和北美的英法战争。英军 6~8 名士兵列成一排，几排士兵同时向敌人开枪。他们时刻准备与敌人面对面直接开战，且白刃战的作战效率也同样很高。

北美冲突

英国在北美最早的定居点可以追溯到 1607 年，第一批殖民者在那里建立了防守严密的村庄，以防印第安人的袭击。在整个 18 世纪，随着新大陆殖民地的发展，英国既要同土著民族开战，又要同法国进行争夺北美殖民地的战争。

沃斯滕霍姆要塞

弗吉尼亚的沃斯滕霍姆是英国最早的殖民点，跟大多数小镇一样，那里有一个小堡垒，居民可以在遭到攻击时躲进去。例如，沃斯滕霍姆要塞在 1622 年就受到了波瓦坦人的攻击，1 000 名居民中有 400 人惨遭杀害。

炮台

尽管房屋有木栅栏保护，但是堡垒在面对敌人进攻时，大炮才是其最安全的庇护。

瞭望塔

位于堡垒的东南角，火枪手可以通过堡垒四周的平台通道进入。

住宅

一家人住在堡垒中。像城镇中其他所有男子一样，家里的每个男子都有全套的铠甲和刀剑。

法印战争

在 18 世纪时，英法两国为争夺北美殖民地发生了对抗。此时，欧洲大陆正在进行"七年战争"，两国之间的对抗直接导致了英法两国在北美大陆上爆发了法印战争（1754—1763），法国和几个印第安部落结成联盟。最终，英国获得了战争的胜利，法国则失去了所有北美大陆的殖民地。

牛棚

沃斯滕霍姆的牛群每晚都被赶到牛棚中过夜，如果村庄遭到攻击，牛棚就搬到堡垒里面。

庞蒂亚克起义

英国人在加拿大战胜法国以后，1763年大湖区爆发了印第安人驱逐殖民者的起义。在渥太华部落首领庞蒂亚克的带领下，印第安人进攻多处英国堡垒和定居点。起义虽然被镇压，但是印第安人迫使英国政府放弃了对印第安人的某些限制政策。

围攻底特律要塞

印第安人占领了8处英国的堡垒要塞，并切断了补给线，但是匹兹堡和底特律要塞一直在顽强抵抗。

英国"红衣"士兵

英帝国成为世界强国近 300 年之久，军队功不可没。无论身处什么样的地形和天气，无论面对什么样的敌人，英军始终履行他们的职责，他们身穿的红色军服外套成了英帝国的象征。讽刺的是，身穿红色军服的英国的忠诚守卫者主要来自低贱的下层民众。

团队精神

英国士兵薪俸很少，住狭窄的营房，缺乏基本的生活用品，身处森严的等级制度的最底层，经受严厉的惩罚和严格的约束。但强烈的团队精神使他们与战友和来自相似社会背景的中级军官始终保持团结一致。除了系统的训练和丰富的作战经验之外，全面现代化的作战装备和世界第一舰队的加持，使英军成为令敌闻风丧胆的军队。

苏格兰人和爱尔兰人

在英国军队中，苏格兰人和爱尔兰人十分引人注意。在美国独立战争中，英军中 60% 的士兵是英格兰人，24% 是苏格兰人，16% 是爱尔兰人。尽管这些人敌视英国王权，但是作为英国的士兵，他们作战还是十分勇敢的。

法国胸甲骑兵在滑铁卢战役中被苏格兰高地人和苏格兰骑兵团击败。

英军的组织

正规步兵有 104 个团，在拿破仑战争中是英军主力，其中第三十三团的组织如下：

第三十三团的纹章：最初的纹章（左侧）；现在的纹章（右侧）

团指挥官 ▶ 将军

营指挥官 ▶ 上校

每团的营数 ▶ 2 个

每营人员总数 ▶ 1 000 人

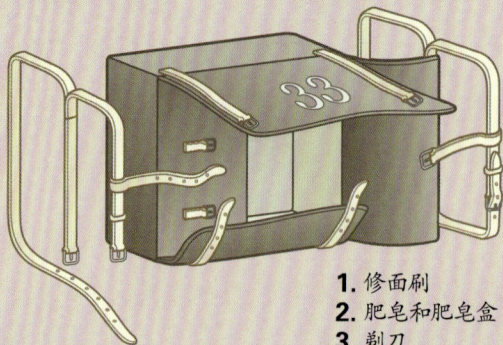

背包

每个士兵携带的背包中包括所有的装备，这样他就能始终保持自己和军服整洁有序。

1. 修面刷
2. 肥皂和肥皂盒
3. 剃刀
4. 望远镜
5. 餐具
6. 笔记本
7. 鞋刷
8. 钓具
9. 引火盒
10. 水壶

10

头盔罩

可防水，用来保护头盔，作战时和在野外一直使用。

铺盖

除了防雨，还可用于御寒。

其他样式的头盔

18 世纪后半叶的头盔

19 世纪前期和后半叶的头盔

头盔

比利时式或威灵顿式头盔。

肩章

上有一个白色羊毛球装饰。

上装

由羊毛制成，红色是国家的象征。

3

4

5

7

8

6

9

布朗贝滑膛枪

是 1740—1830 年间英军的主流武器。

徽章

由金属片制成，显示所在团。

刺刀鞘

由皮革制成，染成黑色。

护腿

由羊毛制成，用来保护士兵的军鞋，这种军鞋又被叫作"劳动靴"。

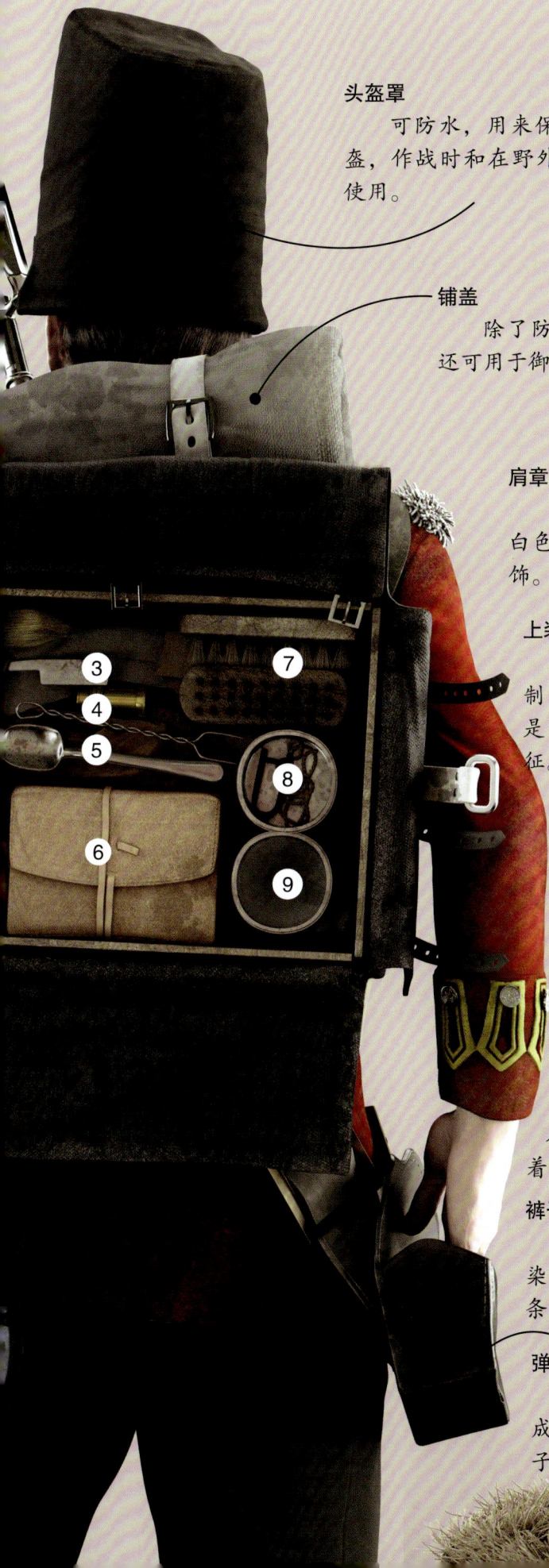

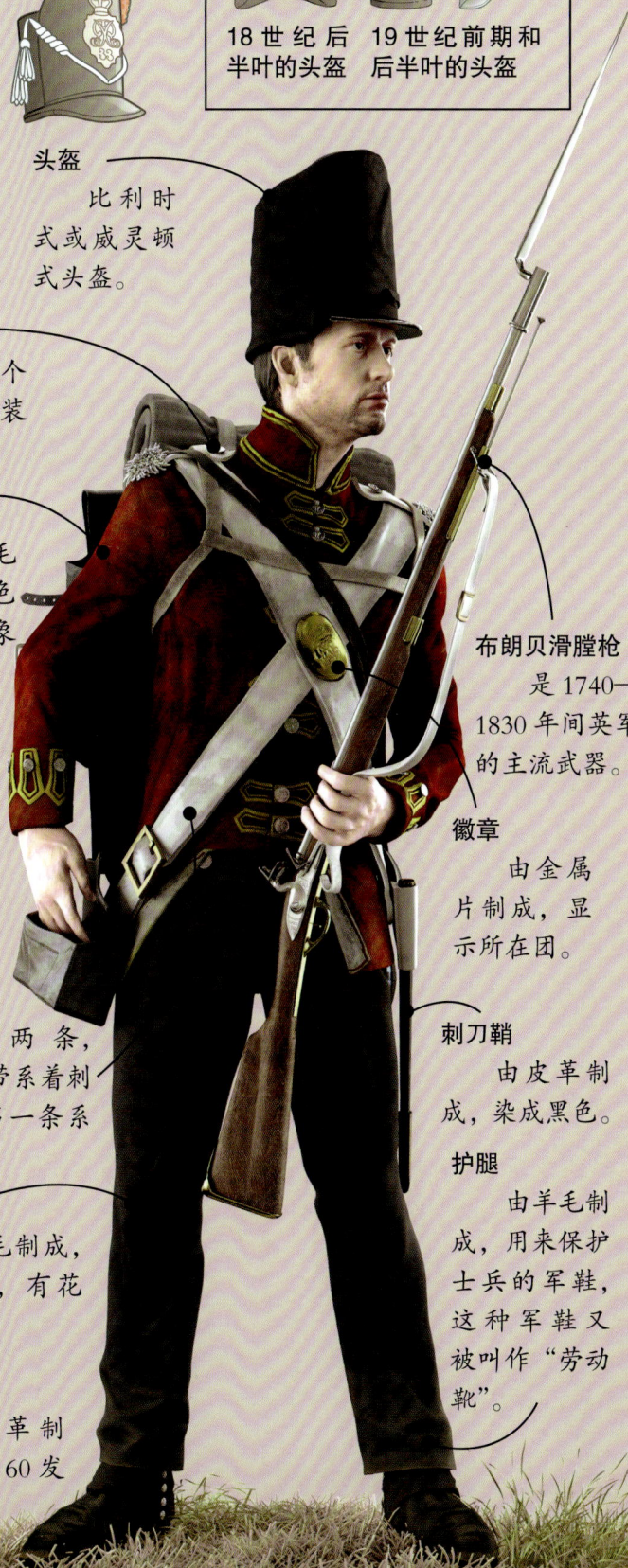

皮带

有两条，一条皮带系着刺刀鞘，另一条系着弹夹盒。

裤子

由羊毛制成，染成灰色，有花条纹。

弹夹盒

由皮革制成，内装 60 发子弹。

特拉法尔加海战

1805 年，整个欧洲都陷入拿破仑战争的旋涡。10 月 21 日，英国海军舰队由上将霍拉肖·纳尔逊指挥，在西班牙西南的特拉法尔加角摧毁了维纶纽夫率领的法国和西班牙联合舰队。这次胜利不仅巩固了英国海军在整个 19 世纪的霸权地位，还彻底打消了拿破仑入侵英国本土的计划。

纳尔逊的战略

法国和西班牙联合舰队在驶往地中海途中被英国海军上将纳尔逊攻击。纳尔逊的战略是出动两个纵队进攻，将敌军阵形一分为二，迫使他们近身肉搏。虽然纳尔逊将军在战斗中牺牲，但是英军摧毁了西法联合舰队的一半战力，赢得了决定性胜利。

"胜利"号

"胜利"号是海军上将纳尔逊的旗舰，1765 年建造。这艘 69 米长的战舰上有三个舰岛，共搭载 821 名船员，载重 3 225 吨。

（风帆）战列舰

17—19 世纪的海军作战时采用直线列队攻击，这些大型船舰因此得名。最大胆的作战方式就是向敌舰的吃水线开火。在舰只撤退的过程中，保护己方舰尾吃水线免遭敌方同样的攻击。

如何攻击敌舰吃水线

距目标 1 200 米时，大炮瞄准敌舰的主桅杆。

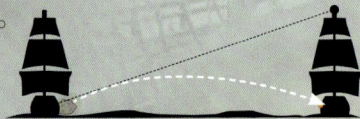

距目标 800 米时，大炮瞄准主桅平台。

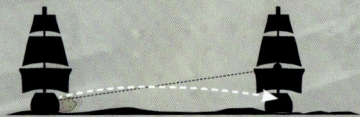

距目标 275~360 米时，大炮直接瞄准吃水线。

火炮

直线战舰有 100~120 门火炮。"胜利"号有 106 门，其中包括舰炮和大口径短炮（轮载滑膛炮）。

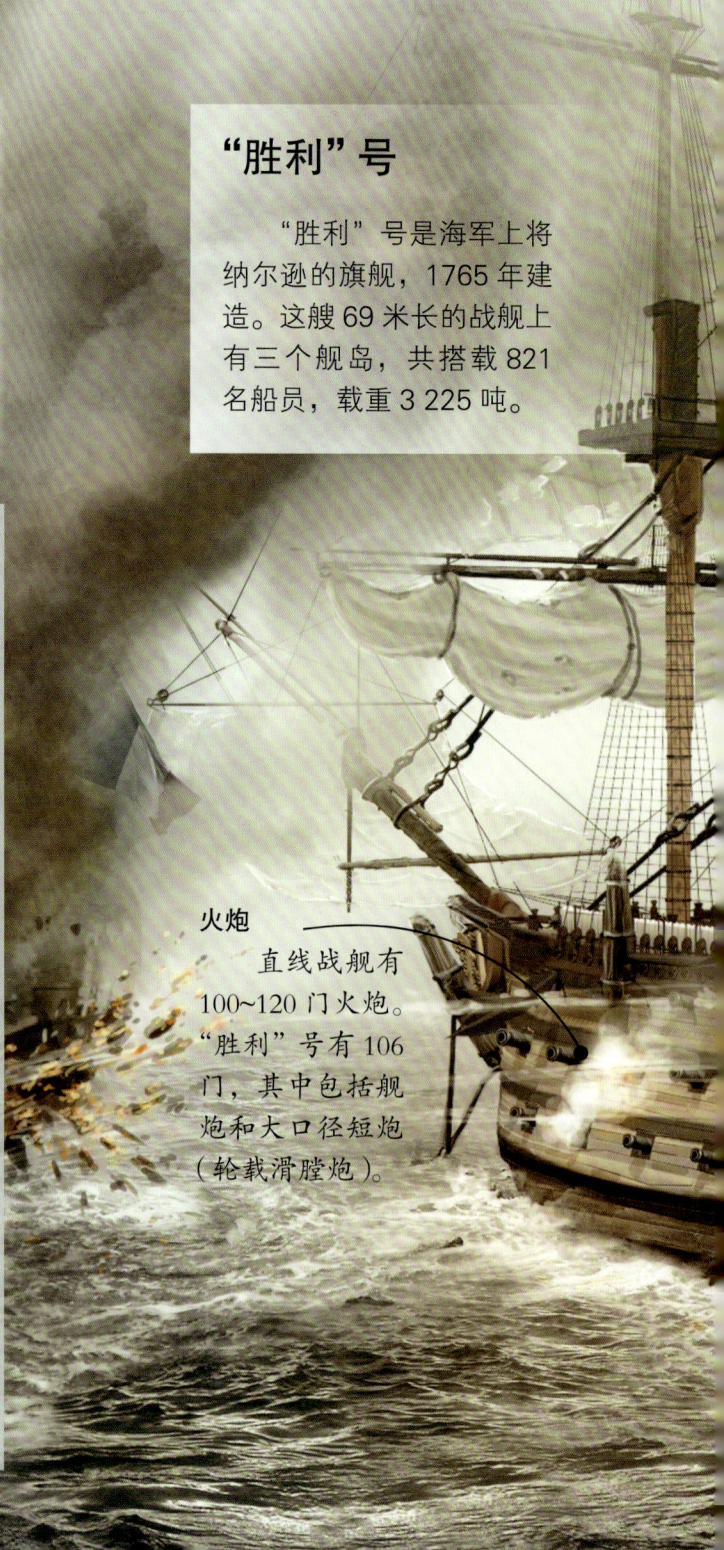

双方军力对比

英国舰队 ▶ 27艘

西法联合舰队 ▶ 西班牙18艘，法国15艘。

三根桅杆
加上横杆以及船首斜桁的总重量达88吨，桅杆由较轻的松木和冷杉木制成。

扣件
作用是确保稳固，桅杆周围由铁圈包围，固定船帆的横杆上还建有平台。

大炮
战列舰甲板上有3组大炮从侧舷开炮，但西班牙的"圣特立尼达"号却有4组大炮。

船体
因为木质船体腐烂，"胜利"号栖身干船坞13年，这是英国军舰在海上巡航经常出现的问题。

第四部分 / **20 世纪**

导言

战乱不止的世界

纵观 20 世纪欧洲军队的发展史和战争史可见，发生在 19 世纪末的 3 次战争基本上改变了欧洲列强之间的关系。这 3 次战争分别是 1864 年的普丹战争、1866 年的普奥战争和 1870—1871 年的普法战争。普鲁士（德国）在 3 次战争中都取得了胜利，进而一跃成为欧洲强国。那时，欧洲的政客和将军都坚信战争可以速战速决，毕竟没有哪个国家能够承受陷入战争泥潭带来的政治困境和经济压力。1871—1914 年，欧洲列强之间史无前例地出现了一段和平时期，它们的主要精力都集中在势力范围的扩张上，主要是对非洲、亚洲、太平洋和美洲武器落后的土著居民的战争。欧洲列强使用的先进武器有栓动枪、榴弹炮和机关枪。无烟火药、杀伤力巨大的硝酸炸药和无后坐力的炮架也都得到了应用。先进武器的使用和飞速发展的工业革命使得英国、法国、奥地利、德国和俄国的军力在殖民政策的扶持下变得更加强大。这些国家积累的巨大财力足以支撑其参与 20 世纪的两次世界大战。

在亚洲，1894—1895 年中日甲午战争后，日本占领了朝鲜、中国东北和中国台湾。后来，日本又在日俄战争中击败了俄国。1904 年，日本发射鱼雷进攻驻旅顺港的俄太平洋舰队海军中队。1905 年，俄国被迫放弃了在朝鲜和中国东北的利益，转而关注巴尔干半岛局势。早在 1903 年，一群狂热的民族主义军官已经掌控了塞尔维亚政权。

一场轰轰烈烈的军备竞赛在欧洲上演。德国组建了强大的舰队，英国也启用了配装大炮的新型战舰，并于 1904 年和 1907 年分别与法国和俄国结成同盟。然而，仅仅一年后，俄国与奥地利就缔结条约，以牺牲波斯尼亚－黑塞哥维纳的权益换取俄舰队进入博斯普鲁斯海峡。1911 年，意大利进攻利比亚，与此同时，塞尔维亚、保加利亚、希腊和黑山开始对衰落的奥斯曼帝国发起进攻。随着捷克、波兰和斯洛伐克宣布自治和 1912 年法国将其地中海舰队部署到北海，德国也大幅度增加了国防开支，征募 89 万人参军入伍，宣称准备迎接一场"防御性战争"。

第一次世界大战的导火索是斐迪南大公遇刺事件。1914 年 6 月 28 日，这位奥匈帝国皇储在出访刚被兼并的波斯尼亚时，被一名塞尔维亚民族主义分子杀害。一个月后，奥匈帝国对塞尔维亚宣战，并轰炸贝尔格莱德。8月1日，德国开始实施"施利芬计划"，以纪念该计划的创始人阿尔弗莱德·施利芬（1833—1913），此人1891年时任德国军事统帅。这项计划包括两条进攻路线：西线穿过比利时进攻法国，迅速占领巴黎；东线进攻俄国并且抽调西线兵力增援东线进攻。8月3日，德国对法宣战，最高指挥部调遣150万大军兵分7路进攻法国。比利时放弃中立，与英国同时对德宣战。11月，一条800千米长的战线从瑞士一直延伸到英吉利海峡，这条战线在后面3年战争中几乎没有变化。最开始的闪电战最终演变成了一场旷日持久的消耗战，一共有7000万人被动员参与到这场战争中。

技术上的革新改变了战争的形式。虽然出现了无线电通信和导航设备，也建造了大量的坦克、潜艇和大型战舰，但是军官的战术素养和作战理念仍停留在19世纪。1916年发生的两大战役完全改变了这一切：在号称"绞肉机"的凡尔登战役中，有40多万人死亡，约80万人受伤；在索姆河战役中，英军向德军阵地发射了150万发炮弹，却没有取得重大战果。1917年德军改变战略，引入了现代化的作战模式：在前线部署了一排稀疏的机关枪吸引敌人火力，却将主力部队调往战线的中央，使步兵主力置于敌军炮火的射程之外；他们还将战场上的决策权交给直接领兵的中、下级军官。

同年2月，俄国爆发革命，德军同意弗拉基米尔·列宁（1870—1924）从瑞士搭乘闷罐列车返回俄国。1918年，苏俄和同盟国签署和约，苏俄退出战争。

5月，德军动员了100万军人对法国发起"迈克尔行动"，前锋距巴黎只有65千米。然而，美国的参战阻止了德军的攻势。德军在战场上自毁长城，几乎所有的指战员都在战斗中损失殆尽。9月，英军的坦克接近亚眠，美国空军进攻圣米耶勒，强力突破了德军前线。同时，国内的饥荒和罢工动摇了德国统治的基础。10月，保加利亚和土耳其宣布停战；11月，奥地利也签署了停战协议。德皇威廉二世（1859—1941）战败退位。11月9日，德国改制共和，11日签署条约，结束了战争状态。第一次世界大战造成的死亡人数超过1000万人。塞尔维亚失去人口的40%，土耳其失去人口的30%，罗马尼亚和保加利亚失去人口的25%。900多万名20—30岁的现役士兵死亡。战争对整个社会产生了重大影响，妇女在新的产业工人大军中占据了一席之地。然而影响最大的是人们对"进步"的信念以及欧洲战后意识形态出现的极左和极右思潮。

1919年签订的《凡尔赛和约》和1920年的伦敦和会确定了德国的战败赔款金额为1400亿金马克，其中赔给法国52%，英国22%，意大利10%，比利时8%。《凡尔赛和约》的签订标志着奥匈帝国解体，波兰、丹麦和比利时复国，德国的海外资产和舰队都被没收。这一切令德国军界上层人士感到羞耻，他们认为帝国的失败源于国内犹太人和共产主义者的阴谋破坏，并将战败的烂摊子丢给了新成立的魏玛共和国。

在随后的20年间，法国极力建设"马其诺防线"，以防备德国。马其诺防线是现代世界上最长的防线，共有108处要塞，此外还沿着德意两国边界挖了超过400千米的隧道。法国的这一关键决定影响了

第二次世界大战的进程。从 1923 年起，美国开始给欧洲提供一系列重要的贷款项目。同一时期，德国草拟了一份卓越的文献《作战指挥》，提出了全新的装甲战理念。1929 年，美国金融危机爆发以后，美国要求欧洲偿还贷款，中欧经济随即崩溃，一场新的大战处于酝酿之中。

1933 年，阿道夫·希特勒在被任命为德国总理后，开始大规模扩军备战。1935 年时德国只有 3 个装甲师，1936 年增加到 6 个，到 1940 年时已增加到了 10 个。而英国到 1939 年的时候经济刚好实现自给，法国则一直处于经济停滞状态。这一时期，英国皇家空军已经在飞机上安装了雷达，声呐的发明使英国海军将领认为敌军的潜艇已不再具有威胁。日本和美国建造了大型的铁甲舰和航空母舰。德国空军的实力也在不断发展壮大。

希特勒除了扩军备战和屠杀犹太人，还打算征服并重建欧洲。1922 年，本尼托·墨索里尼开始担任意大利首相。1935 年，他下令在进攻埃塞俄比亚的战争中使用芥子气。1936 年，弗朗西斯科·佛朗哥在德、意两国的支持下叛变西班牙共和国，西班牙内战爆发。在英、法两国的绥靖政策下，西班牙内战致使 100 万人丧生，西班牙最终建立了法西斯政权。1938 年，希特勒入侵奥地利，国际社会却无动于衷。1939 年，希特勒占领了捷克斯洛伐克，并且与斯大林签订了互不侵犯条约，条约划分了苏德双方在东欧地区的势力范围。希特勒调集了 150 万

德军入侵波兰，不到 30 天就和斯大林瓜分了波兰，致使 7 万波兰人丧生。声称要保障波兰独立的英、法两国随后对德宣战。1940 年 4 月，德军进攻丹麦。5 月，德军占领了荷兰和比利时，随后入侵法国。6 月，巴黎陷落。6 月 22 日，法国元帅菲利普·贝当（1856—1951）签署了停战协议，开始积极和纳粹德国合作。此时，墨索里尼也对英、法两国宣战。

1940 年 5 月，温斯顿·丘吉尔（1874—1965）就任英国首相。虽然德国不希望英国参战，但是美国的经济支持和武器援助对英国参战起到了决定性作用。英国拥有作战高效的空军，还破译了德军最高指挥部传输信息的密码。即便如此，到了 8 月，英军仍损失惨重，丝毫抵挡不住德军的进攻。9 月，希特勒大举进军巴尔干，以确保从罗马尼亚获得足够的燃料。1941 年 3 月，德军攻入南斯拉夫，并轰炸贝尔格莱德，造成 1.7 万名平民丧生。南斯拉夫游击战席卷全国，给德军造成较大伤亡。不久，德军第七空降师占领了克里特岛。

当时，德军已开始实施入侵苏联的"巴巴罗萨计划"。1941 年 6 月，德军在绵延 3 200 千米的东部战线向苏联发起进攻。以歼灭犹太人和"共产分子"为己任的"特战队"随同 300 万德军扑向列宁格勒。然而，后勤补给问题阻止了德军前进的步伐，最终，苏联寒冷的严冬使德军的计划彻底破产。12 月，苏联红军开始反攻，夺回了莫斯科周边地区。这次军事行动造成了至少 100 万德军伤亡。

12月11日，即日本偷袭珍珠港重创美军的第四天，希特勒对美宣战。1942年8月，美国破译了德国海军的通信密码，在日本海和中途岛重创日军。德军进抵伏尔加河，9月进攻斯大林格勒。战役持续了两个多月，50万轴心国（德、意、日）士兵和75万苏联战士阵亡。苏联的"天王星行动"动员了100万官兵，配备13 000门大炮和900辆坦克对抗德军的第六军团。1943年1月，第六军团投降。

这一年，德国开始节节败退，北非战役对德军来说更是一场灾难。美国则集结了庞大的舰队，并且达到日产250架轰炸机的战时产能。7月，美军登陆西西里岛，导致墨索里尼政府下台。美军占领罗马，并在意大利北部击退德军。盟军还破译了德国海军的通信密码，在大西洋上也取得了重大的军事胜利。仅一个月，德军就损失了41艘潜艇，而在欧洲大陆，英国和北美盟友又开启了"残酷"的联合轰炸。到了1944年5月，德国空军被全部摧毁。

1944年6月6日，盟军5个步兵师和3个空降师在诺曼底海滩登陆。9月2日，6 500艘船只、航母及1.2万架飞机投送11.7万名盟军解放了布鲁塞尔。在东线，苏军于1943年追击撤退的德军至库尔斯克，直抵黑海和喀尔巴阡山。1944年7月20日，一群德国军官密谋刺杀希特勒，但是没有成功。当时，德军17个师已被全歼，另外50个师也损失过半。那年秋天，德军已处于被动，到了冬天，德军的运输网络不断遭到轰炸，这成为压垮战时德国经济的最后一根稻草。1945年1月，苏联从东面进攻

德国，英国和加拿大军队从北面抵达莱茵河畔。3月，在太平洋战场，美国B-29轰炸机摧毁了东京大部分地区和冲绳。日军的反击又造成6.5万人的伤亡。4月30日，希特勒自杀身亡，德军指挥官一周后宣布无条件投降。然而，战争直到8月才结束。8月6日，美国在广岛投下第一颗原子弹，造成9万人死亡。8月9日，美国又在长崎投下另一颗原子弹，造成3.5万人死亡。8月15日，日本天皇宣布无条件投降；9月2日签署投降书。

第二次世界大战后，美苏冷战的45年是一段极为脆弱的和平时期。美苏都是超级军事大国，但是却有着完全不同的政治体制和经济模式。战后不久，欧洲就和美国结成了军事同盟，在1949年成立了"北大西洋公约组织（北约）"。然而，世界上没有一天是完全和平的。多个殖民帝国的解体和列强经济利益之争造成了十分严重的武装冲突，如1950年的朝鲜战争，1952年的马来西亚战争，1954年的阿尔及利亚战争，1960年和1973年的越南战争，1961年的安哥拉战争，1948年、1956年、1967年和1973年的四次中东战争，1990—1991年的海湾战争，1990年的卢旺达战争，1992年的巴尔干战争，1993年的车臣战争，以及1996年的扎伊尔战争，等等。

在20世纪六七十年代，科技革命使核武器实现了小型化，通信技术获得进步，远程弹道导弹发射系统得到发展，这完全改变了军事战略。超级大国拥有了能够消灭地球上全部生物的核武器。随着20世纪80年代计算机革命开始，太空军事计划又一次改变了人类的战争理念。美国谋求使用卫星制导系统来进行自卫，并利用极具破坏力的遥控机器人"遥控"战争。

历史年表与主要战役

在 20 世纪，科学技术成为世界武器发展的决定性因素。科技革命促进了常规武器的发展，但实际上这些常规武器很快就过时了。结果政府不得不花费大量的资金开发新的进攻和防卫系统。另外，不断地重整军备也与通信技术的巨大进步息息相关，战争威胁已经蔓延到全球。

1903年
一群民族主义军官在塞尔维亚上台掌权

1904年
日本进攻旅顺港的俄国太平洋舰队

1914年
费迪南大公在波斯尼亚遇刺，第一次世界大战爆发

1916年
凡尔登战役和索姆河战役

1920年
伦敦会议，德国战败赔款数额确定

1929年
华尔街股灾，美国经济大萧条开始

1933年
阿道夫·希特勒被任命为德国总理

1939年
苏德签署互不侵犯条约，德国进攻波兰，第二次世界大战爆发

1940年
德军占领巴黎

1945年
美国分别向广岛和长崎投掷原子弹，第二次世界大战结束；联合国成立，创始会员国51个

1948年
以色列建国

1949年
北约成立；中华人民共和国成立

1900年

1950年

1912年
法国将其地中海的舰队部署到北海

1905年
日俄战争爆发

1919年
《凡尔赛和约》签订

1917年
俄国爆发十月革命

1925年
斯大林上台

1922年
苏联成立

1936年
佛朗哥叛变西班牙共和国，西班牙内战爆发

1944年
诺曼底登陆

1942年
斯大林格勒会战

1941年
日本偷袭珍珠港

1950年
朝鲜战争爆发

1947年
印巴分治

1946年
印度支那战争爆发

AVENGE PEARL HARBOR
OUR BULLETS WILL DO IT

古巴导弹危机

1962 年，菲德尔·卡斯特罗要求苏联部署中程弹道导弹，随后古巴岛上立起来 40 多个导弹发射架，苏联在美国做出承诺不会入侵古巴后撤出了这些导弹。

在意大利和土耳其

为针对苏联，美国分别在这两个国家部署了 30 枚和 15 枚的"朱庇特"导弹，但是后来古巴导弹危机解除后被全都撤走。

1954年
阿尔及利亚民族解放战争开始；美国第一艘核潜艇"鹦鹉螺"号下水

1956年
法国出兵阿尔及利亚；第二次中东战争；阿以战争爆发

1964年
美国国会授权发动越南战争

1967年
第三次中东战争；尼日利亚爆发内战

1973年
美国从越南撤军；以色列赢得"赎罪日战争"；石油危机

1974年
安哥拉内战

1975年
柬埔寨波尔布特掌权

1988年
两伊战争结束

1989年
柏林墙倒塌

1990年
伊拉克入侵科威特，海湾战争爆发

1996年
塔利班掌握阿富汗政权；俄罗斯从车臣撤军；美国入侵伊拉克

1999年
北约介入科索沃战争

2000 年

1955年
华沙条约签署；苏丹内战爆发

1962年
古巴导弹危机；阿尔及利亚脱离法国独立

1961年
猪湾事件

1960年
美国首次试验具有载核能力的弹道导弹"北极星"

1970年
美国入侵柬埔寨，摧毁北越后勤基地

1980年
两伊战争爆发

1979年
伊朗伊斯兰革命；苏联入侵阿富汗

1982年
英阿马岛战争

1991年
苏联解体；车臣战争爆发；南斯拉夫战争爆发

1994年
卢旺达胡图族对图西族进行种族大屠杀

2001年
伊斯兰极端分子攻击纽约世贸中心双子塔，造成 3 000 多人死亡

著名军事将领

　　他们动员了数百万人，手握尖端武器，并有无数经济资源供其支配，这在此前是难以想象的。在整个20世纪，他们统领着日益复杂并且高度专业化的军队。但短短十年后，公民社会日益完善和发达，人们不忍看见战斗中出现重大伤亡。

| 1890—1969 年 | 1884—1943 年 | 1885—1945 年 | 1887—1976 年 |

德怀特·戴维·艾森豪威尔

　　1942 年，美国在北非实施"火炬行动"的总指挥，也是 1944 年盟军"霸王行动"的总指挥。他参加了诺曼底登陆并于 1945 年成功攻入纳粹德国。1953 年当选为美国总统。

山本五十六

　　日本海军大将，1939 年起担任日本海军联合舰队总司令，他密谋偷袭珍珠港，但 6 个月后在中途岛海战中大败。1943 年乘坐飞机出行，被击落后死亡。

乔治·史密斯·巴顿

　　美国军人，第一次世界大战中指挥坦克部队作战，第二次世界大战中奔赴非洲前线作战。1944 年，从诺曼底穿越敌占区到达捷克斯洛伐克。1945 年后，驻留捷克斯洛伐克。

伯纳德·劳·蒙哥马利

　　第二次世界大战中杰出的英国军官，1942 年被派到北非，在阿拉曼战役中击败隆美尔。他参与了 1944 年的西西里登陆和诺曼底登陆，他的军事战略令德军精疲力竭，为最后取得胜利做出了巨大贡献。

"如果我们失败了，那么整个世界，包括美国和我们知道和关心的所有国家在内，都将陷入另一个黑暗的深渊中。"

温斯顿·丘吉尔 1941 年的演讲《热血、辛劳、汗水和眼泪》

耶路撒冷的大屠杀纪念馆

战争受害者和平民受害者

在整个 19 世纪的战争中，战争受伤占全部受伤总数的 80%。1945 年以来，死于战争的 5 000 万人中大部分是平民，在越南，平民伤亡占比高达 70%。

| 1888—1954 年 | 1891—1944 年 | 1896—1974 年 | 1912—2013 年 |

海茵茨·古德里安

德国军官，"闪电战"的创始人，参加"巴巴罗萨"军事行动以后，由于叛逆的性格被解职，后来被任命为总参谋长，但 1945 年又被解职。

埃尔温·隆美尔

德国军官，参加了两次世界大战，展示出了军事家的惊人能力。被派往北非指挥作战，北非战场上使英军处处受制，这一局面直到 1942 年后才有改变。1944 年参与反对希特勒的密谋，失败后被迫自杀。

格奥尔吉·康斯坦丁诺维奇·朱可夫

苏联军人和英雄，取得了很多重大胜利，他组织了斯大林格勒保卫战和反击战，在这座城市拖住并击败了纳粹军队，并带领苏军攻克柏林。

武元甲

越南军人，参加了武装独立组织，在 20 世纪 40 年代，该组织和胡志明领导的组织合并。他是游击战的战术专家，帮助他的国家赢得了反抗南越和美国的战争。

当代武器

整个 20 世纪，坦克、飞机和导弹完全改变了军事战术，而从这个世纪中期起，核武器也从威慑变成了一种战略。然而，陆战仍旧是战争的决定性因素。陆军武器火力急剧增加，也更精准，更先进，更致命。

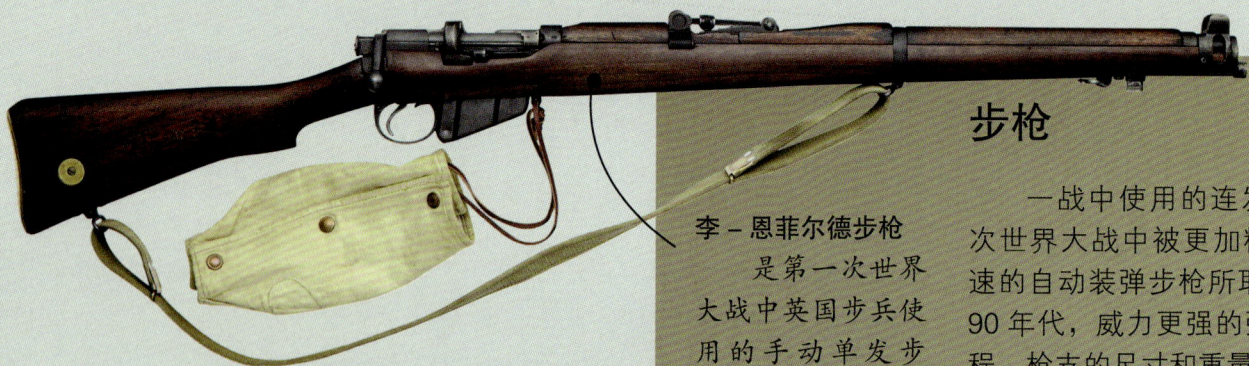

李－恩菲尔德步枪
是第一次世界大战中英国步兵使用的手动单发步枪。

步枪

一战中使用的连发步枪在第二次世界大战中被更加精准、更加快速的自动装弹步枪所取代。20 世纪90 年代，威力更强的弹药提高了射程，枪支的尺寸和重量也有所减少。

MP5KA 冲锋枪
是 20 世纪 60 年代德国黑克勒－科赫公司生产的一款轻型冲锋枪，长度仅有 33 厘米。

Stg-44 突击步枪
是 1944—1945年间德军装备的自动突击步枪，结合了轻型机枪和自动步枪的优点。

AK–47 突击步枪
是米哈伊尔·卡拉什尼科夫设计的一款自动步枪，1949 年装备苏军，该枪经常被游击队和民族解放运动组织成员使用。

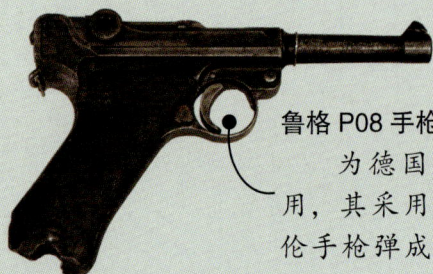

手枪

两次世界大战中主要被陆军的军官使用，后来只在安全部门和警察部门使用。

鲁格 P08 手枪
为德国陆军所使用，其采用的帕拉贝伦手枪弹成为国际标准。

CZ805 突击步枪
是 2009 年捷克 Czub公司生产的带有遮阳板的狙击步枪，该枪已出口多个国家。

家庭制造的土制武器

　　和正规军使用的日益尖端的武器相比，非正规军队致力于制造他们自己的武器。例如，第二次世界大战中的民间抵抗组织自己制作了一些土制武器。

手榴弹

　　由挪威抵抗组织土制的武器。

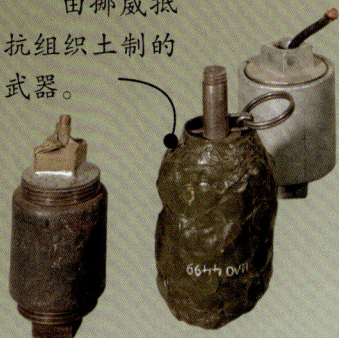

地雷

　　由丹麦抵抗组织制造，伪装成盛装清洁剂的瓶子。

机枪

　　最早的固定底座机枪是 20 世纪初由轻型机关枪演变而来的，在战壕战中起到了决定性作用，第二次世界大战后，变得更加轻便。最新的机枪在生产材料中又加入了塑料和玻璃纤维。

维克斯 MK1 机枪

　　从 1922 年开始装备英军，一直到 1968 年才停产。

坦克机枪

　　为苏军在第二次世界大战中所使用。

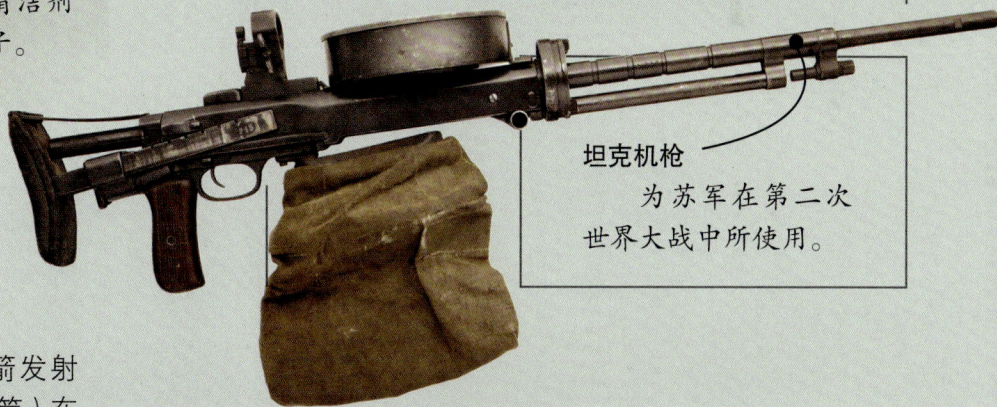

反坦克武器

　　榴弹发射器和移动火箭发射器（如美国巴祖卡火箭发射筒）在第二次世界大战中经常被使用，从那以后它们成了现代战争中的标配武器。

铁拳 60 反坦克火箭筒

　　为德军所使用，但这种型号是一次性使用的武器。

RPG-7 火箭筒

　　由苏联制造，越战中为越共所使用，它是使用最广泛的型号。

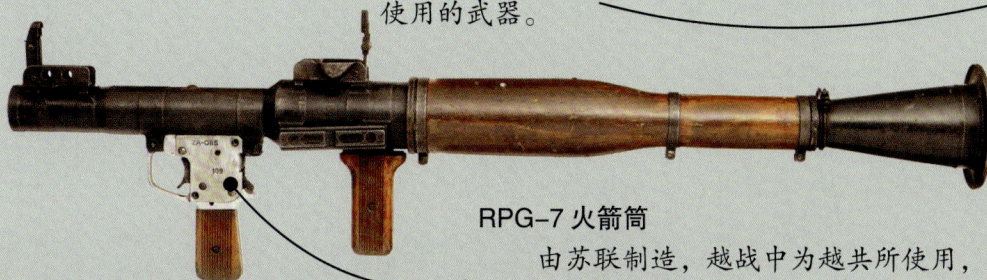

堑壕战

第一次世界大战的爆发证明一些经典的战术已经过时。武器和火力的演变导致运动战被阵地战所取代，于是出现了全新的作战背景——战壕。通过战功获得荣耀的浪漫时代已经一去不复返了。在现代战争中，一两米深的坑道见证的不仅是泥泞和抵抗，还有痛苦和死亡。

战场上的常态

西线战场的场景是不可想象的：被重炮轰炸的灼热土地，无数的弹坑，密布的铁丝网和一眼望不到头的战壕。士兵们忍受着寒冷、潮湿和轰炸，等候着冲锋号响起的时刻。听到冲锋号响起，他们就会立刻跳出战壕，冒着无情的枪炮向敌人发起进攻。

后卫部队

重炮被安置在距离前线 10 千米的后方，随着步兵的前移向前推动。

支援战壕

通常前线的后备梯队藏在地下 10 米的掩体中，可以躲避敌人重炮的炮击。

圣路

为法国前线提供防御物资的道路。每天有 3 000~3 500 辆卡车的士兵、战略物资和伤员的转运要经过这条道路。

无人区

又叫战场，在双方的战壕之间，地雷通常布设在这片肮脏的泥泞地带，到处都是炮弹坑。

防护栅栏

战壕上都有互相交织在一起的高大铁丝网栅栏，敌军步兵很难通过这些障碍。

战机

飞机经常飞越战壕，要么用机枪向敌人开火，要么发出敌军即将发动进攻的信号。

坑道

德军掩体常有坑道连接，转运士兵可以避开敌人的炮火攻击。

前线

前线战壕最危险，士兵必须躲避对面敌人的射击和自己身后支援炮火的误炸。

战壕细节

战壕是在地面和地下挖掘的堡垒，弯弯曲曲的设计可以使集束炸弹造成的伤亡降到最低，如果敌人突破也可以使其视线受阻。

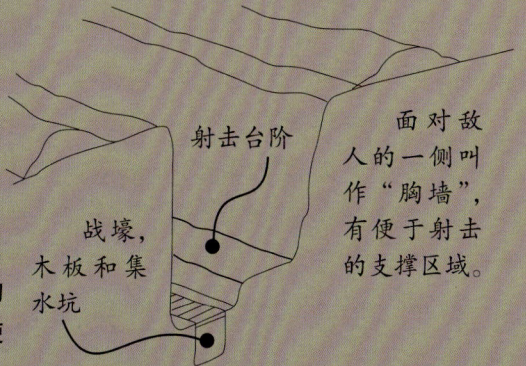

射击台阶

战壕，木板和集水坑

面对敌人的一侧叫作"胸墙"，有便于射击的支撑区域。

阵地战

　　1914 年冬天，交战在西线战场上势均力敌。部队隐蔽在一眼望不到头的战壕里，从英吉利海峡到阿尔卑斯山约 750 千米的战壕完全处于栅栏、机关枪和自动步枪的掩护之下。防守一方拥有巨大的优势，双方都能发起新的攻击战术，占领敌人的阵地，甚至会无差别地使用毒气。

进攻要塞

　　为了攻克敌人复杂的防御工事，军队需要不断改变战术。大兵团作战被小股攻击部队取代。小股攻击部队利用炮火突破敌军防线，军事行动通常都在夜间进行，对敌人发动突袭，避免遭到机枪扫射。

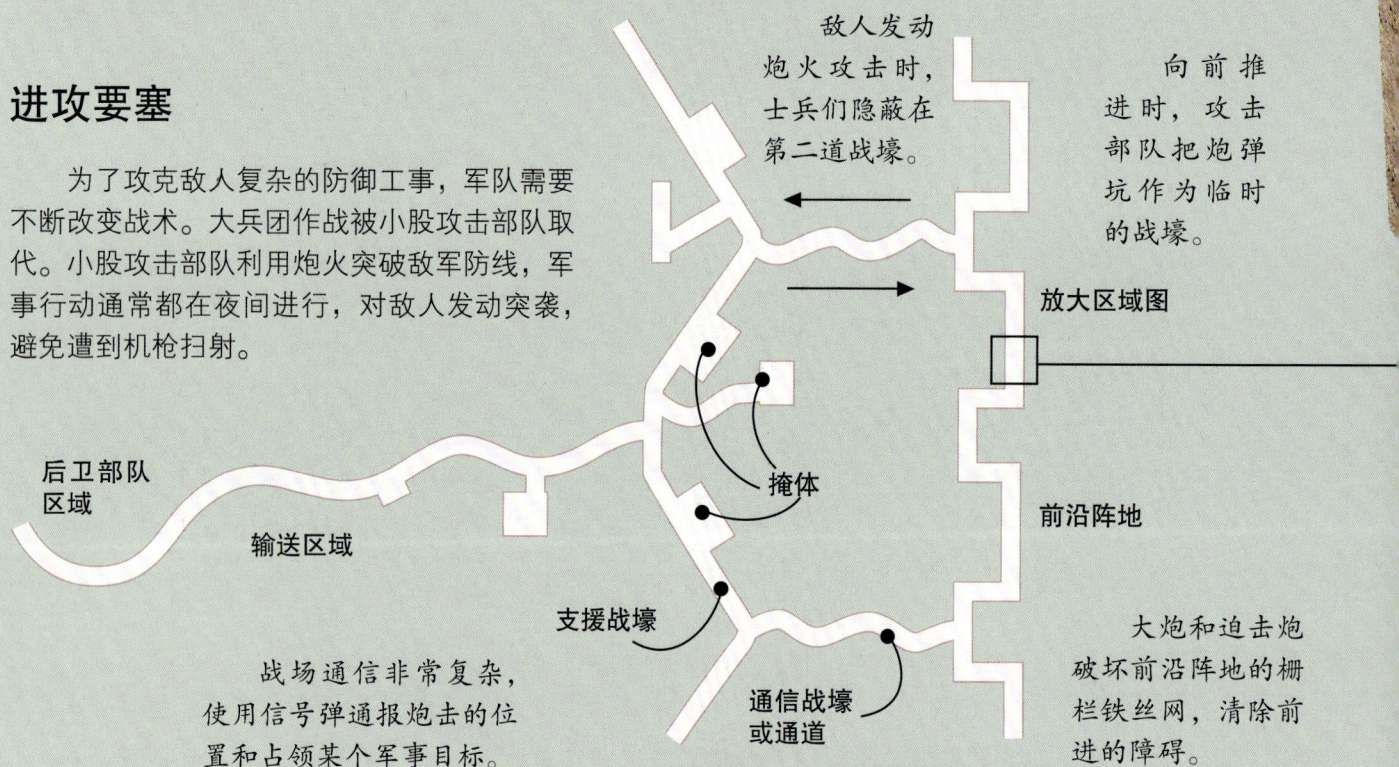

敌人发动炮火攻击时，士兵们隐蔽在第二道战壕。

向前推进时，攻击部队把炮弹坑作为临时的战壕。

放大区域图

后卫部队区域

输送区域

掩体

前沿阵地

支援战壕

通信战壕或通道

战场通信非常复杂，使用信号弹通报炮击的位置和占领某个军事目标。

大炮和迫击炮破坏前沿阵地的栅栏铁丝网，清除前进的障碍。

战壕武器

　　除了步枪和机枪以外，步兵在战壕里使用的主要武器是手榴弹。不要求精准，投掷时也不会直接暴露在敌人的火力打击范围内。士兵们还配备用于近身格斗的匕首、刀具和铁锤。

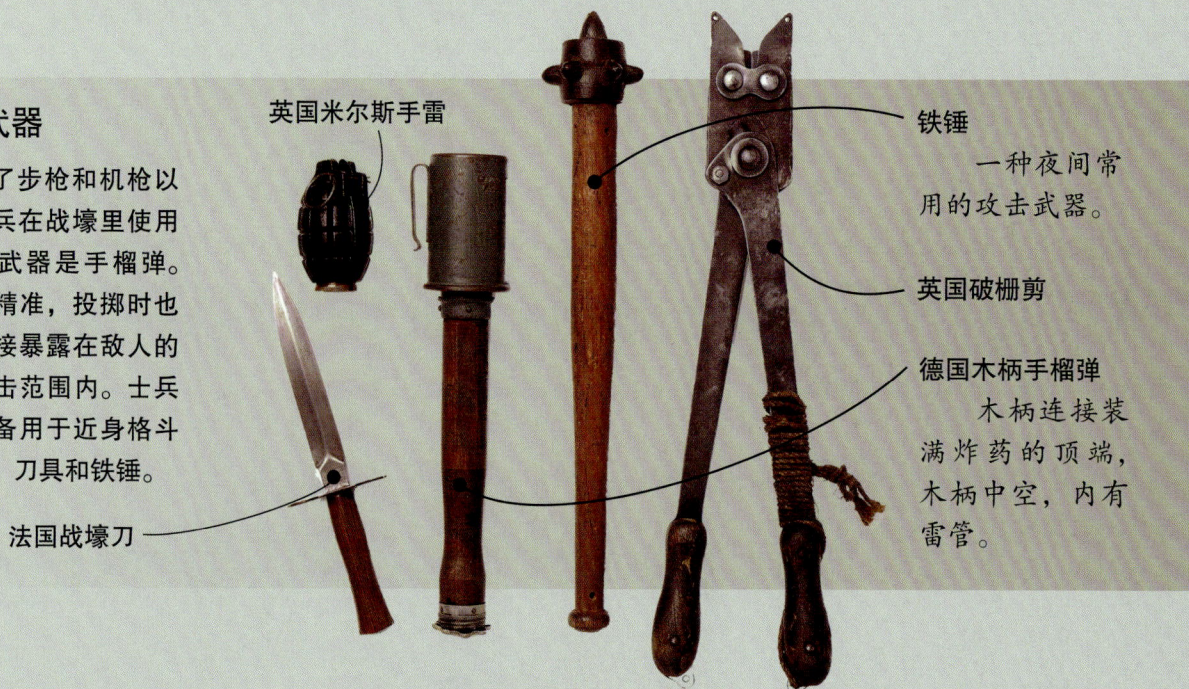

英国米尔斯手雷

铁锤
一种夜间常用的攻击武器。

英国破栅剪

德国木柄手榴弹
木柄连接装满炸药的顶端，木柄中空，内有雷管。

法国战壕刀

铁丝网

晚间偷偷竖起，每天都需要维护，高80厘米，宽1~2米。

沙袋

射击时作为支撑，沙袋之间的缝隙有助于观察敌情，而且不易被敌人发现，还可以使用最原始的潜望镜。

射击台阶

阵地的优势

第一次世界大战初，步枪和机枪火力加上高大的栅栏使得战壕变得坚不可摧。

掩体背墙

防御集束炸弹，当敌人占领战壕时可以用作胸墙。

防毒面具

毒气的使用导致了防毒面具的出现。这是德国士兵使用的防毒面具（1917）。

毒气弹

原则上毒气被释放到空中，顺风飘到敌军阵地上。后来制造出来由大炮和迫击炮发射的毒气弹。

化学战

1914年8月，毒气首次作为武器被用来攻击敌方战壕，首先使用的是催泪弹和氯气，后来出现了更加致命的元素，如光气和芥子气等。

毒气警报器

可以使士兵迅速撤离战壕。

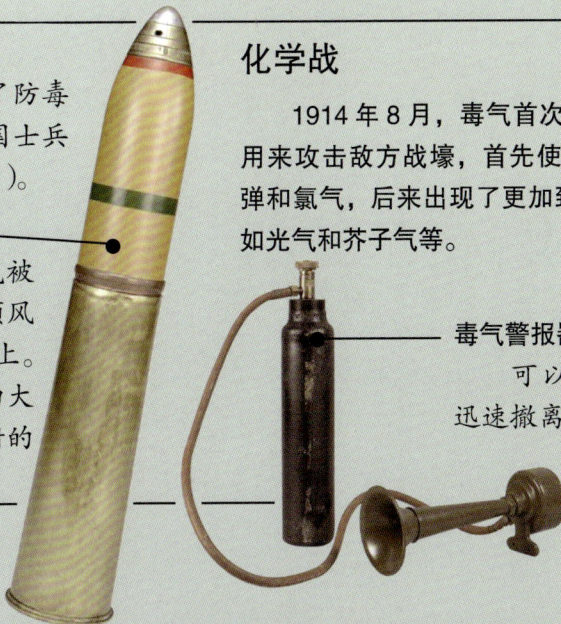

索姆河战役

1916 年 7 月 1 日，英法联军在西线的索姆河地区进攻德军阵地，这一战完全体现出阵地战的残酷性。协约国最终击退了由弗里茨·冯·毕洛率领的德国第二集团军，虽然双方只攻进敌占区 10 千米，却造成了成千上万人伤亡。

战役目的：缓解凡尔登之围

德军对重要的孤城凡尔登造成巨大压力，法国总司令约瑟夫·霞飞提议英军统帅道格拉斯·黑格围绕索姆河发动大规模攻势。战役的目的是迫使德军调动包围凡尔登的军队。对德军战壕发起第一次进攻时，由于德军准备充分，优势完全在德国人一边，最后导致经验不足的英军步兵伤亡惨重。协约国吸取了教训，在凡尔登被围数月后，于 1916 年 11 月 13 日占领了博蒙－阿麦，迫使敌军战线向后退却。

通往坎布雷的路线

斯瓦比亚要塞

莱比锡要塞

海森林

马梅斯森林　德尔维尔　莱兹森林
　　　　　　森林

特朗内森林　滑铁卢农场要塞

英国战区

昂克尔河

索姆河　　法国战区

— 1916年7月1日的战线
-- 1916年8月1日的战线
— 1916年11月20日最终的战线
● 德军的主要掩体

7 月 1 日

地面进攻遭遇德军顽强的抵御。

7 月 14 日

协约国军队吸取教训，熟练运用夜袭战术，突破了德军第二道防线。

11 月 13 日

协约国军队占领博蒙－阿麦，德军退回到兴登堡防线。

德军士兵

1916 年已经开始使用金属头盔，而不再是皮革头盔。

英军士兵

装备了第一次世界大战最有名的李·恩菲尔德步枪。

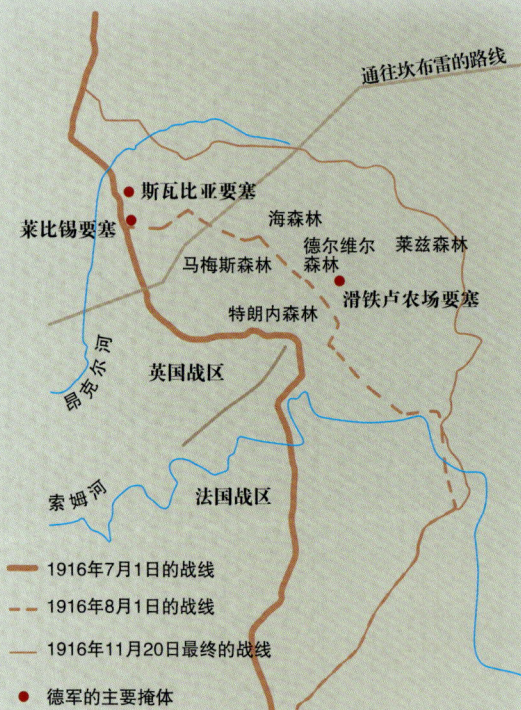

斜坡

斜坡使德军占据额外的优势，他们在前线拥有更好的视野。

准备充分

德军已经在 32 千米长的战线上修好了高效的战壕网络，将地下掩体和各战略要塞连接起来。

英国军队

参加索姆河战役的大多数作战部队士兵都来自英国志愿兵和英联邦国家，如南非、加拿大、新西兰和澳大利亚。战役中英军共伤亡 42 万人。

惨不忍睹的条件

士兵住在阴冷潮湿、老鼠乱窜的战壕中，索姆河地区的秋雨使前线条件更加恶劣。

受挫的进攻

为了给陆军进攻开辟道路，英军炮兵已经炮击德军阵地一周，然而，150 万发炮弹中三分之一都出了问题，德军战线几乎没受什么损失。结果，7 月 1 日，英军士兵很容易就成了德军火力的靶子，一天之内便伤亡 6 万人。

久攻不下

英军士兵完全暴露在德军的火力下。很多士兵甚至都没有接触德军的阵地，就倒下了。

火力

除了马克沁机枪外，德国标准配置的毛瑟 98 式步枪在 1916 年 7 月 1 日面对协约国军队的进攻时杀敌无数。

飞艇

这次大战还改变了空中作战模式。战斗机使战斗更加白热化，在战斗机出现之前，城市就已经遭受到来自空中的威胁。巨大的飞艇极易受到攻击。它是铝制的，内部充满气体，可灵活操控。它们最开始只用于侦察，但德国人很快就发现飞艇可以作为武器对付英国海军和轰炸英国本土。

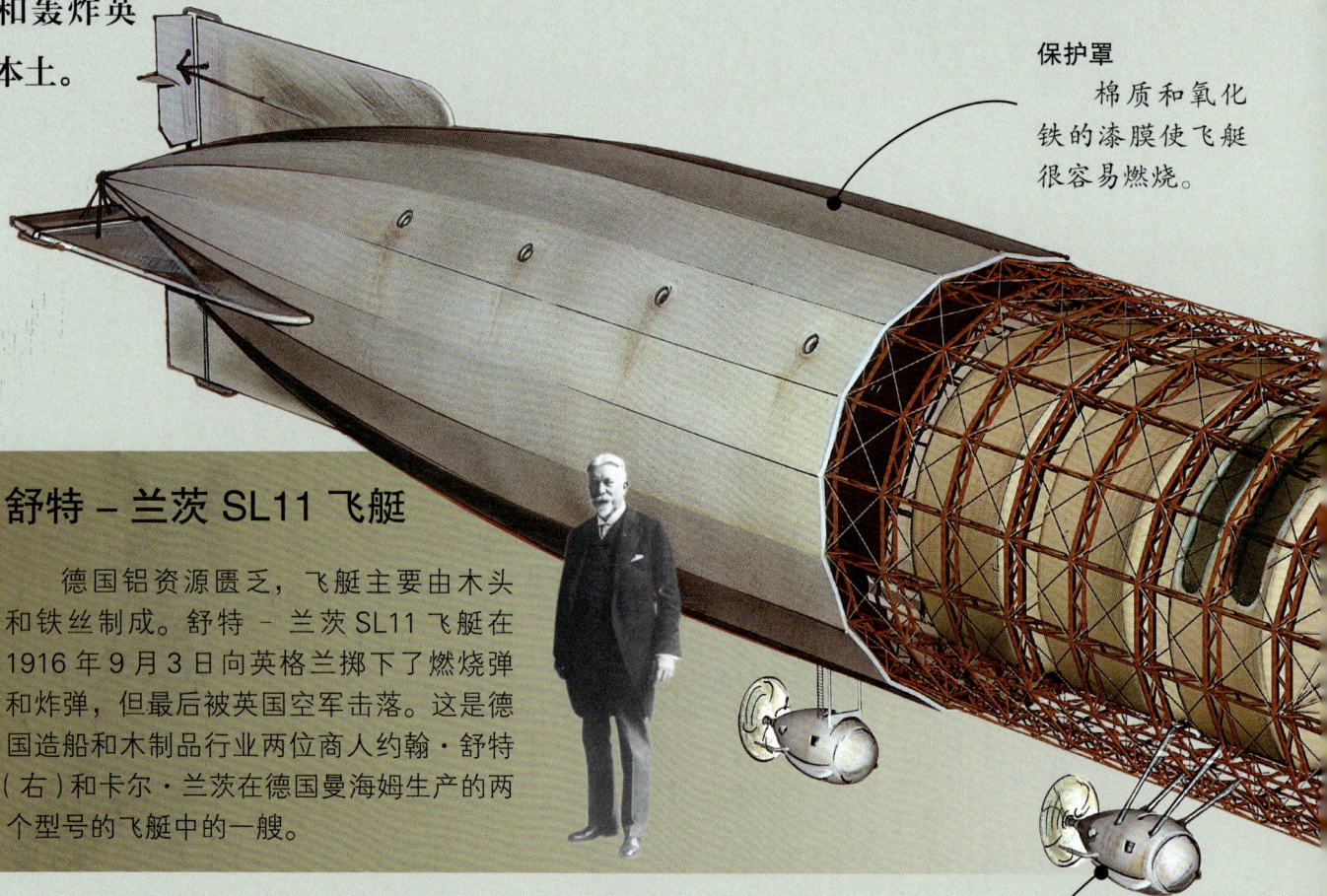

保护罩
棉质和氧化铁的漆膜使飞艇很容易燃烧。

舒特 – 兰茨 SL11 飞艇

德国铝资源匮乏，飞艇主要由木头和铁丝制成。舒特 – 兰茨 SL11 飞艇在 1916 年 9 月 3 日向英格兰掷下了燃烧弹和炸弹，但最后被英国空军击落。这是德国造船和木制品行业两位商人约翰·舒特（右）和卡尔·兰茨在德国曼海姆生产的两个型号的飞艇中的一艘。

飞艇吊舱内部
舒特 – 兰茨 SL11 飞艇的操控平台（又叫吊舱）配有两个舵，分别控制方向和高度，确保飞艇保持平衡，此外飞艇还配有一个指南针、一个测高仪和一个气压计作为基本的导航工具。

引擎机舱
主机舱配备 4 台 240 马力的迈巴赫 HSLu 活塞发动机。

违反《海牙公约》

1914 年 8 月 24 日，一艘德军飞艇向比利时城市安特卫普投下几枚炸弹，造成了大量人员伤亡。德国此举第一次违背了 1899 年的《海牙公约》，该公约禁止从气球和类似的装置上投掷炸弹。

飞艇技术指标

长 ▸ 174米

高 ▸ 20米

体积 ▸ 31 900立方米

速度 ▸ 95千米/小时

发动机数量 ▸ 4台

发动机功率 ▸ 240马力

有效载重 ▸ 21吨

气囊

充满氢气，这种气体易燃，后被氦气取代。燃料消耗使飞艇变轻，飞艇上升可以通过排放空气来抵消。

主体结构

铁环也叫环状主梁，连接在水平横梁上，加上十字形压杆，上面覆盖一层薄薄的铁皮。

武器配备

除了炸弹之外，舒特－兰茨 SL11 飞艇在头部配备了射击位，在可转动的支架上装有 7.92 毫米口径的帕拉贝伦机关枪。

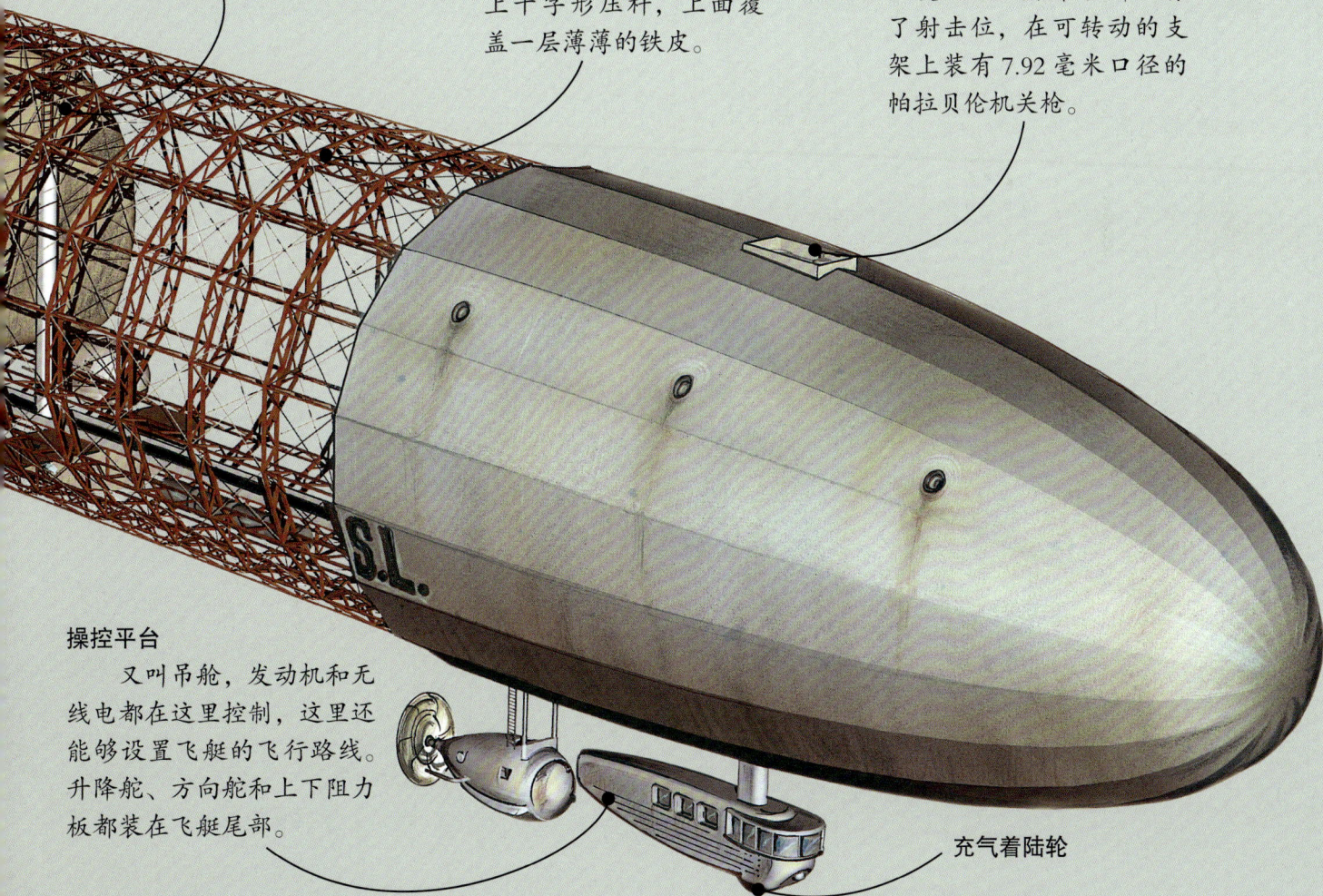

操控平台

又叫吊舱，发动机和无线电都在这里控制，这里还能够设置飞艇的飞行路线。升降舵、方向舵和上下阻力板都装在飞艇尾部。

充气着陆轮

恩尼格玛密码机

在第二次世界大战中，德国采用了革命性的电磁机器，通过转子密码机给信息加密和解密。于是，他们就可以传递盟军无法看懂的信息。密码机的加密系统最终被破译，纳粹军队随即失去了战略优势，这加快了战争结束的进程。

盟军——拒绝死亡

加密通信使德军在北大西洋地区拥有巨大的优势。纳粹的潜艇不断地收到信息，他们可以预测盟军的军事行动，并袭击来自美国的护卫队。据估计，在第二次世界大战期间，大约生产了10万台密码机。

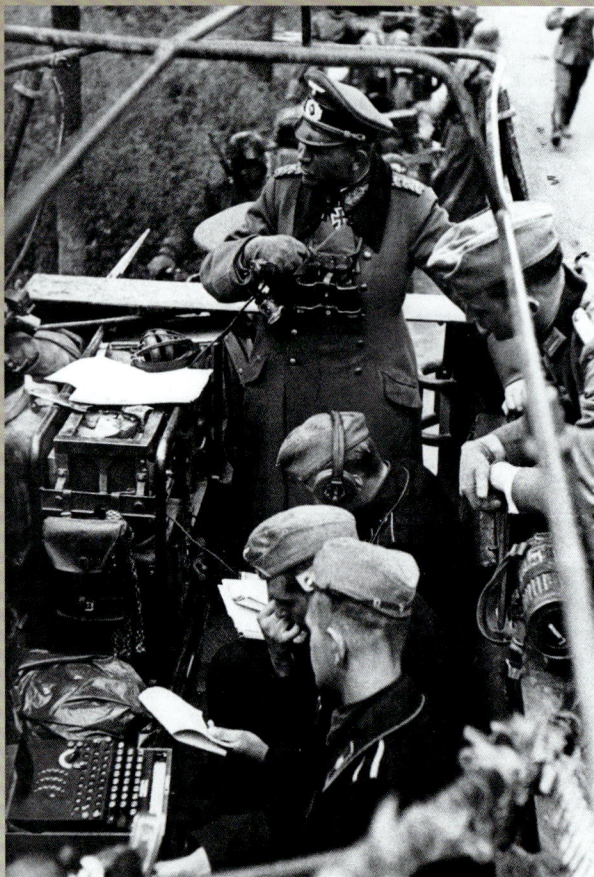

1940年5月，德国将军海茵茨·古德里安的装甲车（Sd.KFz251半履带轻型装甲车）上的密码机。

反射器

转子信号使用固定的电缆反射，使信息加密。因此当接收机打印出加密字母时，会出现原始信息。

转子

商用模式的密码机使用三个转子，军用的还有两个滚筒，这增加了可能出现的组合数量。

显示器

在字母下方，小灯泡用4.5伏电池供电。

插线板

这套插孔面板用连接电线字母，使密码加密级别更加复杂。例如，当A和R连接后，当字母A被按下时，字母R就被连接到转子上。

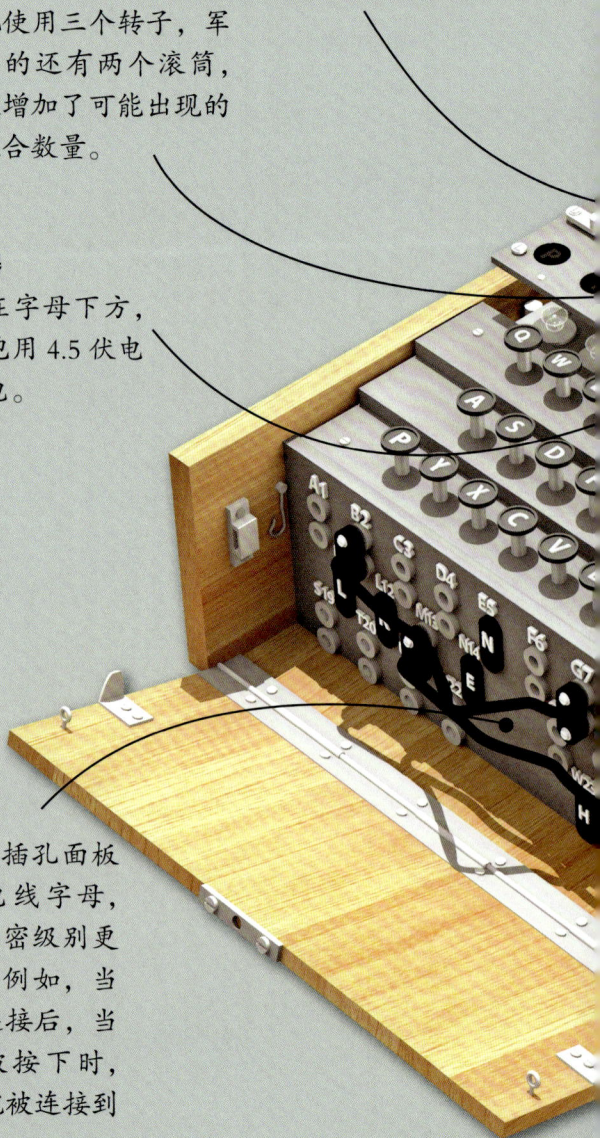

数以百万计的密码

1918 年，德国工程师亚瑟·谢尔比乌斯为一款精密的密码机申请了专利，5 年后以"恩尼格玛"为名开始制造。1933 年，纳粹将该公司收归国有并且在德军中配备这套装置。恩尼格玛密码机使用转子和插线板实现加密，每个转子上的 26 个接点对应 26 个字母。转子转动引入随机性，插线板也增加了置换的复杂度。

额外的销钉

除了正面的销钉，有些机器还在盖子下面配有额外的销钉，使加密更加复杂。

最初的顺序

这里可见三个转子的最初位置，如 DHR，接收方也需要设置好以使用恩尼格玛机解密信息。

恩尼格玛机的操作者使用预先编好的密码本，代码或转子组合在特定的日期使用。

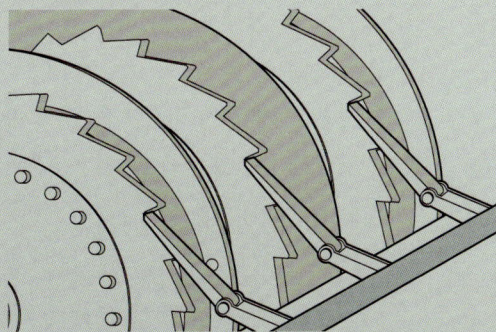

马里安·雷耶夫斯基

波兰数学家计算出如何解密恩尼格玛代码。有了他的发现，英国布莱切利园[①]的阿兰·图灵教授领导的密码学家才成功破译了纳粹密码。

①布莱切利园：第二次世界大战时期英国政府进行密码解读的主要地方。

通过改变每个转子的位置，确定不同的代码来加密信息。

第二次世界大战中的飞机

在第二次世界大战中，飞机扮演了十分重要的角色。除了具有决定性意义的空战，飞机还是军事战略的重要组成部分，它可以支援前进的陆军或者轰炸敌军阵地。飞机在战争中的作用逐渐得到完善，有些已经成了空战的传奇。

座舱
单层防弹，具有极佳的视野。

BM597

机身
由较轻的金属合金制成。

武器
包括 8 挺 7.7 毫米口径机枪，每挺配 350 发子弹。后来的机型加装了更多的机枪和西班牙加农炮。

英国喷火式战斗机

具有极快的速度和极强的机动性。这款英国皇家空军战斗机在不列颠空战中对反击强大的德国空军起到了决定性作用。英国共生产了 24 种不同型号的战斗机。

类型 ▸ 截击机

生产时间 ▸ 1938—1948年，1938年开始服役

发动机 ▸ 一台劳斯莱斯梅林机械增压PV12发动机

实用升限 ▸ 11 500米

最快飞行速度 ▸ 605千米/小时

乘员 ▸ 1人

机翼
面积 22.48 平方米

11.23 米

可携带两枚重 112.5 千克的炸弹。

3.86 米

9.12 米

机翼
独特的椭圆形设计更符合空气动力学的要求。

武器

　　　　13挺50毫米口径机枪：8挺装在旋转枪架上，4挺装在两侧，1挺装在起落架上。

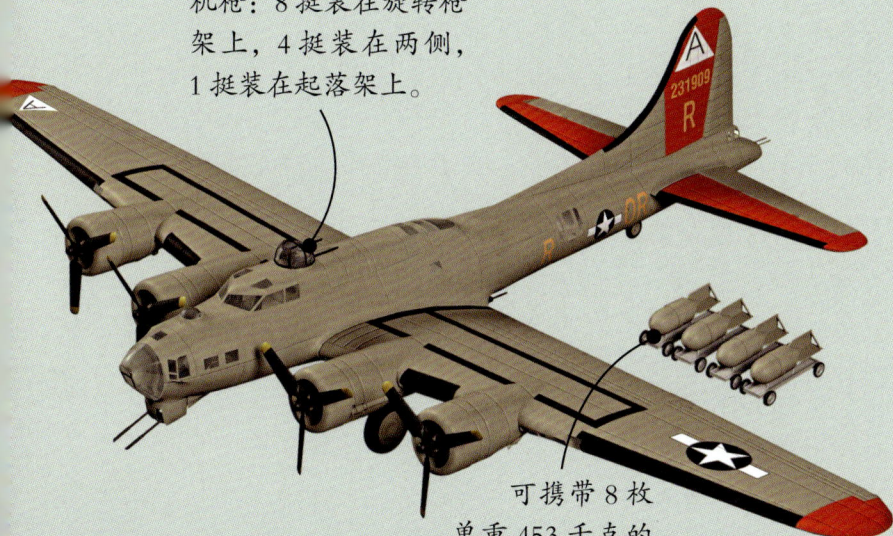

可携带8枚单重453千克的炸弹，用于执行短程轰炸任务。

波音 B-17 轰炸机"空中堡垒"

　　美国空军在欧洲使用的主要机型，长23米，翼展31米，是第二次世界大战中最可靠的轰炸机之一。

类型 ▶ 四引擎重型轰炸机

生产时间 ▶ 1938—1945年

发动机 ▶ 四台星形莱特-R-1820-97"旋风"发动机

实用升限 ▶ 10 668米

最快飞行速度 ▶ 462千米/小时

乘员 ▶ 10人

三菱 A6M-2 "零式"战斗机

　　日本战斗机，其速度、机动性和所携带的武器都令盟军惊讶。

类型 ▶ 战斗轰炸机

生产时间 ▶ 1939—1945年（1941年入列服役）

发动机 ▶ 一台14缸中岛"荣"21型复列星型发动机

实用升限 ▶ 10 000米

最快飞行速度 ▶ 545千米/小时

乘员 ▶ 1人

可携带1枚250~1 000千克的炸弹和4枚单重50千克的炸弹。

武器

　　　　两架20毫米口径加农炮，每炮配60发炮弹和两挺7.7毫米口径机枪。

武器

　　　　两挺机枪固定在机翼上，一挺固定在起落架上。

可携带两枚单重60千克炸弹

JU-87 "斯图卡"俯冲式轰炸机

　　纳粹德国空军使用，提供空中炮火支援，虽然很容易遭到敌对战斗机进攻，但仍是战斗力强悍、射击精度极高的一款攻击型飞机。

类型 ▶ 俯冲式轰炸机

生产时间 ▶ 1937—1944年

发动机 ▶ 一台1 200马力的荣克斯Jumo 211 Da发动机

实用升限 ▶ 8 000米

最快飞行速度 ▶ 340千米/小时

乘员 ▶ 2人

英国皇家空军飞行员

希特勒在法国取得胜利后决定进攻英国。他知道，如果不能够压制住英军取得制空权，所有的努力都会付之东流。因此，在1940年7月10日至10月31日，德国空军发动了史上规模最大的空战。然而，尽管英国皇家空军人数不多且缺乏空战经验，但还是竭力挫败了希特勒的计划。

实力较弱，但是意志顽强

不列颠空战开始时，德国拥有2 550架飞机，而英国只有1 963架。大部分英国皇家空军的飞行员都是志愿者，他们熟悉飞行知识，但只有一小部分人有实战经验。温斯顿·丘吉尔曾说："在人类的战争史上，还从来没有以如此少的兵力取得如此大的胜利。"而英国空军飞行员恰恰实现了以少胜多。

王牌飞行员

不列颠空战中最伟大的皇家空军飞行员（英格兰、英联邦成员国公民或者纳粹占领国流亡人士）：埃里克·洛克（英格兰，击落敌机21架）、阿奇·麦凯勒（苏格兰，击落敌机19架）、詹姆斯·莱西（英格兰，击落敌机18架）、约瑟夫·弗朗迪赛克（捷克，击落敌机17架）、维托尔·乌尔班诺维茨（波兰，击落敌机15架）和布莱恩·卡尔布里（新西兰，击落敌机15架）。

道格拉斯·贝德尔，英国飞行员，击落敌机12架，在不列颠空战中失去了双腿。

空战战术
轰炸机攻击战术
①在敌机后面列成一队。
②分成两组，呈梯队排列。
③三架飞机组成一组，对准敌机尾部发动进攻。

✈ 英国皇家空军喷火式战机
✈ 德国轰炸机

敌机数量占优时逃离
①两架德军BF109战斗机俯冲进攻。
②英军喷火式战机一边射击一边直降。
③第二架德军飞机处于火力打击范围之外。
④英军喷火式战机连续射击，随后逃跑。

一般特征

不列颠空战中英国皇家空军的资料。

英国皇家空军参谋部军旗

英国皇家空军军徽

最高指挥官英国空军总司令 ▶ 休·道丁爵士

中队数 ▶ 51个

战机数量 ▶ 900架（其中有700架喷火式战斗机和飓风式战斗机）

飞行员 ▶ 1 200人

MK Ⅲ 飞行眼镜
1935 年首次引入
这种树脂镜片眼镜。

氧气罩和麦克风
B 型面罩和适于
飞行的 E 型麦克风。

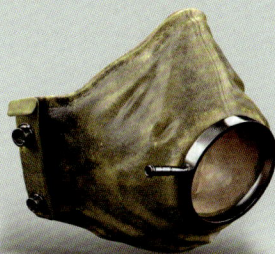

头盔和耳机
B 型头盔由皮革制成，
配备无线电通信耳机。

面罩

飞行皮夹克
皮夹克帮助飞行员抵抗
高空的极低温度，对于飞行
员的生存至关重要。

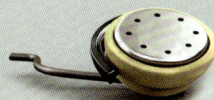

麦克风

皇家空军夹克
跟其他制
服一样，由斜
纹哔叽制成，
有一排纽扣，
胸前有两个衣
兜，还有两个
侧兜。

LS 型救生夹克
经常被涂
成黄色，在海
上迫降更容易
被发现。

欧文降落伞
降落伞背
带里含有可以
迅速释放的装
置，张开降落
伞的小环位于
左前臂下方。

帆布背包

释放绳

释放装置
一个搭扣，
很容易快速打
开降落伞。

皮靴
1939 年款的皮靴
上部是由硬化的帆布
制成，穿着更加舒适。

军裤
也是由斜纹哔
叽制成，蓝灰色，
是典型的英国皇家
空军的颜色。

常热包
这些化学热能
包被垫在飞行员的
皮靴里面。

原子弹

1941 年，珍珠港被炸，美国被拖入第二次世界大战。随后不久，美国开始着手研制原子弹。这一行动被称作"曼哈顿计划"，由罗伯特·奥本海默领导。1945 年 8 月 6 日，原子弹被首次运用于军事目的。9 日，第二颗原子弹也被投下。后果很严重，十多万人瞬间死亡，两座城市完全被摧毁。

广岛

小仓

长崎

8 月 9 日 11 点 01 分
原子弹在长崎上空被引爆。

屋久岛

放大区域 ➡️

琉球群岛

目标

被轰炸的城市直径都超过 5 千米，除了造成巨大的人员伤亡，美国还力图给日本人的心理造成毁灭性打击。

冲绳

B-29 轰炸机"英诺拉·盖伊"
这架飞机是机长保罗·蒂贝茨为了纪念他的母亲而命名的。

ENOLA GAY

82

R

82

机关炮

为了运输 4 140 千克的原子弹，除了机尾 20 毫米的机关炮，其他的都被拆除。

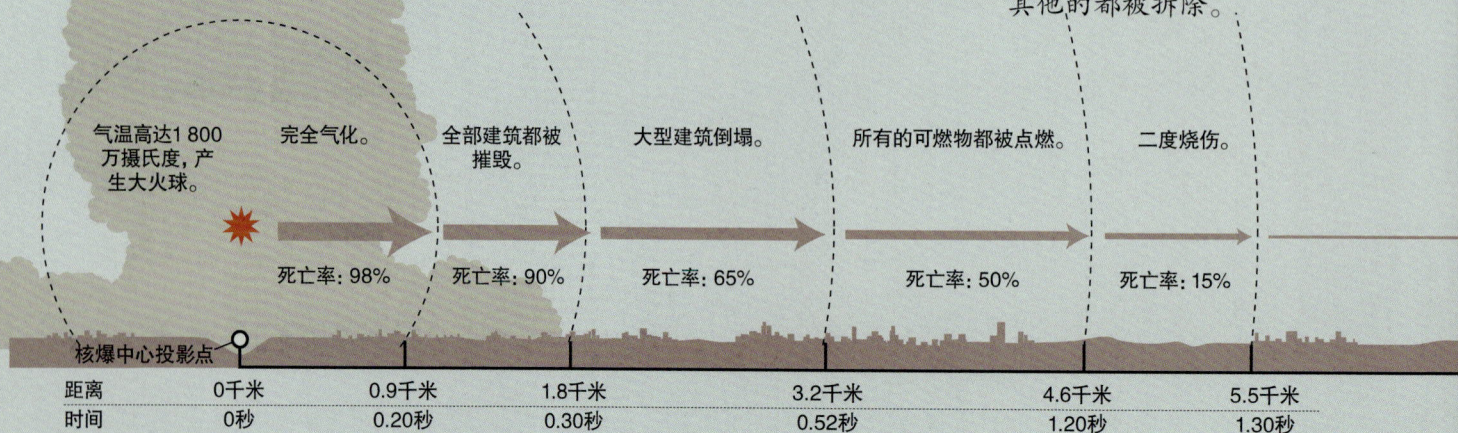

核弹爆炸

铀弹"小男孩"是从 9 450 米的高度投下的，1 分钟后在广岛市中心距地面 600 米的上空爆炸。

气温高达 1 800 万摄氏度，产生大火球。

完全气化。

死亡率：98%

全部建筑都被摧毁。

死亡率：90%

大型建筑倒塌。

死亡率：65%

所有的可燃物都被点燃。

死亡率：50%

二度烧伤。

死亡率：15%

核爆中心投影点

距离	0千米	0.9千米	1.8千米	3.2千米	4.6千米	5.5千米
时间	0秒	0.20秒	0.30秒	0.52秒	1.20秒	1.30秒

日本

东京 ○

3.2米   3米

1.5米   0.7米

8月6日8点15分
原子弹在广岛上空被引爆。

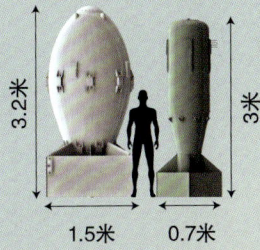

被原子弹轰炸前的广岛

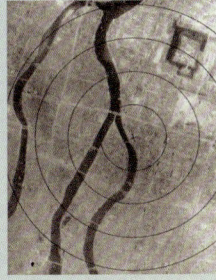

被原子弹轰炸后的广岛

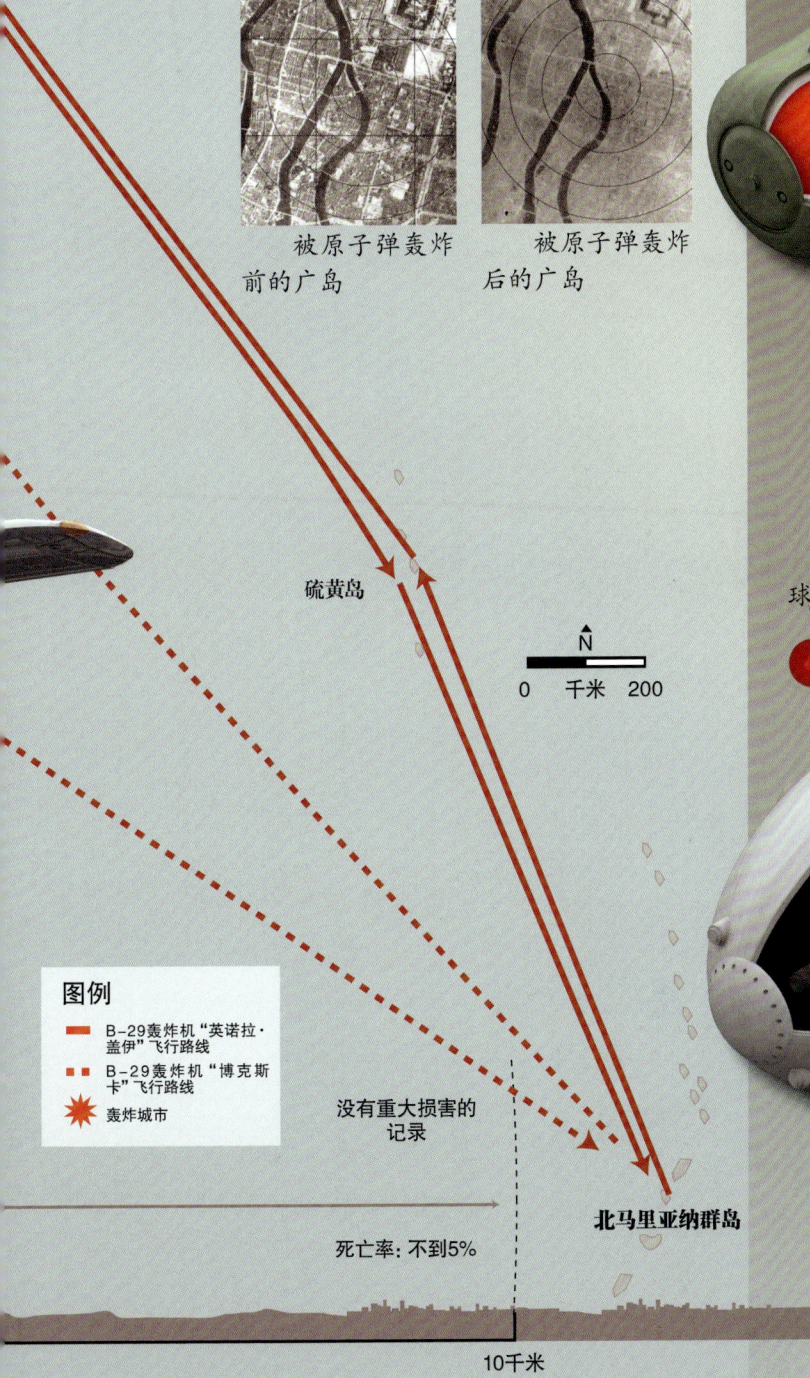

硫黄岛

N
0   千米   200

图例
■ B-29轰炸机 "英诺拉·盖伊"飞行路线
┉ B-29轰炸机 "博克斯卡"飞行路线
✹ 轰炸城市

没有重大损害的记录

死亡率：不到5%

北马里亚纳群岛

10千米

原子弹

曼哈顿计划生产了两颗型号完全不同的原子弹。

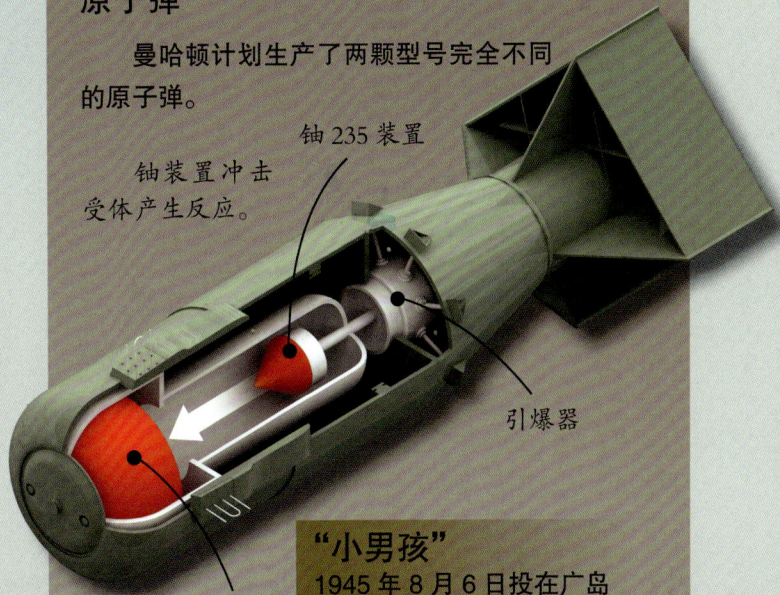

铀装置冲击受体产生反应。

铀235装置

引爆器

铀235受体

"小男孩"
1945年8月6日投在广岛

核反应物质 ▸ 铀

当量 ▸ 13 000吨TNT

重量 ▸ 4 400千克

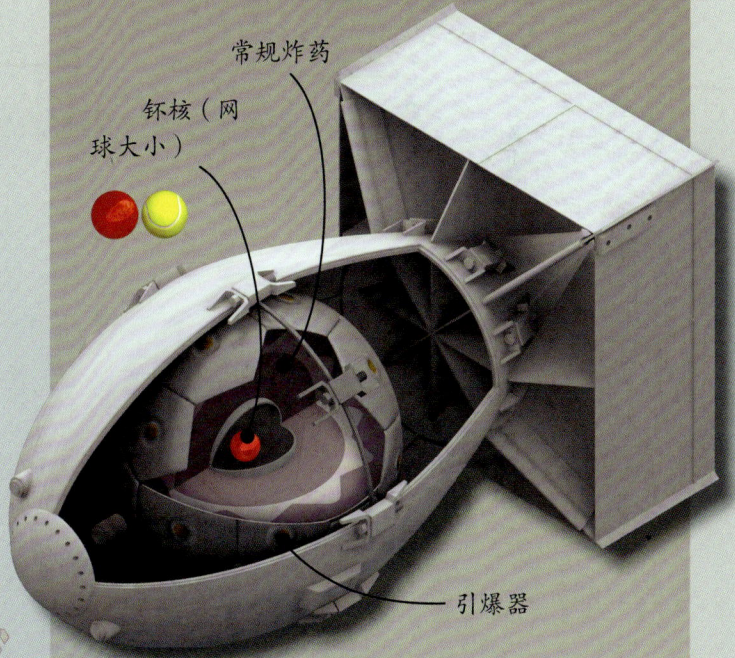

常规炸药

钚核（网球大小）

引爆器

"胖子"
1945年8月9日投在长崎。

核反应物质 ▸ 钚

当量 ▸ 25 000吨TNT

重量 ▸ 4 600千克

武装直升机

最早的直升机为地面作战部队提供支援，能够提供更大的机动性。20 世纪 70 年代，越战时开始研发速度更快、火力更强大的武装直升机。今天的直升机更加先进，除了发射导弹，还具有夜视和反雷达的功能。

卡 -52 "短吻鳄" 武装直升机

是卡莫夫设计局专为俄罗斯武装部队设计的直升机，具有反坦克和防空性能，可以执行侦察和地面部队支援任务。

类型 ▶ 多功能武装直升机	
开始服役时间 ▶ 2010年	
发动机 ▶ 两台VK-2500d发动机	
主要用户 ▶ 俄罗斯	
乘员 ▶ 2人	

座舱
飞行员并排坐在弹射座椅上。

共轴双旋翼
同轴螺旋桨向相反方向旋转，能发射20毫米火炮。

雷达天线罩
配备导弹瞄准和火控系统。

AH-64 阿帕奇武装直升机

这款直升机配备现代攻防技术，专为全天候条件下反坦克任务设计。

类型 ▶ 武装直升机	
开始服役时间 ▶ 1984年	
发动机 ▶ 两台通用1700-GE 涡轴发动机	
主要用户 ▶ 美国、英国、以色列、日本等国	
乘员 ▶ 2人	

红外扫描仪

机枪
每分钟发射625发子弹。

机翼
除了外挂油箱，还能够携带多达16枚反坦克导弹、火箭和空对空导弹。

UH-1 休伊直升机

越战中曾广泛用于部队运输、撤军、攻击和武装护卫等方面。现在是世界上使用最广泛的机型，有 40 个国家使用。

类型 ▶ 多用途通用直升机

开始服役时间 ▶ 1959年

发动机 ▶ 一台莱康明 T53-L-13涡轴发动机

主要用户 ▶ 美国、日本、澳大利亚、菲律宾等国家

乘员 ▶ 1人／4人

负载

最初的 UH-1A 机型能够搭载 6 名士兵或者两副担架，后来的机型能够搭载 14 名士兵或者 6 副担架。

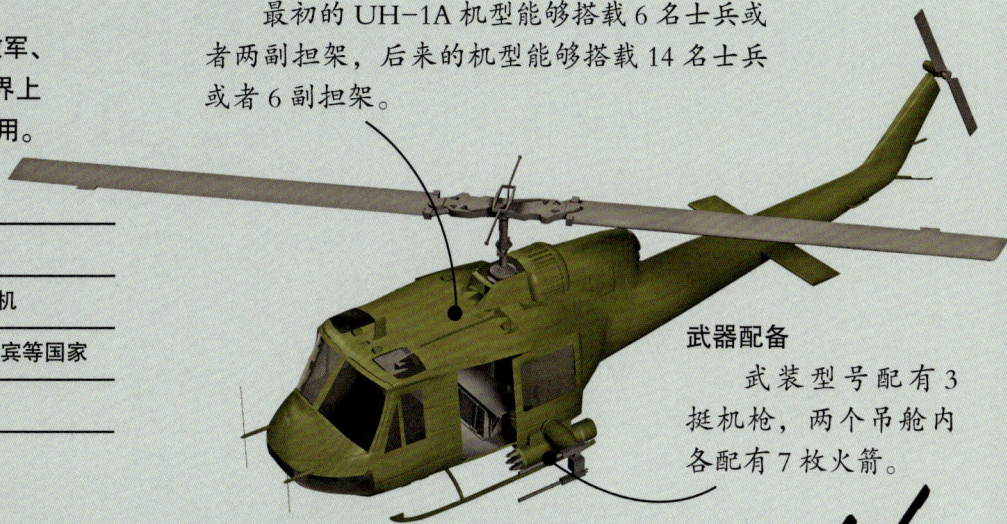

武器配备

武装型号配有 3 挺机枪，两个吊舱内各配有 7 枚火箭。

UH-60 黑鹰直升机

这款直升机具有十分重要的战术价值，在军事行动中能在复杂的地形部署部队。

类型 ▶ 多功能战术运输直升机

开始服役时间 ▶ 1979年

发动机 ▶ 两台通用T700-GE 涡轴发动机

主要用户 ▶ 美国、韩国、土耳其、哥伦比亚等国家。

乘员 ▶ 4人

电子设备

配备了航电设备和 GPS 系统。

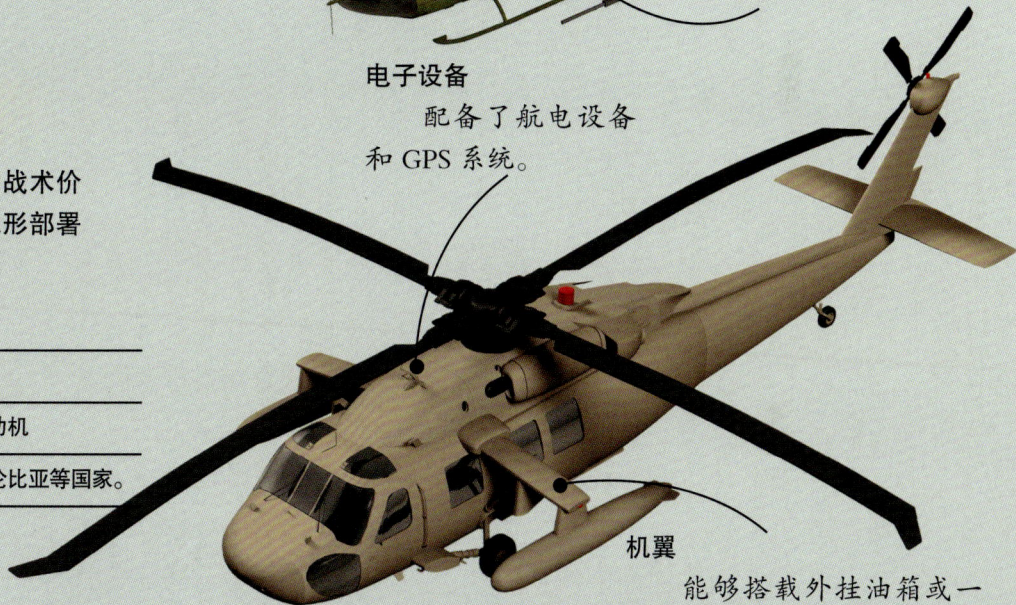

机翼

能够搭载外挂油箱或一系列武器装备（火箭、反坦克导弹、机关炮或者机枪）。

技术

配有反侦察、夜视和障碍侦察系统。

运输能力

38 名士兵。

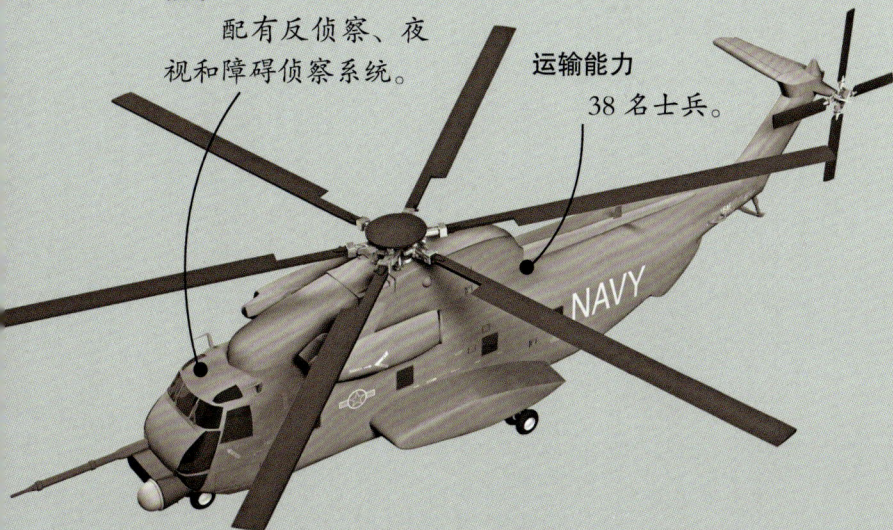

MH-53 J "低空铺路者" Ⅲ直升机

技术先进，主要使命是向敌占区部署、投送或者接回特种部队。曾在伊拉克和中东地区使用。

类型 ▶ 战斗搜索和救援直升机

开始服役时间 ▶ 1981年

发动机 ▶ 两台通用T64-GE-415涡轴发动机

主要用户 ▶ 美国

乘员 ▶ 6人

英国伞兵

温斯顿·丘吉尔对德国伞兵在斯堪的纳维亚半岛和荷兰的军事行动中所展现的高超技巧印象深刻。1940 年 6 月 22 日，英国完全照搬德国的模式，组建伞兵团。在 1941 年 2 月 10 日的"巨人行动"中，英国伞兵空降团"红魔"经受了首次战争的洗礼。

强化训练

最初，英国伞兵由来自空军和陆军各团的志愿者组成，他们接受空战训练。"巨人行动"的成功证明了这一新兵种的有效性，后来得以扩编。除了严格的体能训练外，一个排必须能够 24 小时行军 80 千米，集中学习 12 天的跳伞课程。此外，还要学习针对要塞、桥梁和铁路的进攻和防御战术。

降落伞

英军在第二次世界大战中使用的 X 型降落伞是 1940 年由 GQ 降落伞公司的雷蒙德·奎尔特和另一家降落伞制造商莱斯利·欧文共同研发的。20 世纪 60 年代，被 XP 型降落伞取代，后者的面积更大。1993 年，XP 型降落伞又被 GQLL Mk1 型降落伞所取代。

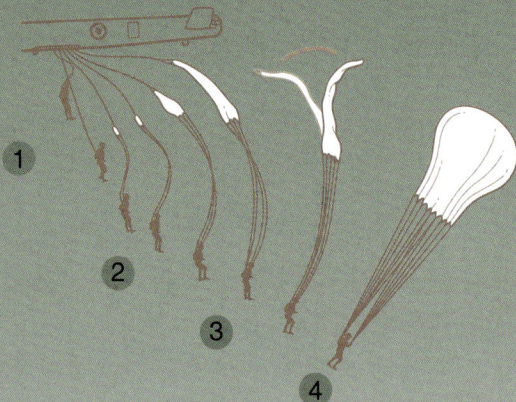

X 型降落伞的打开方式
①跳伞的同时，推力自动释放降落伞。
②伞绳完全展开。
③伞衣随后打开。
④顶部的洞调整下落的方向。

一般特性

英国伞兵在激烈的突尼斯战役（1942）后被德军伞兵称为"红魔"。

徽章和贝雷帽

徽章上面有骑着双翼飞马珀加索斯的英雄珀勒洛丰。

最高统帅 ▶ 威尔士亲王

现有建制 ▶ 4 个营

主要军事行动 ▶ 闹剧行动（1943）、汤加行动（1944）、市场花园行动（1944）、穿越莱茵河行动（大学行动）（1945）

最高指挥官 ▶ 罗兰·吉布斯爵士、安东尼·法勒-霍克利

座右铭 ▶ 做好一切准备

武器装备

伞兵携带李·恩菲尔德 4 型步枪、斯登 MKII 冲锋枪、布伦轻机枪和勃朗宁手枪。

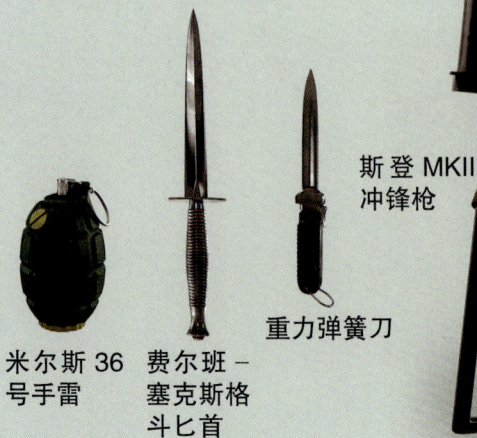

斯登 MKII 冲锋枪

重力弹簧刀

米尔斯 36 号手雷

费尔班-塞克斯格斗匕首

全套装备

与最初的德国伞兵军服类似，英国伞兵军服逐渐演变，拥有了自己的特色。在第二次世界大战结束后，1943 年款式的军服继续服役十多年。

头盔

最常用的是 Mk1 和 Mk2 型钢盔。

夹克

1942 年，斯默克夹克（又叫丹尼斯工作服）首次使用，1944 年又推出了改良版。

背带

降落伞背带紧紧地将士兵固定在降落伞上。

罩衣

穿在军服外面，防止装备缠在降落伞上。

X 型降落伞

丝质降落伞，直径长 7.14 米，28 根伞绳，每根长 7.6 米。

军裤

隐秘衣兜内藏有费尔班－塞克斯格斗匕首。

跳伞袋

士兵可以随身携带所有的武器和装备。

登山靴

标准的英军步兵军靴。

海玛斯火箭炮

兵器工业的发展要适合现代战争的发展趋势，伊拉克战争和阿富汗战争就是证明。美国陆军海玛斯火箭炮是一款轻便的易于运输的武器，它可以高效精准地打击远处的目标。

致命武器

"海玛斯"，即高机动性火炮发射系统，是美国洛克希德·马丁公司（研制导弹发射器）和 BAE 系统公司（研制车辆）联合开发的。该装置主要用来打击特定距离（最远 300 千米）的敌方火炮阵地、防空阵地、军车、后勤保障车辆或者部队集群。其优点是在被定位遭到反击之前可以迅速撤离发射阵地。

装甲座舱

仅容纳 3 人（司机、枪手和车长）乘坐，可以抵挡轻武器和毒气的攻击。

发射装置

使用液压提升系统，需要 15 分钟做好发射准备，但是瞄准目标不超过 20 秒。

轻便

仅重 5 吨，普通的美国空军大力神 C130 运输机即可运输。

发射架

海玛斯火箭炮能够发射6枚GMLRS制导导弹，射程可达70千米，如果是陆军战术导弹系统，最大射程可达300千米。炮弹上安装了GPS系统，具有极佳的精准度。

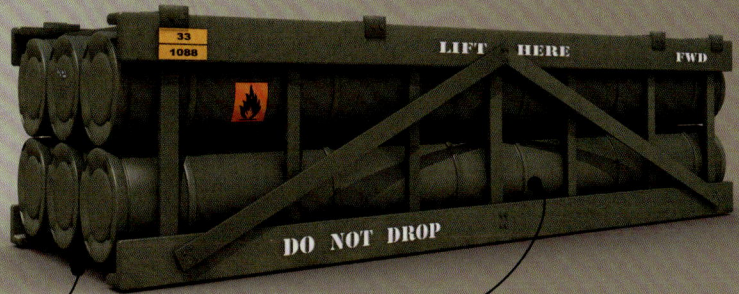

在1分钟内可发射6发炮弹
6枚GMLRS导弹的发射只需要大约45秒。

兼容性
发射架可以用来发射227毫米口径的不同类型的火箭弹。

海玛斯技术数据

火箭发射器制造商 ▸ 洛克希德·马丁公司

卡车制造商 ▸ BAE系统公司

产地 ▸ 美国

系统 ▸ 射程制导多管火箭炮系统：70千米
陆军战术导弹系统：300千米

造价 ▸ 300万美元

最大速度 ▸ 94千米/小时

续航里程 ▸ 480千米

六轮驱动
与以前火箭炮安装的履带车不同，轮式卡车速度极快，能够穿越复杂地形。

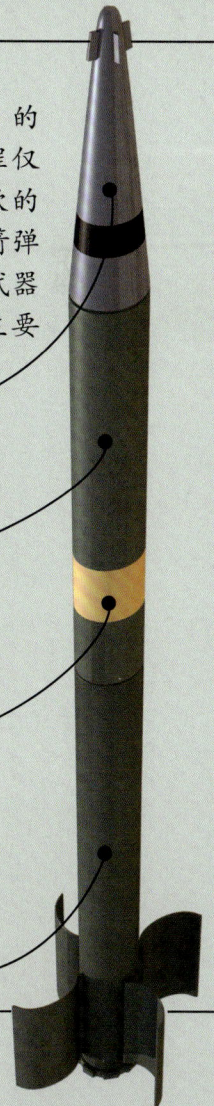

M31制导火箭弹
海玛斯最早使用的是M26型的炮弹，射程仅有32千米，最后被新款的GMLRS的M31制导火箭弹取代。这款极其精准的武器只有10米的误差，其主要优势就是降低附带损害。

GPS
安装GPS天线的引导控制装置。

炸药内核
每一枚M31制导火箭弹都含有大约90千克受控杀伤炸药。

可恢复式保险丝
根据不同的目标如掩体、露天目标等配备三个不同的调节器。

GMLRS发动机

娃娃兵

武装冲突中最令人鄙夷的就是把儿童送上战场，但这一做法已经存在数百年了。时至今日，娃娃兵仍是世界战场上的一大"景观"。他们被强征入伍，充当战争炮灰，遭受虐待。诸多组织都在呼吁消除娃娃兵现象，并且努力帮助这些受害者从战争创伤中恢复过来。

战争中的儿童

据联合国统计，全球有 25 万娃娃兵。许多非政府组织（如不同文化对话组织、和解基金会和救助儿童会）都声称 18 岁以下儿童被召入伍在下面这 17 个国家是合法的：阿富汗、乍得、哥伦比亚、菲律宾、印度、伊拉克、利比亚、马里、缅甸、巴基斯坦、中非、刚果（金）、索马里、苏丹、南苏丹、泰国和也门。童兵廉价、听话、易于控制，相比成年人更加不惧危险。

一般特征

2002 年《儿童权利公约关于儿童卷入武装冲突问题的任择议定书》把儿童参军的年龄从 15 岁提高到 18 岁，但许多国家都忽视了这条国际法则。

历史上的娃娃兵

儿童参与军事行动的记录自古有之，尽管很多都是辅助性的支援行动。两次世界大战中，就有数千名未成年人参战。

1945 年苏联红军中的娃娃兵。

希特勒青年运动的宣传画。

徽章

禁用童兵组织是一个致力于根除征召童兵的组织。

25 万 ~ 30 万人

据估计，这是正在参与各种冲突的娃娃兵的数量。

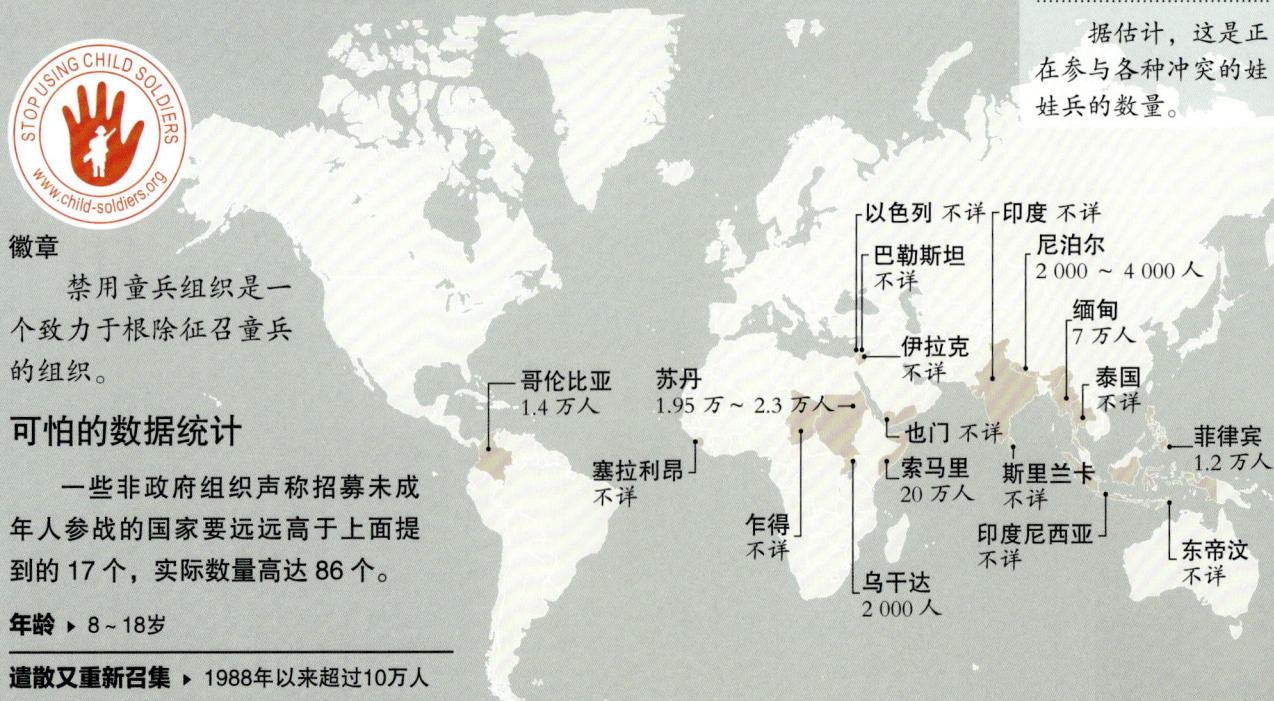

可怕的数据统计

一些非政府组织声称招募未成年人参战的国家要远远高于上面提到的 17 个，实际数量高达 86 个。

年龄 ▶ 8~18岁

遣散又重新召集 ▶ 1988年以来超过10万人

以色列 不详
巴勒斯坦 不详
印度 不详
尼泊尔 2 000 ~ 4 000 人
缅甸 7 万人
伊拉克 不详
泰国 不详
哥伦比亚 1.4 万人
苏丹 1.95 万 ~ 2.3 万人
也门 不详
菲律宾 1.2 万人
塞拉利昂 不详
索马里 20 万人
斯里兰卡 不详
乍得 不详
印度尼西亚 不详
东帝汶 不详
乌干达 2 000 人

青年民兵

被派往战场的娃娃兵用的都是怪异的武器，这取决于所属的部队性质，大多数情况下都是民兵组织。

贝雷帽

只有极少的男童配备头盔。

非洲奇葩

现在非洲成了童兵比重最高的大陆。本图就是一名非洲童兵。

军服

他们只配备了最基本的军服：充其量也就是一件衬衫和一条裤子。

弹夹袋

越南式的弹夹袋，专门用来装 AK-47 步枪的弯曲弹夹。

AK-47 步枪

世界范围内非正式武装广泛使用的武器。

鞋

就是平民日常穿着的鞋子：人字拖、凉鞋或者运动鞋。

女童兵

童兵中有 4% 是女童，除了直接参加战斗，她们还被迫穿越雷区蹚雷。

东南亚招募的娃娃兵

数千童兵参与了该地区不断的武装冲突。本图是一个东南亚国家的童兵。

主要任务

他们被迫出来诱骗敌人上当，保护他们的上司或者侦察敌方阵地。

志愿兵

一些未成年人由于冲突造成家破人亡后，无奈参军。

西式武器

他们会使用西式武器，如 M-16 步枪。

"星球大战计划"

1983 年 3 月 23 日，美国总统罗纳德·里根提出了战略防御计划（简称 SDI，即大众广为熟知的"星球大战计划"），这一计划将使用最前沿的武器、计算机和通信技术打造一个能够应对苏联大规模核弹攻击的防御系统。这瞬间就使得核武器变得"软弱无力和陈旧过时"了。最后，该计划不了了之。

代价高昂的计划

在里根执政时期，SDI 计划得到了超过 2 300 亿美元的经费资助。6 年间，国防拨款数量呈指数级增长，每年预算都增加 100% 以上。1989 年，专门用于科研的国防预算占全部预算的 17%。随着冷战的结束，这一计划逐渐被废止。1993 年，美国总统比尔·克林顿将其更名为弹道导弹防御系统，此举大大地削减了国防预算。

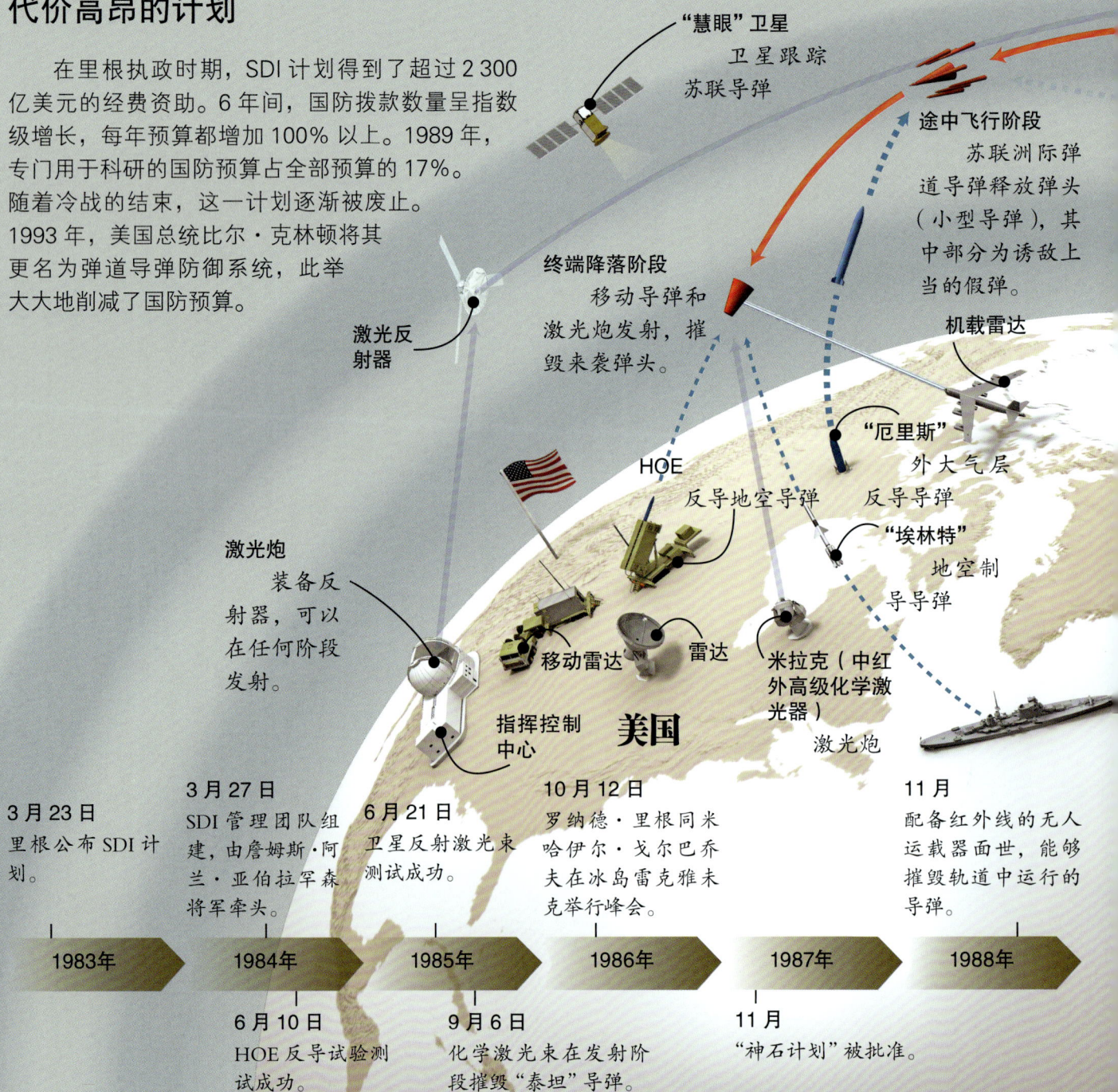

"慧眼"卫星
卫星跟踪
苏联导弹

途中飞行阶段
苏联洲际弹道导弹释放弹头（小型导弹），其中部分为诱敌上当的假弹。

机载雷达

终端降落阶段
移动导弹和激光炮发射，摧毁来袭弹头。

激光反射器

"厄里斯"
外大气层
反导导弹

HOE

反导地空导弹

"埃林特"
地空制导导弹

激光炮
装备反射器，可以在任何阶段发射。

移动雷达

雷达

米拉克（中红外高级化学激光器）
激光炮

指挥控制中心

美国

3 月 23 日
里根公布 SDI 计划。

3 月 27 日
SDI 管理团队组建，由詹姆斯·阿兰·亚伯拉罕森将军牵头。

6 月 21 日
卫星反射激光束测试成功。

10 月 12 日
罗纳德·里根同米哈伊尔·戈尔巴乔夫在冰岛雷克雅未克举行峰会。

11 月
配备红外线的无人运载器面世，能够摧毁轨道中运行的导弹。

1983年　　1984年　　1985年　　1986年　　1987年　　1988年

6 月 10 日
HOE 反导试验测试成功。

9 月 6 日
化学激光束在发射阶段摧毁"泰坦"导弹。

11 月
"神石计划"被批准。

图例

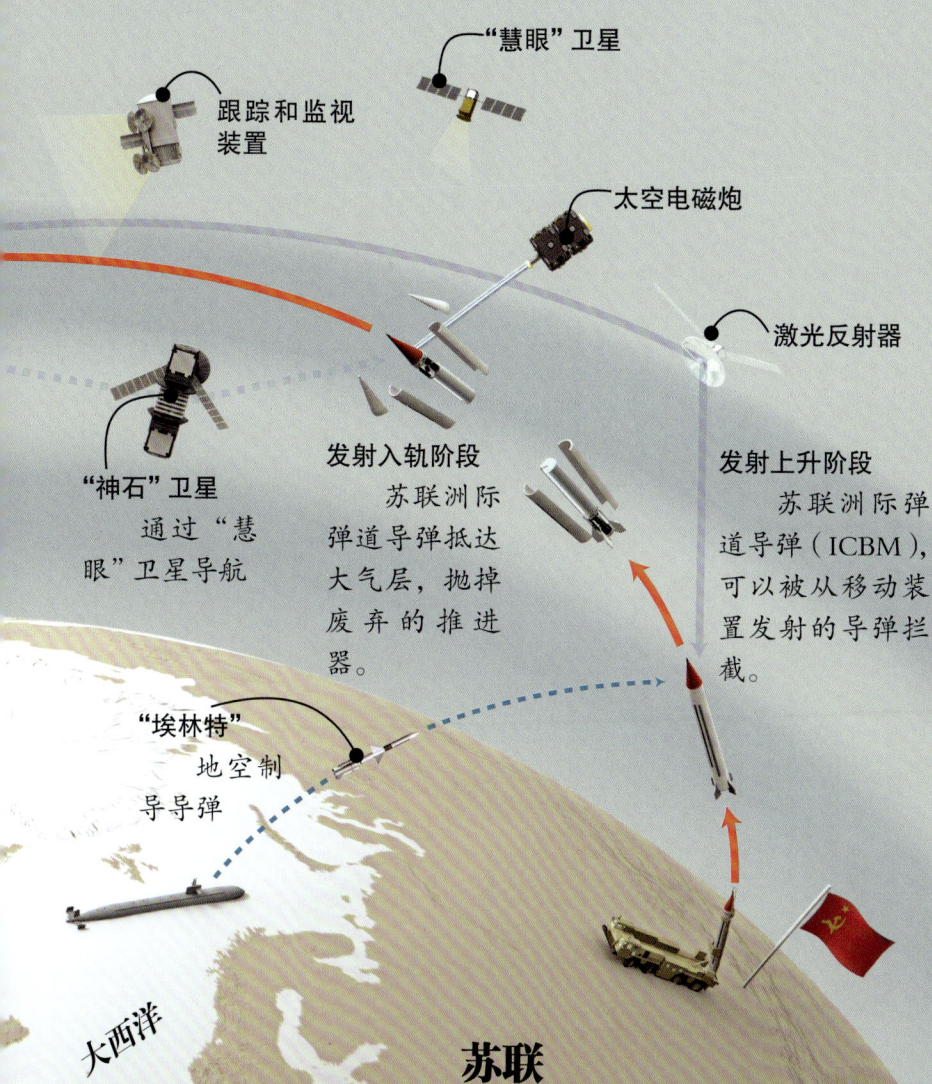

— 苏联导弹轨迹 　　—— 地球发射激光束
‑‑‑ 美国导弹轨迹 　　‑‑‑ "神石"卫星发射的拦截弹

跟踪和监视装置

"慧眼"卫星

太空电磁炮

激光反射器

"神石"卫星
通过"慧眼"卫星导航

发射入轨阶段
苏联洲际弹道导弹抵达大气层，抛掉废弃的推进器。

发射上升阶段
苏联洲际弹道导弹（ICBM），可以被从移动装置发射的导弹拦截。

"埃林特"
地空制导导弹

大西洋

苏联

其他计划

20 世纪 60 年代末，SDI 计划实施之前还有两个计划，但都胎死腹中。核威胁导致林登·约翰逊和随后的理查德·尼克松进一步推出了各种反导计划。

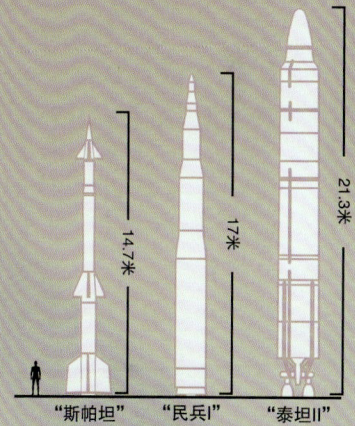

14.7米　　17米　　21.3米

"斯帕坦"　　"民兵"　　"泰坦II"

"哨兵"系统（1967）
第一个大气层外导弹防御计划，专门制造保护美国大城市的斯帕坦反导导弹。

"卫兵"系统（1969）
尼克松升级了"哨兵"反导系统为"卫兵"系统，其目的是保护大型的"民兵 I"和"泰坦 II"的远程洲际导弹发射井。

---

1 月 29 日
布什总统建立了"防御有限攻击的全球保护系统计划"（GPALS 计划），将 SDI 计划扩展到美国的盟友。

7 月
火箭携带粒子加速器发射激光束测试。

2 月
向安装了反射装置的卫星发射的激光束反射回到地球。

5 月 13 日
克林顿总统用弹道导弹防御系统（BMDO）取代 SDI 计划。

| 1989年 | 1990年 | 1991年 | 1992年 | 1993年 |

8 月
"神石计划"被证明技术切实可行。

11 月 9 日
柏林墙被推倒。

12 月 31 日
苏联解体，冷战结束。

未来的军队

在科技的加持下，每个士兵都可以作为一个独立的作战单位。武器、头盔、伪装、防弹衣等高效的作战装备可以在各种形势、地形和条件的战斗中发挥作用。兵器工业正致力于使用纳米技术研发能够保护士兵的智能军服。

陆地勇士

"9·11"事件以后，美国的武装力量出现了一些改变。2007年"陆地勇士计划"开始在伊拉克实施，士兵配备了全面的指挥、通信和控制装置，其目的是增强单兵作战的杀伤性，增强士兵自身的生存能力。然而，由于装备过重（9千克）、为尖端的技术设备供电的电池需要充电等后勤保障问题，这一计划最终被取消了。

"美洲狮"装甲突击车

无人陆上装甲车，火力猛，防地雷和土制炸弹设计。

UAV（无人机）

小型的无人机可用于侦察，甚至可以针对预先设定的目标进行攻击。

小型牵引车

这种高度机动的陆上车辆还能执行后勤支持、交通运输和地雷探测任务。

"塔龙"防爆装甲车

小型装甲车，主要用来勘察或者作战，能够在沙地和雪地上行走。

理想部队勇士

这个士兵要测试"陆地勇士"的先进技术，这也是这个计划的目标之一。

无人载具

无人载具已经投入使用，并且还在不断完善中。它们是军用机器人，可在各种复杂地形执行军事任务，还可以提供火力支援或进行侦察，能够最大限度地避免人员伤亡，可以远距离操控或者自动运行。在伊拉克战争中被首次使用。

机器人部队

到 2030 年，美国陆军想要把研发的技术应用到"机器人部队"（暂定名）的士兵身上。有些技术在伊拉克战争中已经在"陆地勇士"上测试过了，但其他技术如军用外骨骼仍旧处于研发的初始阶段。

头盔

内部配备氧气面罩、立体夜视仪、生物统计目标识别器、卫星通信和自动语音翻译器。

护目镜

除直接观察，士兵通过平视显示系统（HUD）还可以洞察到周围的环境。

"龙行者"机器人

一款都市作战中代替士兵进入某些复杂地区的军用机器人，重量仅 4 千克，可以装在行军背包中。2010 年，英军购买了 100 部机器人用于阿富汗战场。

武器装备

凯夫拉护盾被融合了纳米技术的智能织物取代，在感知到子弹后会变得更加坚硬。一块显示有效格斗信息的屏幕和 GPS 系统会被加装到战斗员的手腕上。

随身武器

射程可达 1 000 米，能够发射两种子弹：常规的 4.5 毫米口径子弹或者 15 毫米制导高爆子弹。

军用外骨骼

设计使士兵的腿部和背部力量增加 4 倍，这样就会跑得更快，跳得更高，举起更重的物体。

军服伪装

军装的外层布料随着周围环境的变化自动改变颜色，就像变色龙一样。由于有了纳米技术，隐身和透明的布料正在研发中。

德国军队

纳粹国防军——
战争机器

　　德国的纳粹国防军只存在了 10 年（1935—1945），但它却是当时作战效率最高、实力最强的军队。它采用闪电战等军事战略。战术优势和高度的组织纪律性为第二次世界大战初期德军的巨大胜利奠定了基础。

　　接受了高水平训练的军官、无懈可击的后勤保障和尖端武器的使用，是取得胜利的关键因素。然而，1944 年以后，德军已经没有足够的兵源控制占领的领土，只好吸收 16—65 岁的德国男子组成"人民冲锋队"，但由于缺乏军事训练，他们大都成了战争的炮灰。

　　纳粹国防军是种族大屠杀的帮凶，许多指挥官和参谋在战后被指控犯有战争罪。1945 年德国彻底战败。1946 年，纳粹所有的军队都被解散。同年，德国被禁止拥有军队，直到 1955 年联邦德国国防军成立，这一禁令才被废除。

日本军队

西方军队模式的
效仿者

　　随着明治维新和国家的西化进程，日本诞生了一种完全效仿西方模式的军队。它直接向天皇
负责。

　　1873 年，日本政府实行义务兵役制，将军事训练交给法国军官，日本军队效仿法国拿破仑军队
的模式。然而随着 1870 年普法战争普鲁士人的胜利，日本天皇又对普鲁士的军队模式产生了兴趣，
聘请德国军官训练日本军官。日本军队采用普鲁士的军事模式，在指挥权链条的最顶端成立了权力
最高的总司令部，天皇是总司令。后来又有一些意大利和荷兰军官用西方的武器和军事策略来训练
日军。日本的海军也接受英国海军的指导和训练。

　　日本在 1894—1895 年的中日甲午战争和 1904—1905 年的日俄战争中检验了它的新军。在第二
次世界大战中，日本加入轴心国一方。1945 年日本投降后，其军队被美国解散。

日本军队

在 20 世纪 30 年代，日本发起侵华战争；1941—1942 年，日本对盟国发起太平洋战争。盟军 1942 年在瓜达尔卡纳尔岛和中途岛开始反击，日本军队内部分裂，这是训练有素的现代军队仍受原始的军事传统束缚的结果。

偏执狂热的价值观

日本社会严格的等级制度在军队中得到了充分的反映。虐待普通士兵现象十分常见，所有非日裔士兵都要忍受严重的种族歧视，但日军士兵的诸多特点，比如对逆境的适应性、对上级命令的坚决服从，以及宁可自杀也不投降等使他们成了盟军最难缠的对手。

残兵

"残兵"这个日语词汇指的是一些日军士兵藏身偏僻的荒岛，根本不知道战争早已经结束。中尉小野田宽郎就是这样一个残兵。（下图）

小野田宽郎藏在菲律宾的鹿邦岛长达 30 年，一直拒绝投降。1974 年，他接到了第二次世界大战时他的上司谷口集美的命令后，才走出丛林投降。

最高指挥权	▶ 帝国总部
师团数量	▶ 51 个（1941）
总兵力	▶ 610 万（1941—1945）

其他武器

除了标准步枪，每个士兵还配有手雷。每个排配有一挺重机枪、一个掷弹筒和一挺轻型机枪。

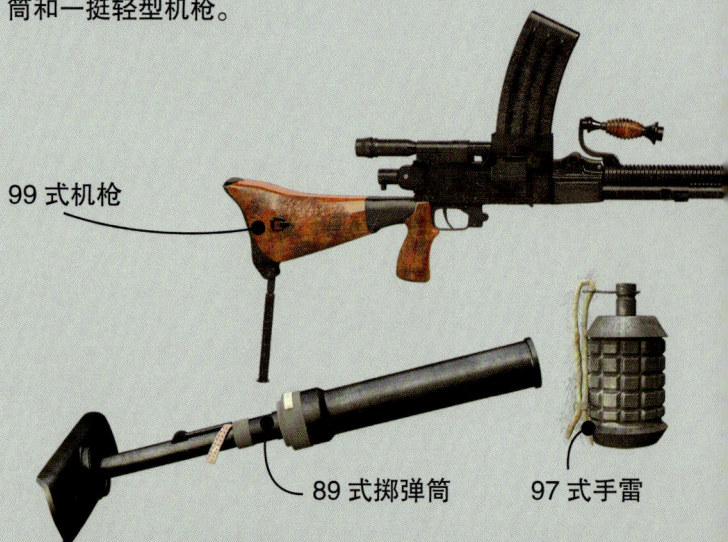

99 式机枪

89 式掷弹筒

97 式手雷

92 式头盔
　　1932 年首次使用，由劣质钢制造，不能很好地抵御子弹和弹片。

有坂 99 式步枪
　　日军的标配，栓动，口径 7.7 毫米。

作战军服
　　肘部和衣领都经过加强处理。

背包
　　内装有士兵的各种装备。

背带
　　由一根腰带和两条十字形交叉的斜带组成，一条斜带挂水壶，另一条连着兜子。

绑腿
　　用有弹性的增强材料制成。

水壶
　　与德军非洲军团的装备类似，但没有装袋，只是系在背带上。

弹夹袋
　　一共有 4 个，其中 2 个作为备用放在皮带后面。

军裤
　　下面用绑腿扎紧，防止亚洲热带丛林地区的昆虫叮咬。

硫黄岛战役

　　1945 年，日军为了守住这个极具战略意义的岛屿，开挖了一系列地下坑道，布下的陷阱给美国海军陆战队员造成了很大的困难。

狙击手
　　藏身于火山岩中开挖的隐蔽处狙击敌人。

地道
　　横穿整个硫黄岛，并有很多秘密出口。

偷袭珍珠港

日军不宣而战，偷袭美国在太平洋上的海军基地，以达到削弱美军的军事力量进而控制毫无防备的东南亚的目的。日军此举令美国军方怒不可遏，美国立刻参战，战争胜利的天平开始向盟军倾斜。

奇袭

1941 年 12 月 7 日清晨，日本不宣而战，进攻位于夏威夷群岛的美国海军基地珍珠港。日本空军击沉了太平洋舰队大部分舰艇，重创了美军的空中力量，致使数千人伤亡。但日军并没有发现这次进攻的主要目标——美军航空母舰。

两轮攻击

第一轮
上午7:55
183架飞机

第二轮
上午8:40
167架飞机

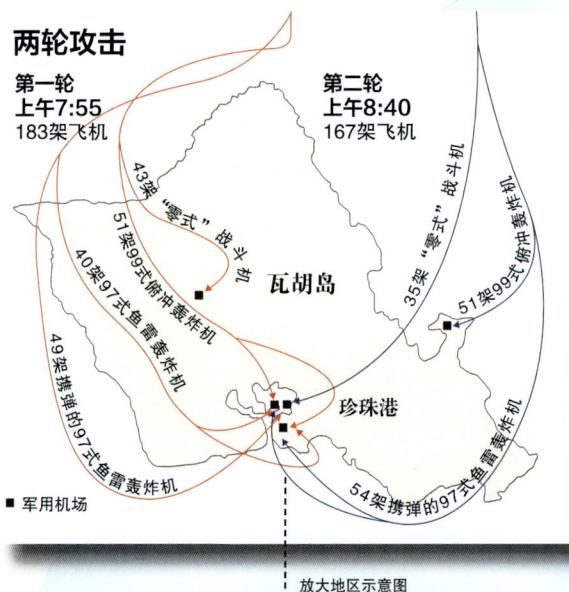

43架 "零式" 战斗机
51架99式俯冲轰炸机
40架97式鱼雷轰炸机
49架携弹的97式鱼雷轰炸机

35架 "零式" 战斗机
51架99式俯冲轰炸机
54架携弹的97式鱼雷轰炸机

瓦胡岛
珍珠港
■ 军用机场

放大地区示意图

海军97式船坞

"柯蒂斯"号水上飞机母舰

"霍尔姆"号驱逐舰

希卡姆空军基地和其他基地的飞机都在机库外面，结果 188 架飞机被摧毁。

"肖"号驱逐舰
"唐斯"号驱逐舰
"宾夕法尼亚"号战列舰
"卡森"号驱逐舰

"零式"战斗机
最大飞行速度：533 千米 / 小时
实用升限：10 000 米
续航里程：3 100 千米

攻击

6:00 日军第一空军联队位于瓦胡岛以北 370 千米。

6:10 日军第一批飞机从航空母舰上起飞。

6:35 日军第二批飞机起飞。

7:02 一支美国雷达部队侦测到日军飞机，但误以为是美军的轰炸机中队。

7:55 轰炸珍珠港开始。

8:25 鱼雷攻击结束，空袭仍在继续。

8:40 第二轮攻击开始。

9:45 攻击结束。

图例

- ■ 击沉
- ■ 重伤
- ■ 轻伤
- ■ 无损

战列舰
水上飞机母舰
驱逐舰
巡洋舰

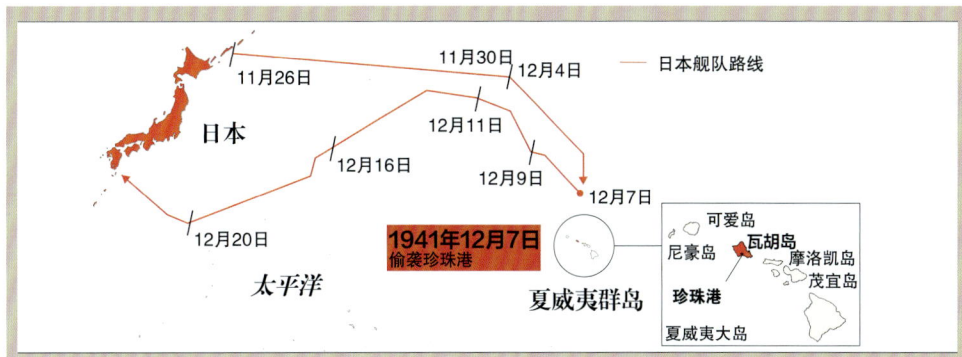

11月26日　11月30日　12月4日
日本
12月16日　12月11日
12月9日
12月20日　12月7日

1941年12月7日
偷袭珍珠港

太平洋　　　夏威夷群岛

可爱岛
尼豪岛　瓦胡岛　摩洛凯岛
珍珠港　茂宜岛
夏威夷大岛

日本舰队路线

人员伤亡

美国	日本
2 402人	65人

军人：2 345人
平民：57人

珍珠城

"美杜莎"号维修舰

"丹吉尔"号水上飞机母舰

"犹他"号战列舰　"拉里"号巡洋舰　"底特律"号巡洋舰

阿伊亚湾

"尼奥绍"号补给舰

"马里兰"号战列舰　"田纳西"号战列舰　"亚利桑那"号战列舰

"加利福尼亚"号战列舰

"奥格拉拉"号布雷舰　"俄克拉何马"号战列舰　"西弗吉尼亚"号战列舰　"韦斯塔"号维修舰　"内华达"号战列舰

"海伦娜"号巡洋舰

"火奴鲁鲁"号巡洋舰

后勤基地

其他战机

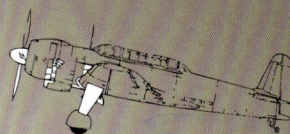

97式鱼雷轰炸机
最高飞行速度：350千米/小时
实用升限：7 640米
续航里程：1 100千米

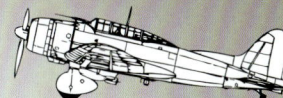

99式俯冲轰炸机（盟军编号"VAL"）
最高飞行速度：389千米/小时
实用升限：9 300米
续航里程：1 473千米
载弹量：一枚250千克炸弹

纳粹德国的士兵

纪律严明、无比专业、装备精良、训练刻苦，加上战场上猛烈的进攻和顽强的防守，这一切使德国在第二次世界大战初期所向披靡。

完美的战术和严明的纪律

德军根据战场上获得的战斗经验逐步调整训练计划。战略上引入任务型战术，下级军官可以根据战场形势变化自主决策。这使德国国防军的战术具有很大的机动灵活性，同时也对士兵的个人能力提出较高的要求。

特殊的颜色
德军军服的灰绿色又被叫作"军灰色"，上装和军裤都由布制成。

皮制弹夹袋
能够容纳两个5发子弹的弹夹。

长柄手榴弹
这种手榴弹需要拧开底部的盖子，拉引线引爆。

步枪
毛瑟98K步枪是德军步兵的标配，其弹仓能够装下5发7.92毫米的弹夹。

标志

德军头盔的图案标志显示士兵所属的军种——陆军、海军、空军或党卫军。

鹰标
代表德国国防军。

盾徽
和国旗颜色一致。

食品袋和带杯的水壶

军靴
黑色，皮制。鞋底有金属钉，后跟用铁掌加固。

头盔
钢制，重约 1 千克。

餐盒
铝制，可以当作炊具使用。

伪装斗篷
可当作毯子使用，几个斗篷连起来可以做成一顶帐篷。

军服的演变

1943 年以后，德军军服经历了几次演变后变得更加现代、更加实用。登山靴取代了高筒靴，头盔罩和迷彩服也不仅局限于精英部队，其他大部分兵种也开始使用。

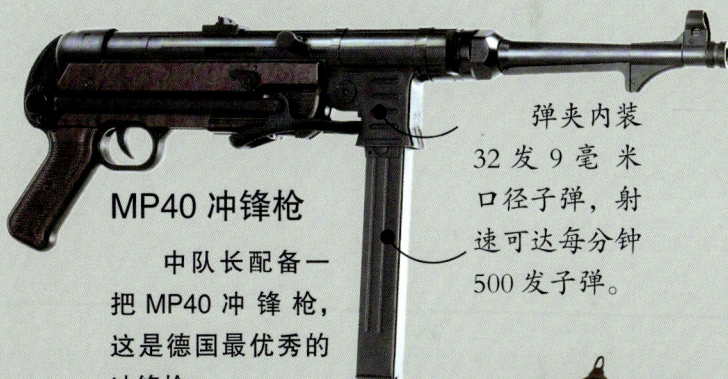

弹夹内装 32 发 9 毫米口径子弹，射速可达每分钟 500 发子弹。

MP40 冲锋枪

中队长配备一把 MP40 冲锋枪，这是德国最优秀的冲锋枪。

防毒面具盒子套装

第一次世界大战中的毒气战促使防毒装备应运而生。金属盒内装一套防毒面具和镜片盒。

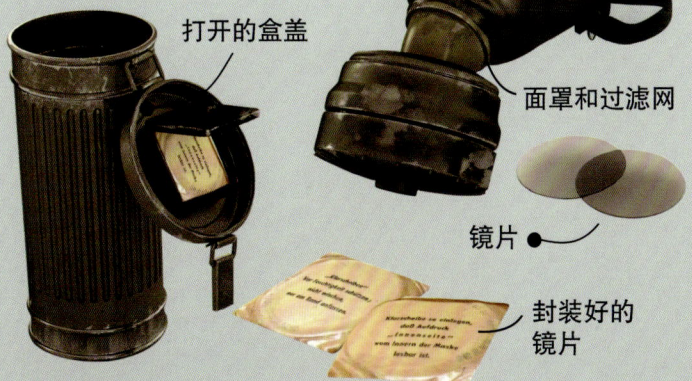

打开的盒盖

面罩和过滤网

镜片

封装好的镜片

战壕铲
与刺刀并排放置，25.4 厘米长，有一个电木手柄。

全套装备
这个盒子还配有一块镜片清洁布，在前线还配有防毒气中毒的药丸、一个装有消毒液的瓶子和去污纱布。

入侵法国

　　1940 年 5—6 月，德军入侵法国。德军的战斗力和战略效能对确保这次军事行动的成功起到了至关重要的作用。这与英法联军形成鲜明对比，英法联军在防御战中所犯的错误最终导致他们命悬一线。德军攻克巴黎并占领法国长达 4 年之久。

完美的协作

　　盟军预计德军会从低地国家开展大规模入侵。然而德军兵分三路，每一路进攻都有明确的目标。出乎意料的是，德军集中主要兵力攻打阿登森林，奇袭战术和不同兵种间的协同配合是取得胜利的关键因素。

军力对比

盟军

人数 ▶ 330万人

大炮 ▶ 13 974门

坦克 ▶ 3 383辆

飞机 ▶ 2 935架

纳粹德国

人数 ▶ 335万人

大炮 ▶ 7 378门

坦克 ▶ 2 445辆

飞机 ▶ 5 638架

主战坦克

　　德军装甲坦克在战争开始的前几年一直在战场上居于统治地位。坦克的机动性与地面和空中力量的协同配合作战使德军在战场上取得了巨大胜利。

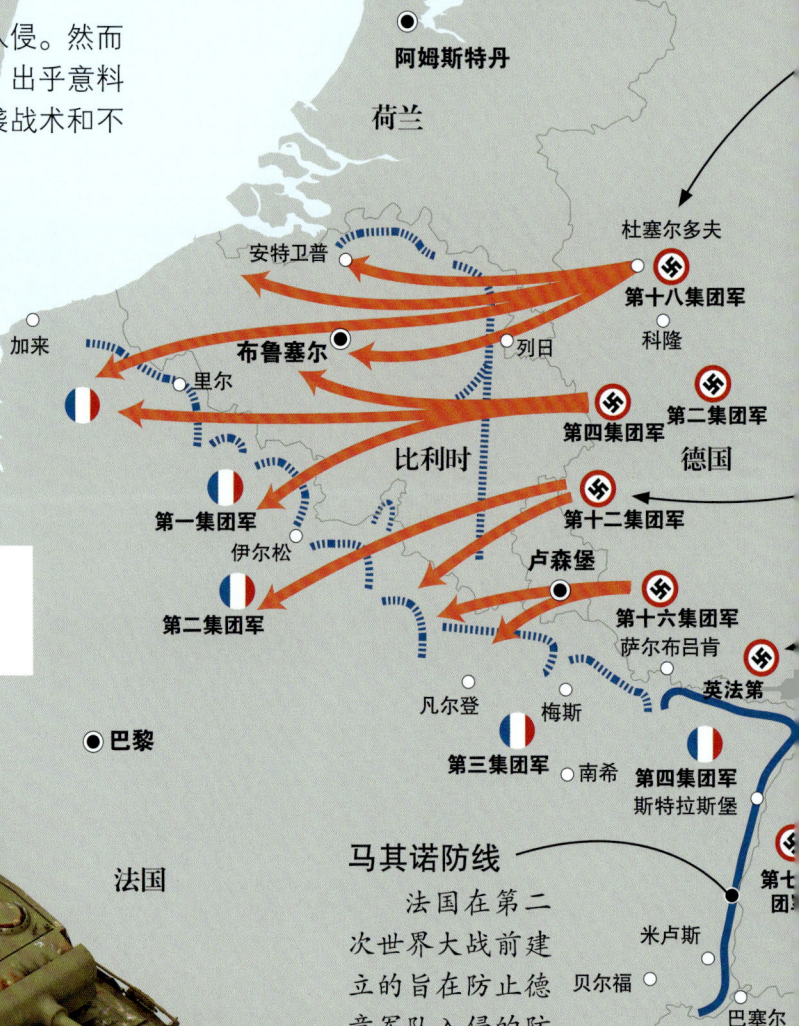

阿姆斯特丹

荷兰

伦敦

英国

加来

英吉利海峡

安特卫普

布鲁塞尔

里尔

杜塞尔多夫

第十八集团军

科隆

列日

第二集团军

第四集团军

德国

比利时

第一集团军

伊尔松

第十二集团军

卢森堡

第二集团军

第十六集团军

萨尔布吕肯

英法第

巴黎

法国

凡尔登

梅斯

第三集团军

南希

第四集团军

斯特拉斯堡

第七团军

米卢斯

贝尔福

巴塞尔

瑞士

...... 脆弱的防线

—— 坚固的防线

→ 纳粹德国进攻方向

马其诺防线

　　法国在第二次世界大战前建立的旨在防止德意军队入侵的防线。全长 390 千米的要塞防线专为战壕战而设计，但最后没有起到任何作用。

空袭

战争开始后的前几年，JU87"斯图卡"战机是德国空战的主要机型。飞行员开启汽笛发出令人胆寒的声音。德国空军恐怖的杀伤力能迅速突破敌军重兵防守的战线。

最后的进攻

考虑到法军遭受了重大人员伤亡，德国在 6 月初发动了声势浩大的攻势。到了月底，德军占领巴黎。

B 集团军群

1940 年 5 月 10 日战斗打响，德军快速攻入卢森堡、荷兰和比利时，在分散了英法联军的兵力后围而歼之。

A 集团军群

担任进攻主力。德军派装甲车出其不意地进入阿登森林，一鼓作气突破法军防线，包围北部的英法联军，给其以致命性打击。

C 集团军群

德军牵制驻守马其诺防线的法军，阻止他们驰援防守德军 A 军团进攻的部队。

柏林

1 飞行员锁定目标，在理想的高度设置自动恢复系统。

2 飞机以超过 500 千米 / 小时的速度以 65 ~ 80 度的垂直夹角俯冲下来，汽笛声令被攻击目标胆寒。

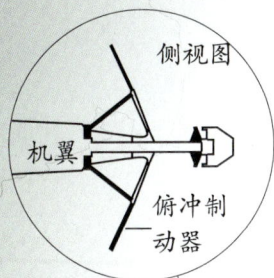

飞机平飞时，俯冲制动器使得"斯图卡"战机维持定速，保持飞机平稳，有助于飞行员瞄准目标。

侧视图

机翼

俯冲制动器

3 在 500 米的高度，飞行员投下炸弹或者利用机枪射击，同时自动系统开启高度恢复程序。

1 500 米

500 米

闪电战

第二次世界大战开始的前几年，德军采用全新高效的闪电战，令盟军措手不及。闪电战依靠诸多军种的配合，快速推进，飞机和坦克是最重要的作战手段。从1939年入侵波兰到1940年6月法国陷落，德军采用这一战术占领了大半个欧洲。

海茵茨·威廉·古德里安
（1888—1954）
德国坦克部队的创立者和统帅，入侵波兰和法国时闪电战的策划者和实施者。

埃里希·冯·曼施坦因
（1887—1973）
他参加了入侵波兰的战役，在入侵法国的战役中采纳并完善了闪电战，他是纳粹进攻计划的重要的战术理论家。

波兰，闪电战的"处女秀"

德军在进攻波兰时首次采用了快速进攻的闪电战。1939年9月1日发动攻击，仅用3周就结束了作战行动。闪电战在进攻法国时更是大显神威。

入侵波兰
德军在1939年9月进入波兰。

其他坦克
1940年5月，德军只有少量的三号坦克，大部分部队还只是配备了一号坦克和二号坦克。

空中支援

"斯图卡"轰炸机在盟军阵地（如炮兵阵地）上俯冲，利用炮火支援来压制敌人火力。

坦克大战

在法国战役中使用的三号坦克是德军的主力坦克，其性能优于法国的雷诺R-35坦克和哈奇开斯H-35坦克。

德军伞兵

作为闪电战的一部分，德军首次将伞兵作为作战部队。这不仅体现了德军的现代战争观，还成为其调动武装力量参战的典型。德军伞兵最著名的行动就是攻占了貌似坚不可摧的比利时埃本－埃马尔要塞。在这次行动中，德军还首次使用了滑翔机。

速度为王

闪电战使用武装部队联合进攻，高速机动的装甲部队在飞机和大炮的支援下集中攻击某个地点。占领战略要地，力求速战速决。速度和突袭是压制敌人反应的关键因素。

极大的机动性

德军的轻型装甲车（如SdKfz-222装甲侦察车）比坦克速度更快，更加灵活。

有利的地形

闪电战之所以能够成功，平坦开阔的地形必不可少。

德国的 U 型潜艇

1939—1943 年，德军潜艇在大西洋上大量地摧毁英国战舰和商船。大约 1 200 万总吨位的船只在战争中被德国海军击沉。在这些袭击中，潜艇扮演了至关重要的角色：它们在夜间靠近水面，发动集群攻击。这种战术被称为"狼群战术"。

攻击战略

1942 年夏天，德国潜艇战的胜利达到巅峰。800 万总吨位的盟军船只被击沉，但到了 1943 年年中，形势发生了改变。声呐和航母护卫舰的使用、飞机的全方位掩护和德军密码的被破译使盟军有能力压制德军潜艇的嚣张气焰。

鱼雷管

这两个鱼雷管紧靠艇员的生活区，另外两个靠近艇尾的螺旋桨。U-47 潜艇可携带 14 枚鱼雷。

技术参数

长 ▶ 67米	
宽 ▶ 6.2米	
高 ▶ 4.7米	
排水量 ▶ 753吨	
全潜排水量 ▶ 857吨	
水面速度 ▶ 32千米/小时	
水下速度 ▶ 15千米/小时	

U 47

U-47 型潜艇

1939 年 9 月 9 日，冈瑟·普里恩命令德军 U-47 型潜艇进入英国海军重要基地——苏格兰的斯卡帕湾，击沉了排水量 29 150 吨的"皇家橡树"号战列舰，随后胜利返航，而英舰上的 786 人全部丧生。但 1941 年 3 月，该潜艇被击沉，全部艇员殒命海底。

冈瑟·普里恩
（1908—1941）

在他担任 U-47 型潜艇部队指挥官期间，30 艘盟军舰只被击沉。在斯卡帕湾取得的胜利使他名噪一时，并被授予了铁十字勋章。但他 33 岁时与 U-47 型潜艇同沉海底。

卡尔·邓尼茨
（1891—1980）

德国海军元帅，潜艇部队的负责人，1943 年后任海军总司令。他提出了潜艇集群攻击的"狼群战术"。

鱼雷

    1866 年，由奥地利军官乔瓦尼·卢皮斯发明。鱼雷直线行进，尾部留有航迹，但具有致命的冲击力，射程可达 10 千米。

潜艇上正在装载的鱼雷

控制室

    在这里可通过舰塔上的可旋转潜望镜进行观察，其中有一只还是远距离潜望镜。

机房

    配有压缩空气罐、电机和柴油发动机。

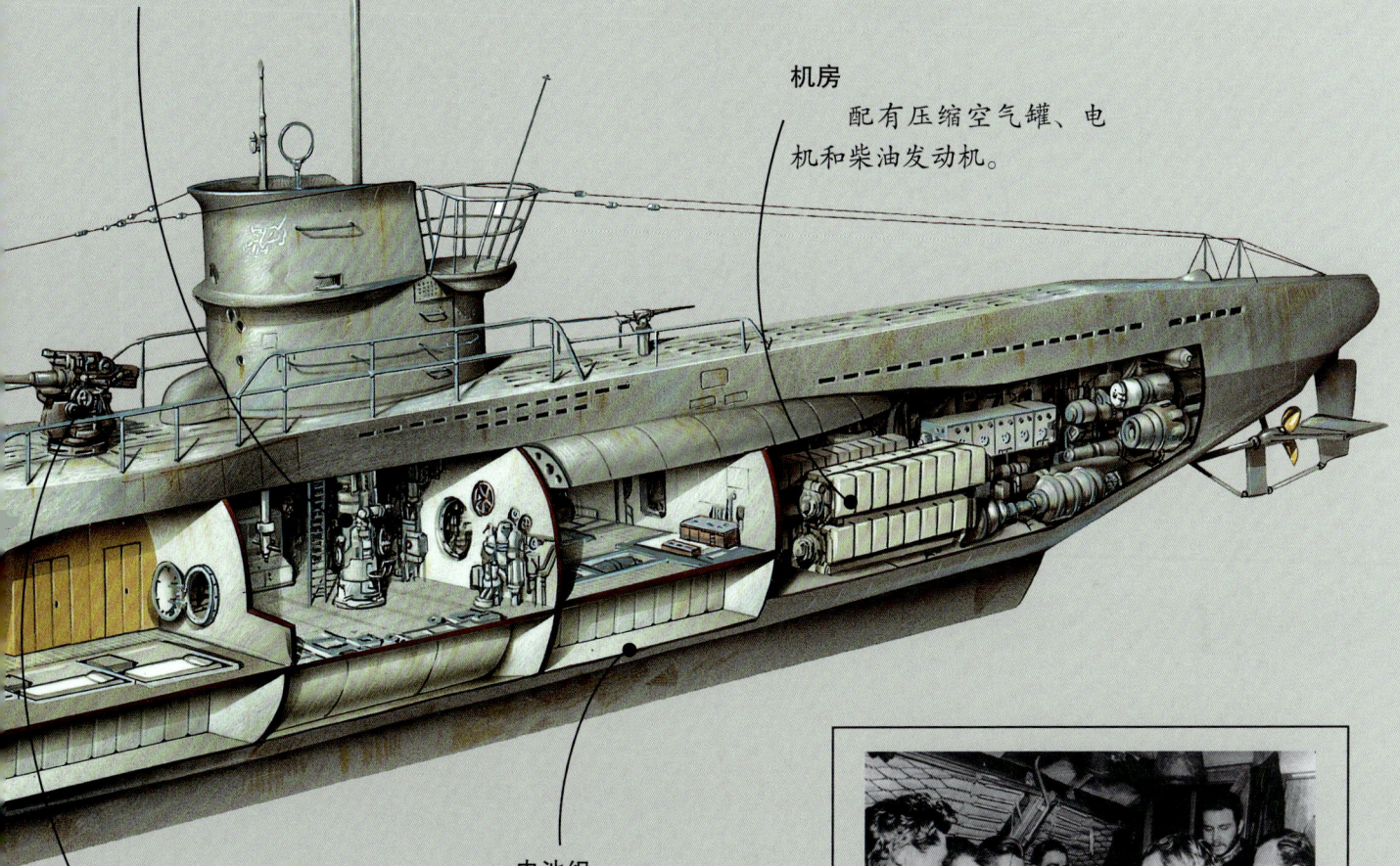

火炮

    这门口径 88 毫米的大炮安装在舰口和塔台之间。防空炮口径 20 毫米，置于舰桥后。

电池组

    潜艇可由电力系统驱动。电力不足会导致潜艇在水下运行时间较短，需要上浮进行充电。

潜艇上的生活

    潜艇上携带的淡水不多，到处弥漫着油料和燃料的气味。艇上空间十分拥挤，有两个卫生间，25 个床铺供 50 名艇员使用。艇员永远有执行不完的任务，需要极大的勇气克服幽闭恐惧症。由于技术故障或者战斗原因，艇员的生命极易受到威胁。

希特勒的地下掩体

柏林新建的总理官邸是第三帝国的一处可抵御空袭的地下指挥总部，这是希特勒1945年1月16日至4月30日自杀时的最后官邸，当时苏军已经攻进柏林。掩体墙壁厚达4米，混凝土屋顶可以抵御炸弹攻击。然而到战争结束时，大部分掩体还是被摧毁了。

地下避难所

希特勒的地下掩体分为两部分。第一层（位于地面以下6.4米）是上部地堡，建于1936年，那里有卫生设施、行政办公设施和个人生活辅助设施。下一层（9米深）为"元首地堡"，1943年建成，是阿道夫·希特勒和爱娃·布劳恩的私宅，元首地堡除了有约瑟夫·戈培尔陪同，还有卫兵和私人助理。

元首地堡（下层）

1、2 希特勒私人医生的房间
3 戈培尔的衣橱和卧室
4 秘书办公室
5、6 电话交换站
7 通风加热机和发电机
8、9 走廊和会议室
10 安保人员和希特勒的宠物室
11 地图室
12 希特勒的衣橱
13 爱娃·布劳恩的起居室和卧室
14 希特勒卧室
15 希特勒起居室
16 希特勒卫生间和衣橱
17 浴室和卫生间
18 地堡连接处

上部地堡（上层）

19 食品储藏室
20 储藏室和厨房
21、22 走廊
23 食堂
24~27 戈培尔家人卧室
28、29 职员卧室
30 机房和通风室
31 医疗保健中心
32 地堡入口
33 安全和技术人员办公室
34 旧总理府和新总理府地堡之间的通道
35 通往外交部和外交部花园的通道
36 混凝土碉堡，通风口和紧急出口
37 新总理府花园的出口
38 未完工的混凝土碉堡

焚尸处

希特勒和爱娃·布劳恩的尸体在总理府花园出口几米远处被火化。

9米

发电机

发电机、柴油发电机和通风设备、抽水泵一直不停地工作，地堡里面噪声不绝。

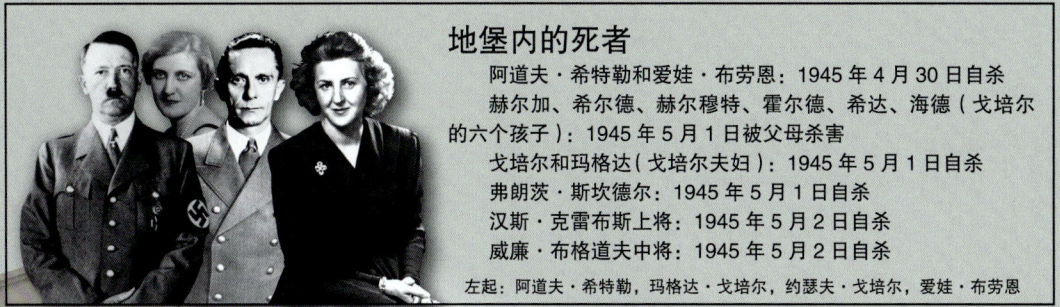

旧的总理府的北墙

花园围墙

地表

地面

地堡内的死者

阿道夫·希特勒和爱娃·布劳恩：1945 年 4 月 30 日自杀

赫尔加、希尔德、赫尔穆特、霍尔德、希达、海德（戈培尔的六个孩子）：1945 年 5 月 1 日被父母杀害

戈培尔和玛格达（戈培尔夫妇）：1945 年 5 月 1 日自杀

弗朗茨·斯坎德尔：1945 年 5 月 1 日自杀

汉斯·克雷布斯上将：1945 年 5 月 2 日自杀

威廉·布格道夫中将：1945 年 5 月 2 日自杀

左起：阿道夫·希特勒，玛格达·戈培尔，约瑟夫·戈培尔，爱娃·布劳恩

安全门

所有地堡房门都是密闭的，防止毒气攻击。

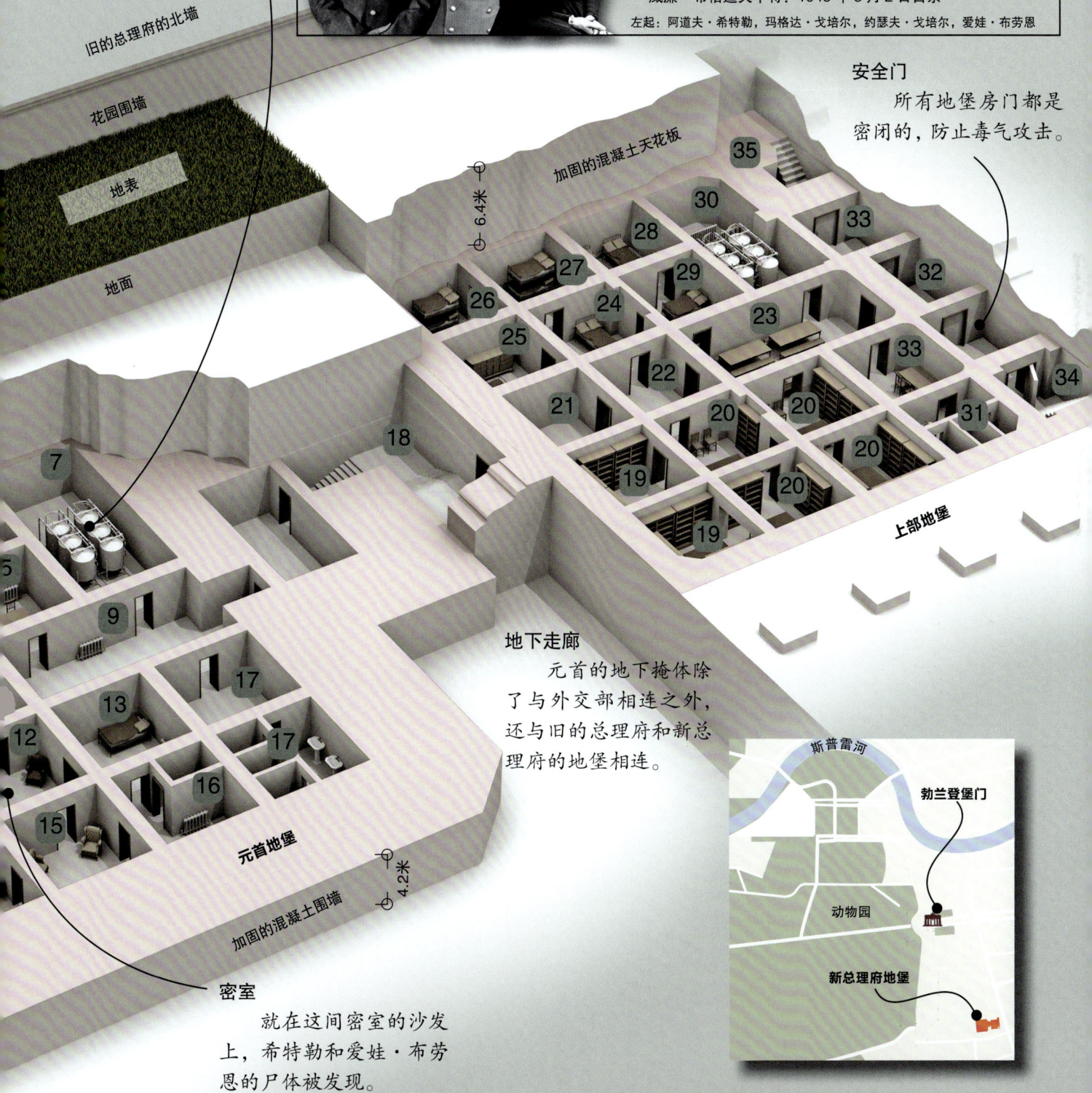

加固的混凝土天花板

6.44 米

35

30

33

28

27

29

33

26

24

23

32

25

22

20

20

34

21

20

33

18

19

20

31

7

19

20

上部地堡

地下走廊

元首的地下掩体除了与外交部相连之外，还与旧的总理府和新总理府的地堡相连。

9

17

13

17

12

16

斯普雷河

勃兰登堡门

15

元首地堡

4.2 米

加固的混凝土围墙

动物园

新总理府地堡

密室

就在这间密室的沙发上，希特勒和爱娃·布劳恩的尸体被发现。

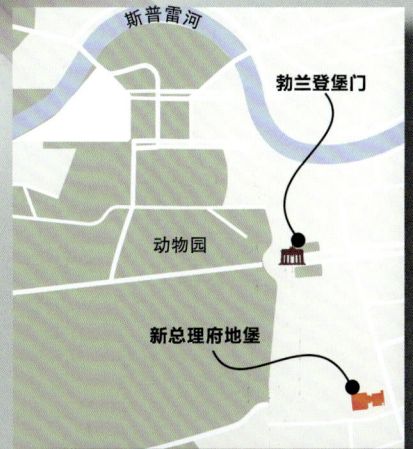

苏联军队

从革命起家到超级强国

1917 年，俄国十月革命后，布尔什维克列昂·托洛茨基（1879—1940）组织创建苏维埃军队，因工人阶级的旗帜是红色的，所以把这支军队命名为"工农红军"，组建这支军队的初衷是为了支援人民推翻资产阶级的统治，打赢 1918 年的俄国内战。

托洛茨基以没有经过任何军事训练的志愿者为基础组建了一个军团，这个军团后来成为世界上最强大的军队之一。他向被解散的前俄帝国军队的高级职员发出号召，有超过 5.8 万人响应，其中有 1 万人直接受他领导，另外还有 21.4 万名下级军官负责帮助训练新兵，甚至几位前俄将军也加入了红军，例如米哈伊·图哈切夫斯基，后来他还成了新军的杰出统帅，直接对托洛茨基担任主任的革命军事委员会负责。这支最初毫无组织的队伍后来转变成了纪律严明的军队。这支军队在 1919 年与反革命的"白匪军"的作战和 1920 年与波兰的战争中得到了检验。

1922 年，苏联成立后组建了 500 万人的庞大军队，但由于糟糕的经济形势，军队缩编到 50 万人。1924 年，列宁去世，斯大林掌权，托洛茨基被流放，红军又开始发展壮大。20 世纪 30 年代，苏联军工飞速发展，能够制造动力强大的飞机和高强度的装甲车，军队人数也增加到 150 万。1933 年，苏联坦克产能已经达到年产 3 000 辆，并拥有出色的伞兵部队，号称拥有世界第一的武装力量。到了 30 年代末，由于斯大林的"大清洗"，数百万军人丧命或被流放，苏军规模又急剧缩小。1941 年以后，苏军逐渐实现了对纳粹军队的反攻，进而成为第一支攻入柏林的军队，将胜利的红旗插到了德国国会大厦的楼顶。第二次世界大战后，苏联红军成为世界上最重要的军队之一，在 1956 年匈牙利"十月事件"和 1968 年捷克斯洛伐克的"布拉格之春"中都有苏军的身影。苏军参与的最后一场战争是 1978—1989 年的阿富汗战争。20 世纪 90 年代，随着苏联的解体，苏军被解散，后成为俄罗斯联邦武装力量的主体。

苏军士兵

苏联红军在第二次世界大战中扮演了至关重要的角色，这是无可争议的。尽管付出了 1 300 万人员伤亡（是德军伤亡人数的 4 倍多）的巨大代价，但对同盟国的胜利起到了决定性的作用。斯大林格勒战役胜利后，苏军已经势不可当，德军被迫从西线撤回大部分部队加入东线作战，这有力地支援了美国及其盟国在西线的进攻。

勇敢的军魂

1941 年以前，红军在战场上遇到了很多麻烦，暴露了很多问题。后来苏军浴火重生，成为世界上最强大的军队之一，其训练水平极高，装备极其精良。战争中，苏军士兵纪律严明，斗志旺盛（斯大林格勒战役和库尔斯克战役以后更是如此），保家卫国、反抗法西斯的情绪高涨。大部分苏军士兵都来自农村。

一般特点

在和平年代，红军人数有 180 万，战争动员后增加到 1 100 万。军人的年龄跨度超过 20 岁，20—41 岁的国民，都要响应号召参军入伍。

盾徽
苏军的徽章

纪念
向第二次世界大战中牺牲的士兵致敬

高级指挥官 ▶ 元帅，将军

1941年建制军总数 ▶ 100个

历史性胜利 ▶ 斯大林格勒战役、库尔斯克战役、柏林战役

杰出的将领 ▶ 格奥尔吉·朱可夫、谢苗·铁木辛哥、伊万·科涅夫

座右铭 ▶ 绝不后退一步！

手套
手套是由棕色或米黄色的羊毛制成的。

军兜
里面装有士兵的防毒面具。

弹夹袋
士兵使用的是莫辛-纳甘步枪，他们的弹匣中装着子弹。

工兵铲
所有的士兵都携带用来挖战壕和掩体的工兵铲。

长筒毡靴
军靴的设计可以抵御极低的温度，由压实的毛毡制成。

棉裤
厚厚的棉裤在膝盖处还有加厚垫，脚踝处可灵活调整。

毛皮帽
人造毛的
军帽，冬天取
代头盔。

实用性与舒适性

苏联红军的军服设计要求舒服、简洁和实用，适合 -60℃ ~ 50℃ 的作战条件。冬装要保暖，夏装能防暑。

"波波沙"冲锋枪

这款武器坚实耐用，几乎不需要维护，每分钟可发射 900 发子弹。

弹匣
效仿芬兰索米 M31 冲锋枪的设计，能装 71 发子弹。

行军兜布

一款非常实用的多功能兜布，可当作雨衣、睡袋，几块兜布连起来甚至还可做一顶帐篷，折叠起来只需 4 步。

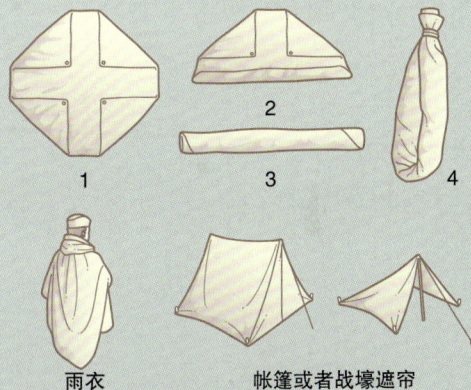

1　2　3　4

雨衣　帐篷或者战壕遮帘

棉上衣
作战服（立领套头衫）外面再穿一件厚厚的棉衣。

冲锋枪弹匣袋
圆形的弹匣袋是专为"波波沙"冲锋枪设计的。

RGD-33 手榴弹
最远可投掷 30 米，有效爆炸半径 15 米。

军服的适应性变化

第二次世界大战期间，军服随目的地的地理环境的变化而变化。上图是温暖地区的军服。

斯大林格勒战役

1942年8月至1943年2月爆发的斯大林格勒会战是历史上最为惨烈的战役之一，战役造成数十万人死亡，是第二次世界大战的转折点。苏联的胜利挫败了希特勒控制高加索能源储备的计划，并摧毁了曾辉煌一时的德国第六集团军，这支部队曾经在入侵巴黎和东欧大部分地区时战功赫赫。斯大林格勒战役的胜利是第三帝国覆灭的开始。

钳式包抄战术

尽管大部分战斗都是巷战，但在斯大林格勒有两个决定性时刻：德军的进攻和苏军的钳式反击。

力量对比

轴心国

人员 ▸ 70万

大炮 ▸ 10 250门

坦克 ▸ 500辆

飞机 ▸ 732架

苏军

人员 ▸ 100万以上

大炮 ▸ 13 000万门

坦克 ▸ 900辆

飞机 ▸ 1 115架

弗雷德里希·保卢斯

德国第六集团军总司令，在投降的前几天刚刚晋升为元帅。跟他的前任不一样，保卢斯没有选择在被捕前自杀，而是选择了投降，被俘10年后获释。

瓦西里·崔可夫

战役开始一个月后被任命为苏联第六十二集团军总司令，他的任务是在城市废墟中坚持抵抗。他逆转了局势，战前他的座右铭就是"我们与城市共存亡"。

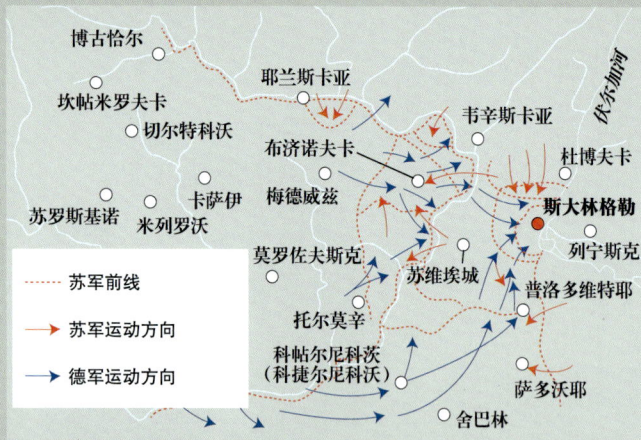

1 德军开始进攻

7月，希特勒调动大军，一路攻城略地，进逼斯大林格勒。德军在8月末开始空袭，使这座城市变成一片废墟。9月，德军攻入该城，苏军依托城市房屋展开游击巷战。

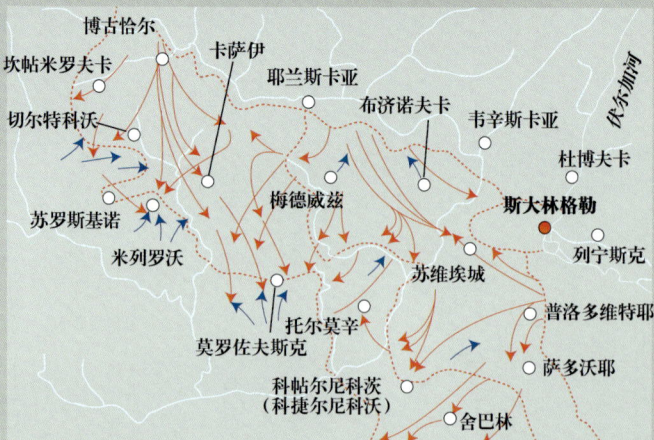

2 苏军反击

11月19日，城市实际上完全落入了侵略者手中。苏军开始向战斗力较弱的罗马尼亚军队保护的两翼展开反击，采用钳形攻势把德军包围在斯大林格勒。德军被炮火猛击，伤亡惨重。在饥寒交加、伤病严重的情况下，德军于1月31日宣布投降，2月2日正式停火。

巷战

苏军知道无力发起大规模的反击，决定利用巷战保卫城市，这迫使德军不得不在城市中展开巷战，迅速占领斯大林格勒的计划破灭了。

飞机
参与轰炸的德军飞机。

狙击手
他们是战斗胜负的关键，这场城市争夺战需要杰出的单兵作战和对决能力。

城市废墟
德军最初的空袭使这座城市的90%都成了废墟。

德军士兵
大约29万德军士兵在斯大林格勒城里参加巷战，最终20万伤亡，9万被俘，后来大部分都死于战俘营。

平民
苏联领导人约瑟夫·斯大林禁止平民离开城市。这样士兵就会更加英勇作战，来保卫他们。

苏军士兵
他们藏在建筑物的废墟中，迫使德军士兵挨家挨户搜索，进行巷战。

苏联坦克

苏联在解体前建造了一些史上最具标志性的中型和重型装甲车辆。坦克虽然不是胜负的决定性因素，但至少也对整个战局的走向和结果产生了重大影响。其中最著名的就是 1940—1958 年生产的 T-34 坦克，这是第二次世界大战中苏联红军最明显的标志之一。第二次世界大战期间，苏联共生产了 4 万辆坦克。

坚不可摧的 T-34 坦克

T-34 坦克在战场上快速灵活，展现了出色的平衡能力和冰面及沼泽地的越野能力。火力配置和装甲方面，T-34 的表现有所欠缺，但它的制造成本低，生产周期短，能够很快弥补战场上的损失。

装甲厚度	▶ 63毫米
炮径	▶ 76毫米
速度	▶ 53千米/小时
自重	▶ 26吨

2.5米

3米

6.7米

炮火配置

T-34 坦克配备了一门 76 毫米火炮，1943 年以后被一门 86 毫米火炮取代，以迎战更新的德军装甲坦克。

无线电天线

机枪

使用弹鼓供弹。

装甲

1941 年以来不同部位使用的都是 45 ～ 63 毫米钢板，但是相对于某些德国坦克来说还是弱爆了。

转向杆

用于坦克转弯。

踏板

用于加速和刹车。

红军的其他类型坦克

T-18 坦克

尽管这一型号不是很成功，但 T-18 坦克代表了 1928—1931 年苏联军工生产坦克的第一步。

装甲厚度	▶ 16毫米
炮火配置	▶ 37毫米
速度	▶ 17千米/小时
自重	▶ 5.9吨

KV-1 坦克

重装坦克，德军坦克根本无法摧毁它，素有"纳粹杀手"之称。

装甲厚度	▶ 90毫米
炮火配置	▶ 76.2毫米
速度	▶ 35千米/小时
自重	▶ 45吨

潜望镜
　用于射手瞄准。

炮塔乘组
　三人——车长、炮手和装弹手。

发动机
　12 缸 500 马力柴油发动机。

排气管

履带
　分散坦克重量，避免陷入泥泞中。

前排乘组
　两人——坦克驾驶员和机枪手。

弹药
　炮弹箱置于坦克地板下，为便于在战斗中装填炮弹，有些炮弹箱放在便于拿取的支架上。

KV-2 坦克
　这款重装坦克是专门用来摧毁第二次世界大战后期德军要塞的。

装甲厚度 ▶ 110毫米

炮火配置 ▶ 152毫米

速度 ▶ 34千米/小时

自重 ▶ 54吨

T-72 坦克
　最受欢迎的坦克之一。1971年入列服役，现在有 6 个国家制造这一型号的坦克。

装甲厚度 ▶ 100毫米

炮火配置 ▶ 125毫米

速度 ▶ 34千米/小时

自重 ▶ 54吨

中国人民解放军

向着胜利前进

中国人民解放军成立于 1927 年，如今拥有世界规模最大的地面部队。中国人民解放军的前身是中国工农红军。1937 年 8 月，红军主力改编为国民革命军第八路军（简称八路军）；10 月，南方八省红军和游击队改编为国民革命军陆军新编第四军（简称新四军）。1945 年抗日战争胜利后，八路军和新四军改称中国人民解放军。

1950 年，中国人民志愿军进入朝鲜抗美援朝。自那时起，中国人民解放军便开始由落后军队向装备精良的现代化军队转变。这时的中国军队人员众多、规模庞大。从 20 世纪 60 年代起，人民解放军开始了专业化和军事战略规划的全面改革，并开始裁军。解放军的变化在 1979 年对越自卫反击战的一系列重要军事行动中得到了检验。20 世纪 80 年代，解放军再一次启动大裁军，力图打造一支拥有尖端科技、规模较小、更加机动灵活的部队。此后的 1985—1987 年裁军 100 万人，1996—2000 年裁军 50 万人。1993 年，中国实施了军事改革，力图将中国人民解放军打造成一支能够打赢"高科技局部战争的现代化军队"。

尽管军队规模大幅度缩减，但中国人民解放军仍保留了 13 个集团军，每个集团军有 5 万~6 万人，集合了诸多不同兵种。除了陆军之外，中国人民解放军还有骄人的特种部队、能力出众的空军、强大的地空导弹部队、实施远程精准打击的火箭军和精通信息技术的电子战部队等。此外，中国人民解放军还有精于近战格斗的海军陆战队和强大的海军舰队。

中国人民解放军是一支不容忽视的武装力量，它为中国屹立于国际舞台提供了坚实的保障。

人民子弟兵

　　中国人民解放军是当今世界上规模最大的军队。但在 1927 年 8 月 1 日成立之初，它还只是一支规模很小的由农民和起义士兵组成的军队。1946 年 6 月，人民军队改为现名。

国家和革命

　　多支卫戍部队在南昌起义反抗国民党统治，人民解放军由此创立。1934 年，南昌被国民党军队攻占，后来迫使红军开始长征，其间成千上万的支持者赞同红军的正义事业。1937 年，日本全面侵华，红军和国民党军队开始联合抗日。1945 年到 1949 年，解放军在解放战争中展示了英勇气势，彻底打败了国民党反动军队。

杂牌武器

　　起初，解放军采用的是中国本土制造的德式武器。后来除了使用缴获日军的武器外，还使用美、英、法、俄等国制造的武器。

传统的军刀
一群中国抗日士兵在展示他们的大刀。

游击战

游击战的三个发展阶段：

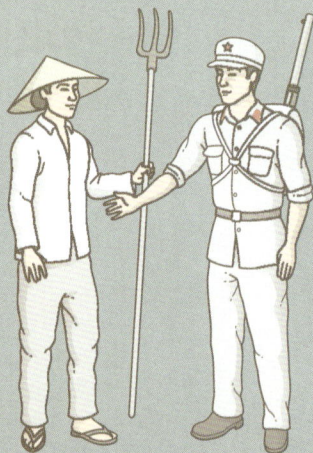

第一阶段
组织动员农民。

第二阶段
建立农村根据地，开展游击战。

第三阶段
向常规战争转变。

一般特点

中国军队经常提到"八一"二字，这是这支军队创立的日子。

解放军军徽
中央有"八一"二字。

军帽
解放军数十年的标志。

最高指挥权 ▶ 中国共产党中央军事委员会

结构 ▶ 五大战区和三大舰队

总兵力（不算预备役） ▶ 230万

历史上的胜利 ▶ 辽沈战役（1948），对印自卫反击战（1962）

现代武器

20世纪70年代以后，解放军的国产武器开始现代化。自2001年以来，部队开始配备先进枪械。

QCW-05 式微型冲锋枪（05 式冲锋枪）

QBU-88 式狙击步枪

淮海战役

20 世纪 40 年代后期，从北方南下解放中国人民的解放军与武器精良的国民党反动军队展开激战。1948—1949 年，解放军发起了淮海战役，这次战役是解放军赢得最后胜利的重要战役之一。这场战役发生在军事重镇徐州的外围。

碾庄战役：国民党败亡的开始

1948 年 11 月 6 日，解放军势如破竹，剑指国统区的主要城市南京和上海。解放军认为占领军事重镇徐州至关重要。

双方军力对比

国民党军 ▶ 80万人

解放军 ▶ 超过60万人

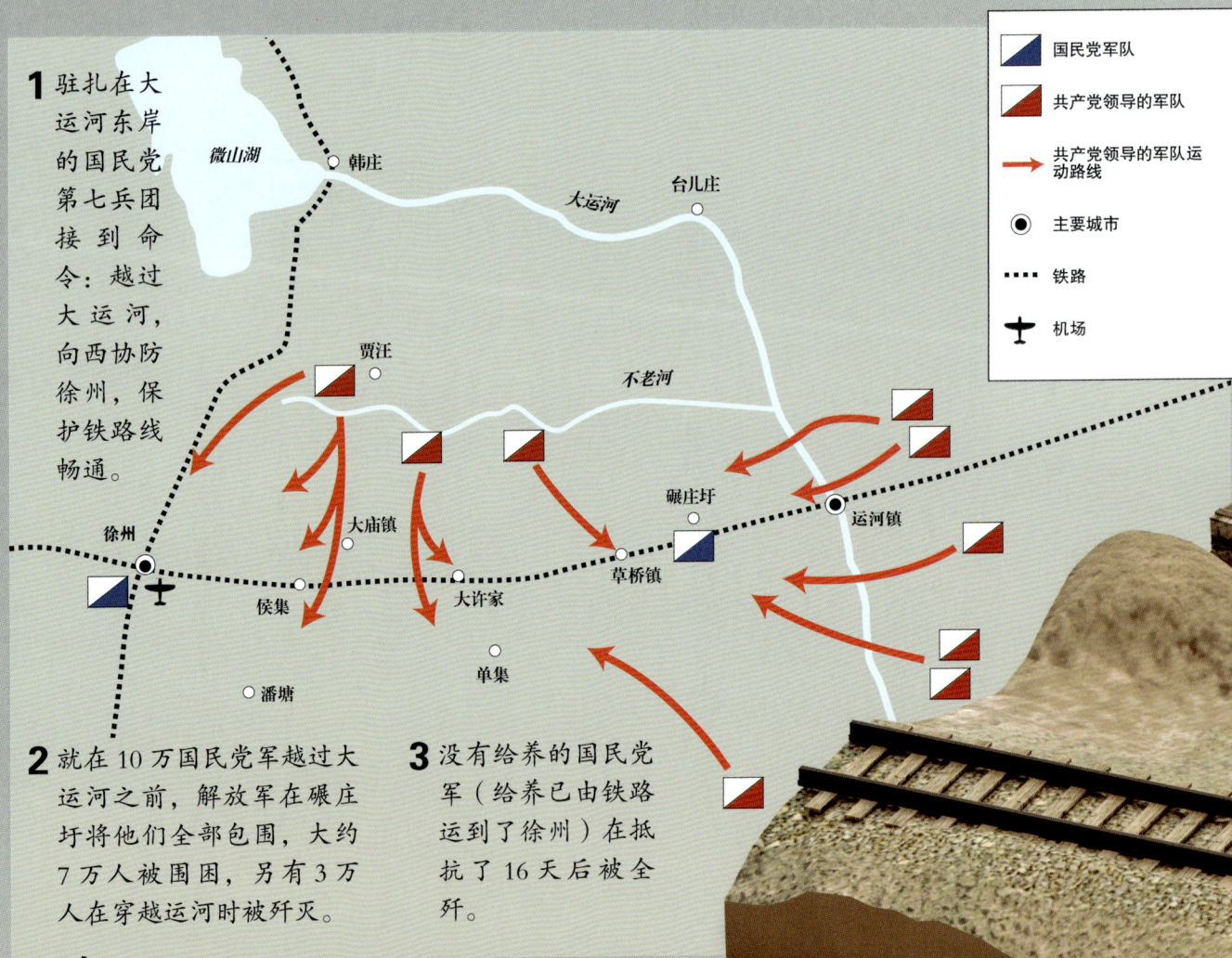

1 驻扎在大运河东岸的国民党第七兵团接到命令：越过大运河，向西协防徐州，保护铁路线畅通。

微山湖
韩庄
台儿庄
大运河
贾汪
不老河
大庙镇
碾庄圩
运河镇
徐州
侯集
草桥镇
大许家
潘塘
单集

图例

	国民党军队
	共产党领导的军队
→	共产党领导的军队运动路线
◉	主要城市
⋯	铁路
✈	机场

2 就在 10 万国民党军越过大运河之前，解放军在碾庄圩将他们全部包围，大约 7 万人被围困，另有 3 万人在穿越运河时被歼灭。

3 没有给养的国民党军（给养已由铁路运到了徐州）在抵抗了 16 天后被全歼。

奇兵战术

解放军奇袭国民党军队并将其包围，在夺取徐州之后连续取得大捷。淮海战役使国民党军队损失超过 50 万人，就此拉开了国民党在大陆最后覆灭的序幕。

飞机
虽然国民党军队掌握了制空权，但飞机在战斗中起到的作用微乎其微。

解放军的武器
解放军拥有苏联提供的武器，还有抗日战争中缴获的日军武器，以及缴获国民党军队的美式武器。

解放军士兵
士兵中有很多农民和学生。

国民党军队的武器
很多武器装备都是美国提供的。

国民党军队
人数、训练和装备都优于解放军。

给养缺乏
食品和弹药都已由铁路运到了徐州，国民党军队只顽抗了 16 天。

铁路
铁路可以迅速高效调动军队，是淮海战役争夺的主要目标，最后被解放军控制。

地下党
共产党人成功打入国民党军内部，提前获得了很多国民党军的行动计划。

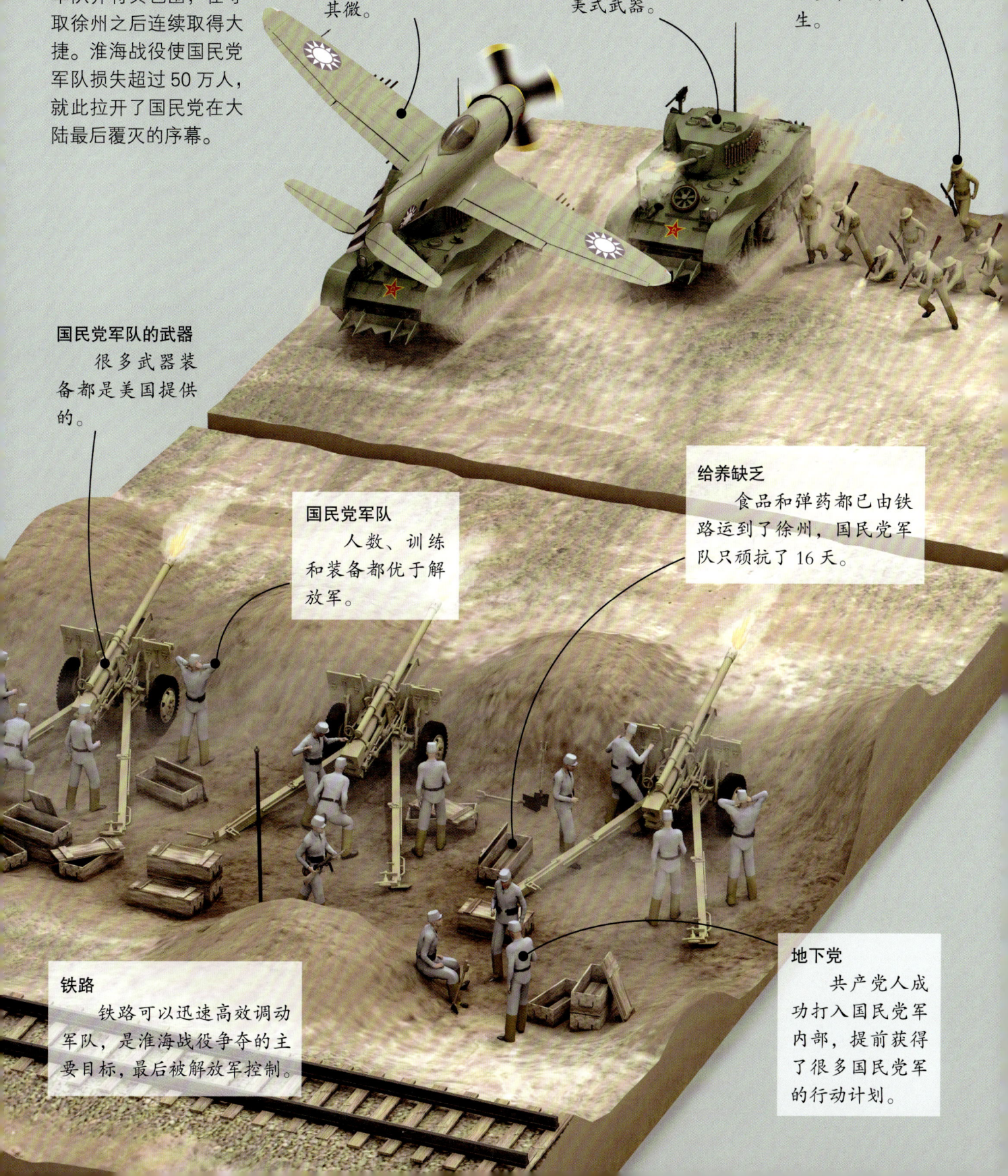

美军

最强军队之一

美军起源于 1775 年为争取独立而成立的大陆军，但独立后不久，大陆军就解散了。虽然美国国会于 1784 年就组建了美国陆军，但直到常备军与国民军在第一次世界大战中并肩作战，美国才有了一支全国性的军队。1910—1917 年墨西哥爆发革命，美军越过美墨边境进行干涉。1918 年，美国全国的地面部队正式被更名为美国陆军。

1920 年，随着第一次世界大战的结束，美国陆军被解散，那些没有复员的士兵又被合并到只有 30 万人的常备军中。在随后 10 年间，随着"大萧条"的到来，军队规模和人数都在逐渐缩减。第二次世界大战期间，美国陆军的规模和重要性获得极大提升，使它在 20 世纪后半叶成为世界上备战最充分的军事组织之一。美军帮助解放了纳粹控制下的欧洲。随着轴心国的投降，美军进驻德国和日本。冷战中，美国国防预算逐年增加，

美军装备了世界上最先进、最尖端的武器，并先后发动了侵略朝鲜和越南的战争。

20 世纪 50 年代以来，美军内部进行了重组，用 5 个连的战斗队取代了基本的战术团。然而，美军的师直到 70 年代才发生根本改变：每个师下辖 3 个旅，每个旅由 3~4 个营组成，能够随时应对紧急任务和消灭潜在的敌人。但随着越南战争的爆发，军队又进行了改革，并于 1973 年成立了新的指挥机构。20 世纪 80 年代，美军又进行了大刀阔斧的改革，在全球不同地域组建了联合作战部队。1989 年，美军兵力总数从 75 万人裁减到 58 万人。

总的来说，美军在整个历史发展过程中一直都将机动灵活奉为圭臬。美军拥有史上最强大最尖端的攻防体系，至今仍旧保持世界领先水平。

海军陆战队

美国独立战争期间，为了保护海军舰船，实现海上作战并参与登陆作战，美国于1775年成立海军陆战队。它是海上的步兵部队。它的责任越来越大，俨然变成了地面部队和空军之外集合海上军事技巧和作战人员的两栖部队。可以迅速被派遣到世界上任何一个角落并开展有效打击是海军陆战队的一大特点。

海军陆战队空地特遣部队

海军陆战队有一个特殊的组织——海军陆战队空地特遣部队，包括陆海空三部分作战人员，接受同一个指挥部的命令。该部队极其灵活，职责范围会随着作战部队的情况而发生变化。陆战队远征队由 2 200 名海军陆战队员组成，是美国海军陆战队最小的作战单位，要接受特别训练，以参加短期紧急军事行动。

指挥部
  计划并实施军事行动。

一名上校　　200 名海军陆战队员

=100 名海军陆战队员

1 450 名海军陆战队员

地面部队
  在海上和陆地开展攻击、防御和安保行动。

250 名海军陆战队员

航空兵
  支援地面部队并进行空中侦察。

300 名海军陆战队员

后勤部队
  提供给养并协调陆战队不同分队间的行动。

一名合格的海军陆战队员

要成为一名海军陆战队员，候选人必须经过 12 周严格的训练。

习惯军纪约束和军旅生活。

第一次近身格斗。

射击和各种武器训练。

第一周　　第二周　　第三周　　第四周　　第五周　　第六周

军服

衣领

最初设计是为了防止刀剑砍斫，提醒不忘海军陆战队的历史。

军衔

等级有两大类，一类是被委任的正式军官；另一类不是任命的军官，需要通过士兵招募后在军旅生涯中逐级晋升。

军徽

从 1868 年以来，该标志一直用在海军陆战队员的军服上，1955 年成为海军陆战队的正式军徽。

缎带上面有陆战队员的座右铭"永远忠诚"。

展翼雄鹰代表美国。

"血条"
这条红线为纪念战斗中牺牲的陆战队队员而设计。

锚代表陆战队的历史。

地球暗指陆战队的全球存在。

"终极考验"：经历 54 个小时的测试。

在仪式后正式成为陆战队员。

| 第七周 | 第八周 | 第九周 | 第十周 |

陆战队最近的行动

"正义事业"行动（1989）
反对巴拿马诺列加政权的军事行动。

"沙漠风暴"行动（1990）
介入伊拉克对科威特的侵略。

军事干涉波黑（1995）
与北约部队联合行动。

反恐战争（2001）
"9·11"事件以来一直在进行的军事行动。

诺曼底登陆

1944年6月6日（登陆日），包括英国、美国、加拿大军队在内的盟军在诺曼底海滩登陆，解放了被希特勒占领的欧洲土地。这次代号为"霸王行动"的军事行动是第二次世界大战期间最大规模的海上登陆军事行动，对战争进程的影响深远。

盟军攻势

在最初阶段，盟军飞机攻击德军防线，3个空降师运送了1.8万名伞兵到对面海岸。拂晓时分，13万名士兵登上诺曼底的5处海滩，每一处登陆地点都有自己的代码名称。

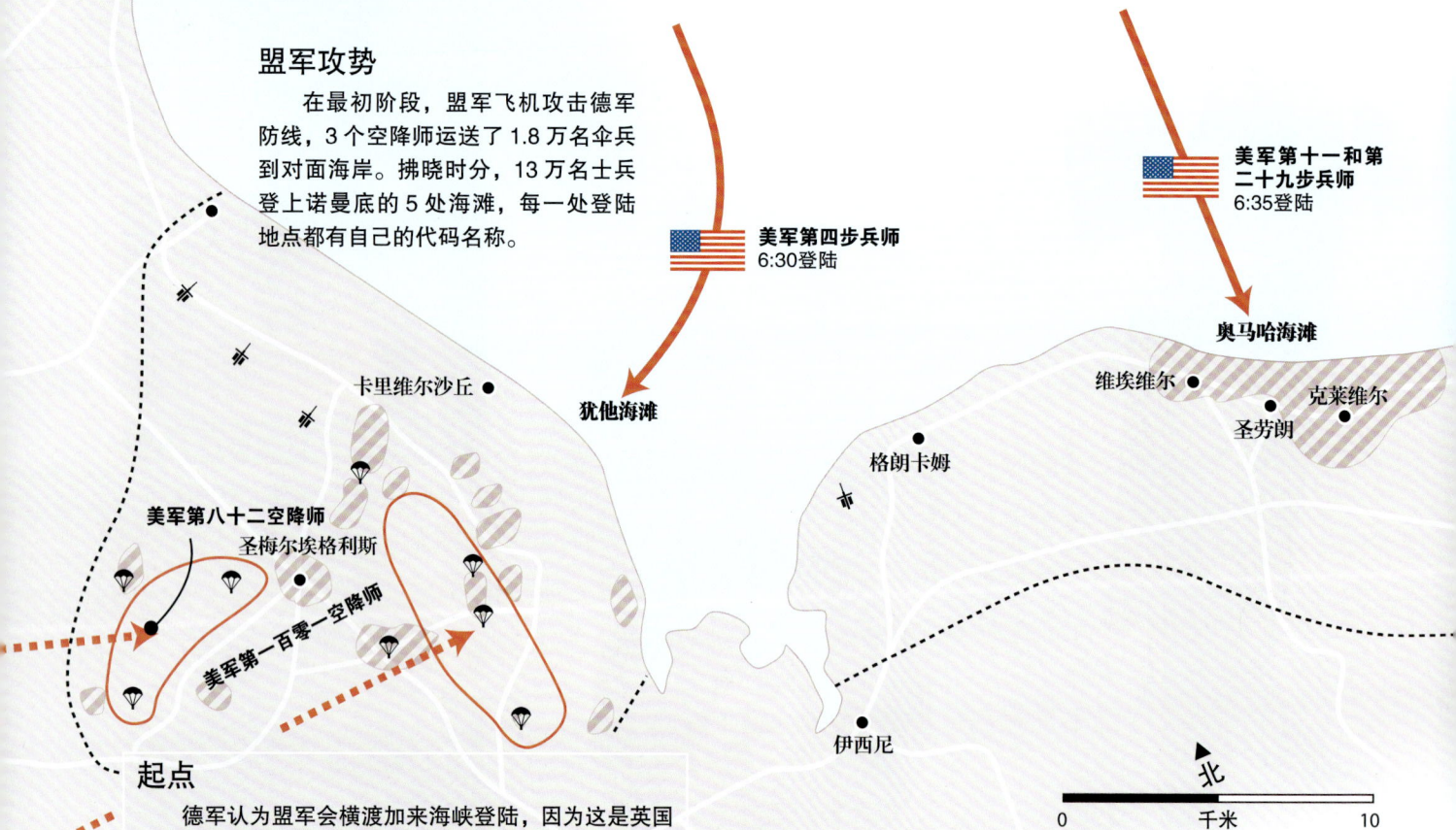

美军第四步兵师
6:30登陆

美军第十一和第二十九步兵师
6:35登陆

奥马哈海滩

犹他海滩

卡里维尔沙丘

维埃维尔

克莱维尔

圣劳朗

格朗卡姆

美军第八十二空降师

圣梅尔埃格利斯

美军第一百零一空降师

伊西尼

北
0 千米 10

起点

德军认为盟军会横渡加来海峡登陆，因为这是英国本土距离德军最近的路线，因此德军在加来建立了最坚固的防线。

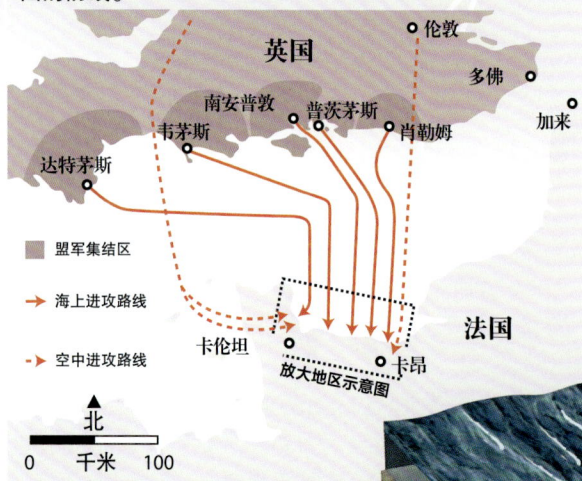

伦敦

多佛

英国

南安普敦 普茨茅斯

韦茅斯 肖勒姆

达特茅斯 加来

卡伦坦 卡昂

法国

放大地区示意图

■ 盟军集结区

➜ 海上进攻路线

➜ 空中进攻路线

北
0 千米 100

纳粹的防御

1942年，希特勒下令构筑大西洋壁垒，阻止盟军的进攻。

德怀特·D.艾森豪威尔

美国上将，盟军最高指挥官，军事家，诺曼底登陆的策划者。

伯纳德·L.蒙哥马利

英国陆军元帅，盟军地面部队总指挥，负责第二十一集团军。

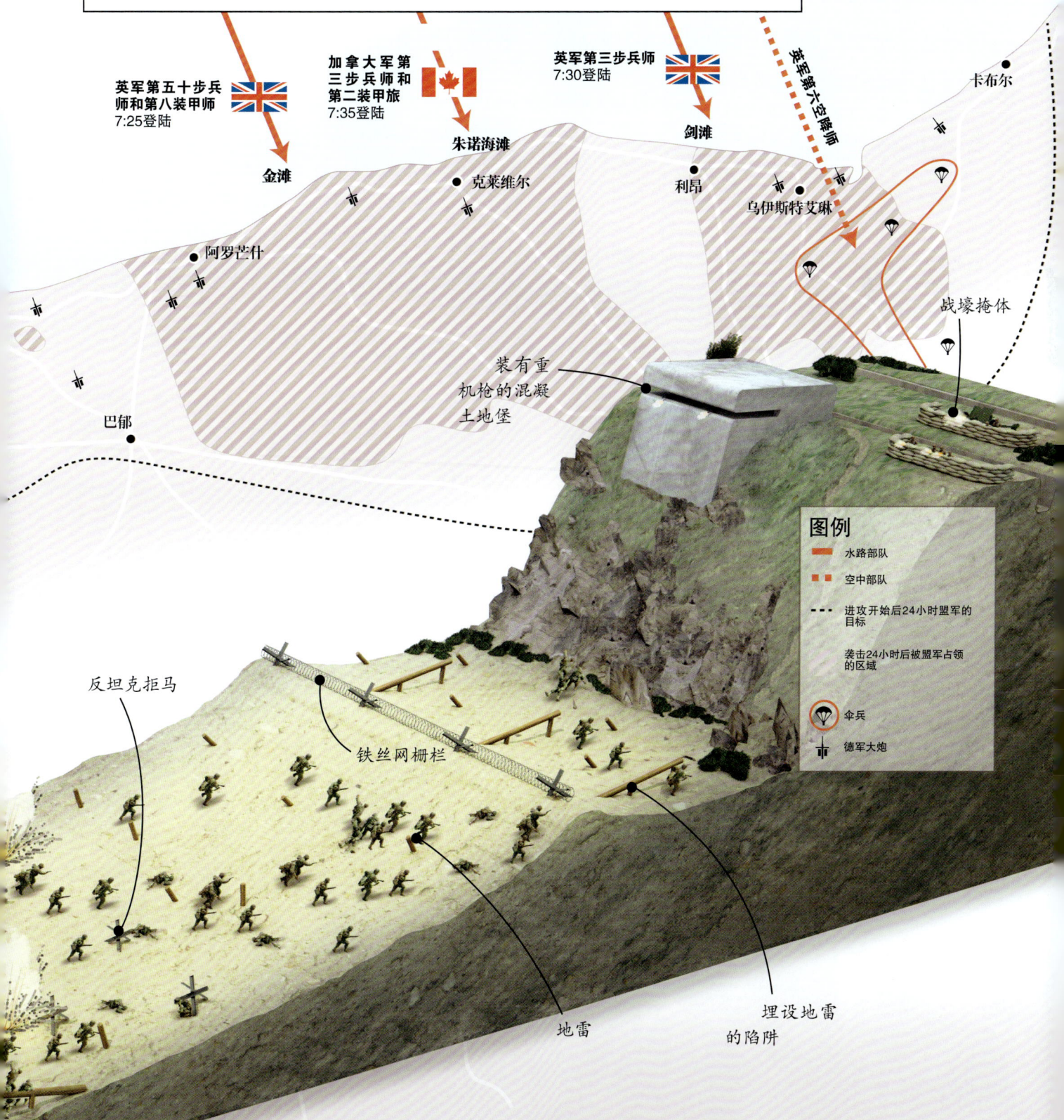

英军第五十步兵师和第八装甲师
7:25登陆

加拿大军第三步兵师和第二装甲旅
7:35登陆

英军第三步兵师
7:30登陆

英军第六空降师

卡布尔

金滩

朱诺海滩

克莱维尔

剑滩

利昂

乌伊斯特艾琳

阿罗芒什

战壕掩体

装有重机枪的混凝土地堡

巴郁

图例

水路部队

空中部队

进攻开始后24小时盟军的目标

袭击24小时后被盟军占领的区域

伞兵

德军大炮

反坦克拒马

铁丝网栅栏

地雷

埋设地雷的陷阱

美国海军海豹突击队

美军拥有很多特种作战部队，其中最著名的就是海豹突击队，其专门进行非常规战争、镇压暴动和反恐。1962年，为了应对游击战，在肯尼迪总统的强烈要求下，这个特殊的能够在海陆空开展军事行动的步兵分队成立，并用"海（Sea）、陆（Land）、空（Air）"三个英文单词的首字母来命名。

全地形作战部队

海豹突击队是仿效英国的陆军特种空勤团（SAS），协调美国海军多个部门组建的。海豹突击队成立后参加了越南战争、格林纳达战争、海湾战争、入侵巴拿马、沙漠风暴行动、索马里战争、波黑战争、科索沃战争、伊拉克战争、阿富汗战争和在巴基斯坦刺杀本·拉登的军事行动。

严酷的训练

海豹突击队的成员来自其他特战队，只有四成能通过入门考试，通过入门考试后要接受两年的训练，是名副其实的战火洗礼。需要进行8周基本的体能调整，接下来的8周要学习潜水和水下战术，再经过9周的陆上战斗训练和准备，最后3周学习跳伞。

潜水

这是最基本的训练。图片中的突击队员正从海中出来。

一般特点

海豹突击队以小组开展军事行动，人数不定，最多可达8人，但总是双数。

三齿鱼叉

海豹突击队的队徽，于1970年启用。

最高指挥权 ▶	海军特战队指挥部
组织结构 ▶	8支分队，每分队64排
每分队人数 ▶	96人
座右铭 ▶	轻松只属于昨天

M433 杀伤破甲两用榴弹

可用于榴弹发射器。

活动弹头

弹头穿透装甲最深可达5厘米。

铜质弹壳

弹药碎片击杀敌方。

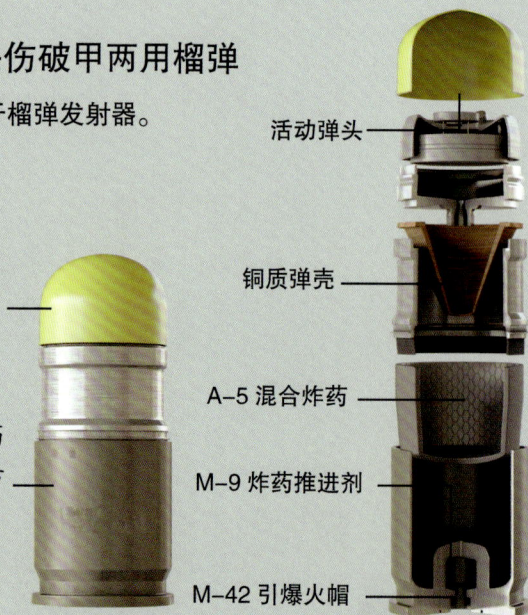

A-5 混合炸药

M-9 炸药推进剂

M-42 引爆火帽

M203 榴弹发射器
通常配合 M4 卡宾枪使用，可发射 40 毫米榴弹，射程 150 米。

装备

除了特定任务需要的装备之外，还有求生和基本的战斗装备。

头盔
集成了夜视功能。

手雷
两个手雷装在马甲上。

战术背心
除了几个弹匣袋之外，还提供防弹保护。

SOG 2000 匕首
一款求生战术刀具，用于格斗和日常使用。

迷彩伪装
海湾战争后沙漠迷彩服由 6 种颜色改为 3 种：绿色、土色和沙色。

M4 突击步枪
一款 5.56 毫米口径卡宾枪，源自 M16 突击步枪，专门为密闭空间战斗设计。

M-23 手枪
德国黑克勒-科赫枪械公司制造，为美国特种部队所使用，口径 9 毫米。

突击军靴
轻便防水，专为抗高温设计。

联合国维和部队

联合执行艰巨任务

联合国安理会 15 个有投票权的成员国做出的决议对所有成员国都具有普遍约束力。1948 年，即联合国成立的第三年，安理会决定成立多国部队结束埃以冲突，并监督双方执行停火协议。在这次任务中，联合国安理会以观察员身份参与。维和部队的一些举措特别值得一提：监督武装冲突各方执行停火协议，解除参战人员武装并限制其行动，保护平民，维护法律尊严并维持公共秩序，在交战区进行排雷作业，支持交战国之间或者一国内交战各方实现和解。

联合国维和部队的第一次任务是 1956 年解决苏伊士运河危机，此后维和部队一直活跃在柬埔寨、中东、利比亚、塞浦路斯、莫桑比克、索马里、苏丹、刚果民主共和国、塞尔维亚、科索沃和波黑等国家和地区。维和人员一般配备轻武器，即使在接到命令时也仅使用最有限的武力，合法地

自卫或者反击任何阻止其执行任务的人员。在某些特殊情况下，如在 1960—1964 年的刚果，维和人员受命可使用任何必要的手段以确保分裂刚果的加丹加省雇佣军撤军；1996 年，在塞尔维亚人自治区的东斯拉夫尼亚、巴拉尼亚和西斯雷姆的社会援助组织得到授权，使用重武器进行劝阻活动。维和部队也多次遇到过棘手情形，他们不得不在维持和平和使用武力恢复和平之间做出选择，例如 1992 年的波黑战争和 1995 年的索马里战争中就出现了这种情况。

联合国维和部队分别于 1993 年和 1998 年获得了阿斯图里亚斯王子奖国际合作奖及诺贝尔和平奖，但其维和任务仍免不了受到争议甚至受到严厉谴责。1994 年发生的卢旺达胡图族屠杀图西族事件就是如此，维和人员被指责放弃了图西族，致使其惨死于胡图族的屠刀之下。

蓝色贝雷帽

自从 1948 年成立以来，联合国维和部队已经参加了约 70 起维和行动。然而联合国并没有自己的军队。"蓝色贝雷帽"得名于维和人员头上帽子的颜色，其成员均由联合国成员国的士兵组成，因此，他们是联合国安理会控制下的一支多国部队。

多国部队

联合国维和部队的军服和装备差别很大，这源于执行特定任务的派出国。现在有 114 个国家参与联合国维和行动，每个维和人员携带自己国家军队的标准装备。佩戴的蓝色贝雷帽是他们隶属于联合国维和部队的标志。

一般特点

部署在冲突地区的维和部队的主要任务是观察、控制、保护、阻止并预防大规模冲突的爆发。

队徽
联合国的盾徽

不仅仅是贝雷帽

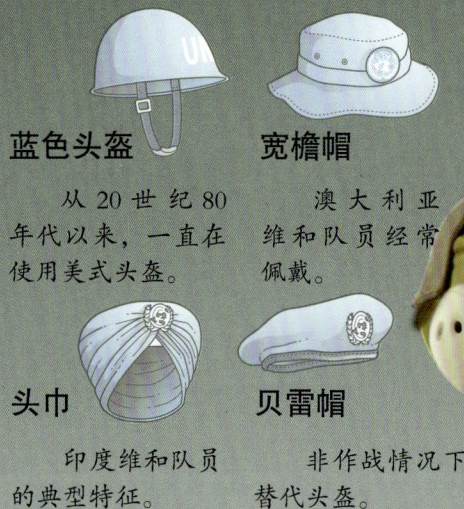

蓝色头盔
从 20 世纪 80 年代以来，一直在使用美式头盔。

宽檐帽
澳大利亚维和队员经常佩戴。

头巾
印度维和队员的典型特征。

贝雷帽
非作战情况下替代头盔。

维和任务与世界后勤

在世界范围内维和不仅要调动军队和装备，还要有通信设施、空中和地面的交通工具等。

运输和支援

绝大部分的车辆并非用于作战，而主要用于支援和运输。

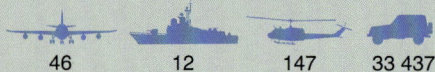

46   12   147   33 437

维和任务

现在正在执行的维和任务和阿富汗特别任务。

联合国科索沃特派团　科索沃

联合国西撒哈拉全民投票特派团　西撒哈拉

联合国驻塞浦路斯维和部队　塞浦路斯
联合国驻黎巴嫩临时部队　黎巴嫩
联合国脱离接触观察员部队　叙利亚戈兰高地
联合国停战监督组织　中东

联合国海地稳定特派团　海地

联合国马里多层面综合稳定特派团　马里

联合国阿富汗援助团　阿富汗
联合国印巴军事观察员小组　印度和巴基斯坦

联合国非洲达尔富尔特派团　达尔富尔
联合国阿布耶伊临时安全特派团　苏丹阿布耶伊
联合国南苏丹特派团　南苏丹

联合国刚果（金）稳定特派团　刚果

联合国科特迪瓦行动团　科特迪瓦
联合国利比里亚特派团　利比里亚

防弹衣

联合国维和人员身穿派出国军队士兵穿着的防弹衣，最外层由防火材料制成。

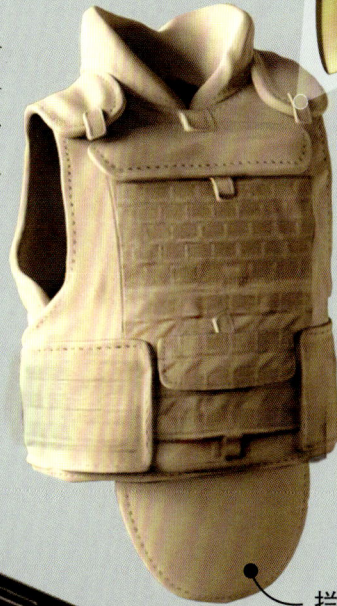

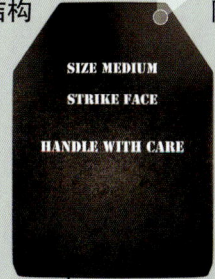

防弹结构

陶瓷结构

SIZE MEDIUM
STRIKE FACE
HANDLE WITH CARE

防弹板

是一种金属防弹板片，装在前面拦截部位的袋中。

拦截装置

内层由多层吸收子弹能量的抗力纤维制成。

FN FAL 步枪

FAL 步枪、M-16 自动步枪和 AK-47 突击步枪是联合国维和部队队员最常用的攻击型步枪。

军服

这是巴西维和队员穿着的作战服。

迷彩图案

根据不同战争类型，每支执行任务的部队采用特定标准的迷彩图案。

护膝和护腿

这种芳纶复合材料制成的防护物是维和人员的标配。

战术限制

因为战术类型的限制，有些维和部队发现很难完成任务，例如，缺乏控制局势所需的足够武器和人员。

1995 年，维和队员在波黑的维和任务引发了巨大争议。

南斯拉夫维和任务

1991 年，在斯洛文尼亚独立几个月后，克罗地亚也宣布脱离南斯拉夫独立。克罗地亚人和塞尔维亚人之间爆发战争，这是 20 世纪最激烈的战争之一。为了保证联合国划定保护区的非军事化，联合国保护部队（UNPROFOR）开展了一项维和任务，涉及十多个国家的数千名士兵，该项任务在时间和空间上都超出了既定范围，甚至将波黑都牵扯进来。

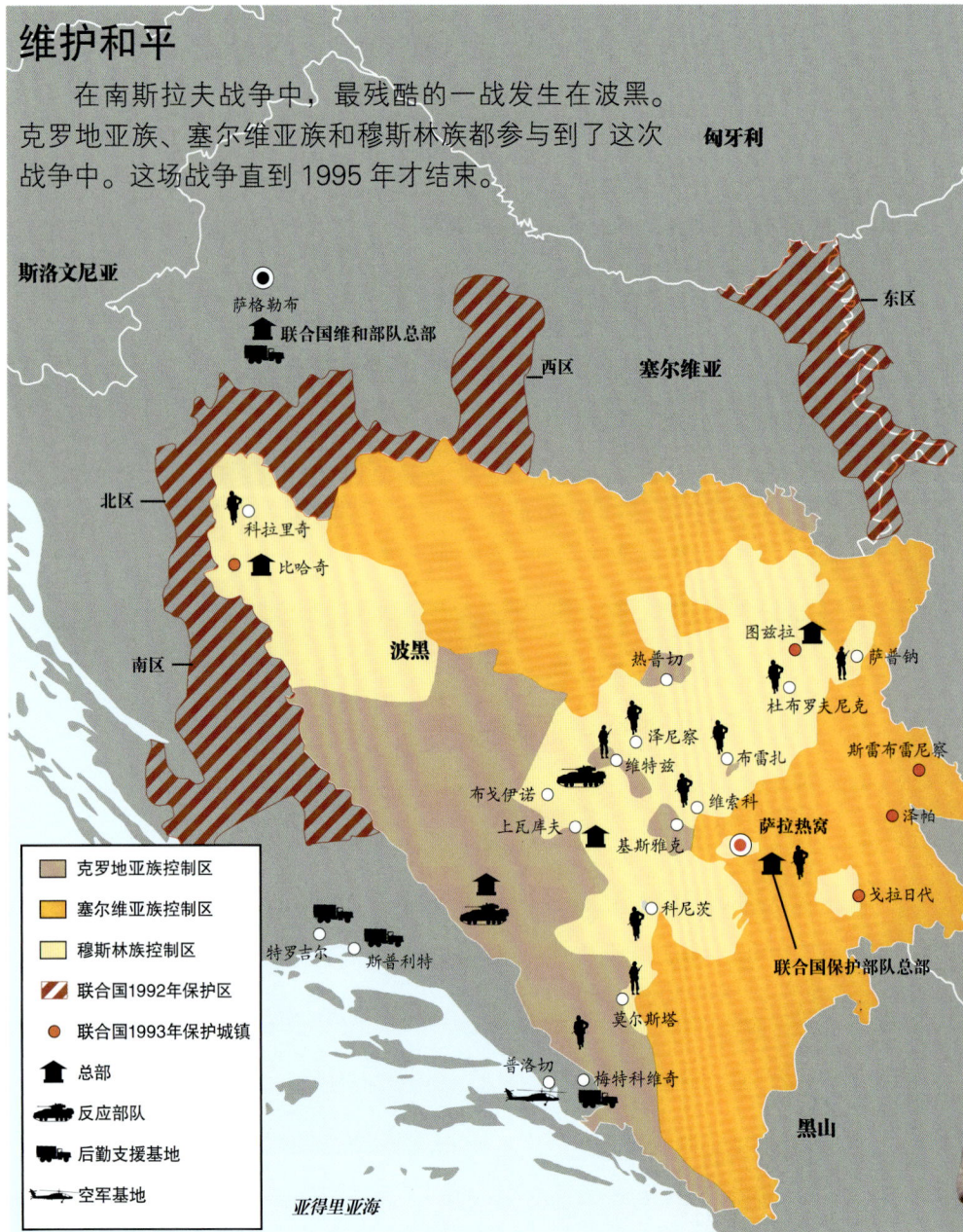

维护和平

在南斯拉夫战争中，最残酷的一战发生在波黑。克罗地亚族、塞尔维亚族和穆斯林族都参与到了这次战争中。这场战争直到 1995 年才结束。

匈牙利

斯洛文尼亚

萨格勒布
联合国维和部队总部

西区

东区

塞尔维亚

北区

科拉里奇

比哈奇

南区

波黑

图兹拉

萨普钠

热普切

杜布罗夫尼克

泽尼察

维特兹

布雷扎

斯雷布雷尼察

布戈伊诺

维索科

泽帕

上瓦库夫

基斯雅克

萨拉热窝

联合国保护部队总部

戈拉日代

科尼茨

特罗吉尔

斯普利特

莫尔斯塔

普洛切

梅特科维奇

黑山

亚得里亚海

图例

- 克罗地亚族控制区
- 塞尔维亚族控制区
- 穆斯林族控制区
- 联合国1992年保护区
- 联合国1993年保护城镇
- 总部
- 反应部队
- 后勤支援基地
- 空军基地

奥地利

匈牙利

斯洛文尼亚

罗马尼亚

克罗地亚

波黑

南斯拉夫

塞尔维亚

亚得里亚海

黑山

意大利

北马其顿

阿尔巴尼亚

希腊

历史和现状

1929 年，塞尔维亚、克罗亚和斯洛文尼亚联合组成了南拉夫王国。第二次世界大战后，立南斯拉夫联邦人民共和国，19年改国名为南斯拉夫社会主义邦共和国。随着 1991 年苏联的体，南斯拉夫开始分裂，经过年的内战，变成了现在的斯洛尼亚、克罗地亚、波黑、塞尔维黑山和北马其顿。

塞尔维亚

支援保障

联合国维和部队的最复杂的任务之一就是向人道主义援助的车队提供保护和后勤支援。

参与人员

截至 1995 年，来自 250 个人道主义组织的大约 3 000 人参与了援助活动。

车辆

在战争期间，来自 150 个国际组织的大约 2 000 台车辆进入波黑。

物资分发

大约 95 万吨人道主义援助物资被分发给 270 万人。

背井离乡

400 多万人口中，几乎有 100 万远赴他国，大约 130 万人在国内流离失所。

空中禁运

1992 年 10 月，除了人道主义援助和联合国飞机外，波黑全境被划为"禁飞区"。

人道主义援助

1992 年 6 月波黑战争打响后，联合国维和部队负责萨拉热窝机场的安全和正常运转，此外还要运送人道主义援助物资和帮助难民。

803 名
警察

38 599 名
士兵

684 名
观察员

任务持续时间

1992 年 2 月至 1995 年 3 月

参与国家

阿根廷	肯尼亚
澳大利亚	立陶宛
孟加拉国	卢森堡
比利时	马来西亚
巴西	尼泊尔
加拿大	荷兰
哥伦比亚	新西兰
捷克	尼日利亚
丹麦	挪威
埃及	巴基斯坦
爱沙尼亚	波兰
芬兰	葡萄牙
法国	俄罗斯
德国	斯洛伐克
加纳	西班牙
印度	瑞典
印度尼西亚	瑞士
爱尔兰	突尼斯
意大利	土耳其
约旦	乌克兰
	英国
	美国
	委内瑞拉

车队

为确保安全，一般由联合国维和部队护送。

>> 终极视觉图解指南

探索·发现

升级版

探索·发现 动物

终极视觉图解指南 探索·发现

动物

定价:
128.00元

西班牙Sol90公司◇编著　迟文成　王　昕◇译

北方联合出版传媒(集团)股份有限公司
辽宁少年儿童出版社

探索·发现 恐龙与史前生物

升级版

终极视觉图解指南 探索·发现

恐龙与
史前生物

定价:
298.00元

西班牙Sol90公司◇编著　张婳然◇译

北方联合出版传媒(集团)股份有限公司
辽宁少年儿童出版社

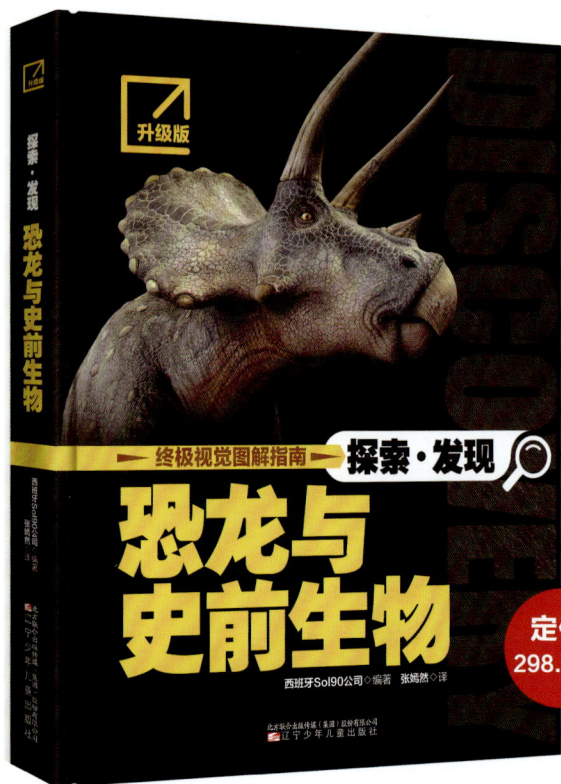

>>跨页全景彩图
>>精美高清大图

升级版

>>立体剖面图
>>超清显微图
……

"国家地理"共享的图片
"教师选择奖"的荣耀

从内到外、从宏观到细节全方位解读